广东哲学社会科学规划优秀成果文库

网络化媒体：
数字新闻扩散的结构与过程

黄文森　著

·广州·

版权所有　翻印必究

图书在版编目（CIP）数据

网络化媒体：数字新闻扩散的结构与过程／黄文森著．--广州：中山大学出版社，2024.12．--（广东哲学社会科学规划优秀成果文库：2021—2023）．--ISBN 978-7-306-08203-9

Ⅰ．G206.2

中国国家版本馆 CIP 数据核字第 20240AG941 号

出 版 人：	王天琪
策划编辑：	金继伟
责任编辑：	王　璞
封面设计：	曾　斌
责任校对：	邓子华
责任技编：	靳晓虹
出版发行：	中山大学出版社
电　　话：	编辑部 020 - 84111997，84110283，84110776，84110779
	发行部 020 - 84111998，84111981，84111160
地　　址：	广州市新港西路 135 号
邮　　编：	510275　传　真：020 - 84036565
网　　址：	http：//www.zsup.com.cn　E-mail：zdcbs@mail.sysu.edu.cn
印 刷 者：	佛山家联印刷有限公司
规　　格：	787mm×1092mm　1/16　15.75 印张　293 千字
版次印次：	2024 年 12 月第 1 版　2024 年 12 月第 1 次印刷
定　　价：	98.00 元

如发现本书因印装质量影响阅读，请与出版社发行部联系调换

《广东哲学社会科学规划优秀成果文库》出版说明

为充分发挥哲学社会科学优秀成果和优秀人才的示范带动作用,促进广东哲学社会科学繁荣发展,助力构建中国哲学社会科学自主知识体系,中共广东省委宣传部、广东省社会科学界联合会决定出版《广东哲学社会科学规划优秀成果文库》(2021—2023)。从 2021 年至 2023 年,广东省获立的国家社会科学基金项目和广东省哲学社会科学规划项目结项等级为"优秀""良好"的成果中,遴选出 17 部能较好体现当前我省哲学社会科学研究前沿,代表我省相关学科领域研究水平的学术精品,按照"统一标识、统一封面、统一版式、统一标准"的总体要求组织出版。

2024 年 10 月

序·学术的勇敢主义

常 江

我很荣幸作为同事、合作者与挚友,为黄文森博士的第一部学术专著作序。这本《网络化媒体:数字新闻扩散的结构与过程》无疑是中国本土数字新闻学研究的一部杰作,它为我们理解数字媒体生态下新闻扩散/流通的基本规律和结构特征打下了坚实的认识论基础,提供了丰富而可贵的经验资料,拓展了想象力的边界。

这部著作从网络化的视角出发,为我们观察和解释数字新闻的本质属性开辟了一个极有价值的视角。在数字化的媒介与信息环境中,新闻到底是什么?它是否仍是"新近发生的事实的报道"?我们又应如何把握新闻与当下社会的联系?对新闻的重新定义是我们在新的历史条件下重新厘定新闻学学科边界、拓展新闻学学术视野的基础,而这项工作需要学术共同体基于对技术之社会与文化效用的解释来协同完成。对此,文森的研究给出了一个具有认识论创新意义的回答:数字新闻是在永动不息的流通中被赋予其存在的,它既没有确凿的静止形态,也没有凝固的可知意义,它就是关系和意义的流动。简言之,新闻不是流通中的内容,流通机制界定了新闻自身。这是一件多么令人兴奋、令人驰骋在想象中的事情!

与此同时,这部著作也在数字新闻学研究的方法论拓展方面做出了重要的贡献。在书中,文森对大量微博文本进行了结构化处理,并据此探索新闻流通节点之间的交互关系。通过将计算传播的方法思维融入新闻研究的理论化工作,本书建立起包括关系数据、话题聚类和反应时差等多元维度的数字新闻扩散模型。这种稳健的方法创新,使得我们对数字新闻流通的理解超越单纯的关注与转发行为,而得以深入这些行为背后的意图和关系的纹理。在我看来，这部著作从方法创新和实证的角度佐证了公共信息关系作为数字新闻本质的新新闻认识论，为数字新闻学业已形成的思辨传统注入了鲜活的来自经验世界的气息。

尤其难能可贵的是，这部著作深刻地扎根于中国新闻业的历史与当下现实。在对基于微博平台的新闻扩散机制进行摹刻的过程中，本书时刻保持对中国本土传播制度、媒介传统、新闻惯例和大众观念的观照。研究的一个重要发现是，在媒体属性变量不变的条件下，新闻机构的感染性、敏感性、结构凝聚性和结构对等性等网络结构对突发性新闻的扩散产生了显著影响——这既是数字化新闻流通网络基于其技术特性而具有的实践效应，也是中国独有的制度环境与主流新闻认识论语境下的本土化理论洞见。正是这样的洞见，使得本书在富含云端之上的想象力的同时，也始终在脚踏实地地回应着中国的问题。

文如其人、书如其人。文森是我近年来有幸结识的最优秀的青年学者之一，也是我在工作中最信赖、最有默契的伙伴。理想化的学者有诸多典范或模型，如果一定要给文森贴上一个标签，我会用"学术的勇敢主义"。什么是勇敢呢？亚里士多德说，勇敢就是自信与敬畏的中间之道。自信源于对自己所掌握的知识和自己所追求的信念的笃定，而敬畏则是始终对不为自己所知或不可知的事物致以尊重。文森正是这样一位勇敢的人。本书所做出的理论贡献，也正是其作者"勇敢主义"的精确体现。文森的勇敢，以及建立在这种勇敢之上的高尚人格，使得他成为我们这个时代、我们这个学科最需要的那种学者——较真的研究者、笃定的知识分子、有趣而温和的人。我真心地希望我们的生活中有更多像文森这样的人，他们埋头做着自己热爱的事，又始终保持着对整个世界的温情，是他们的存在让学术成为勇敢者的乐园。

是为推荐。

（作者系教育部青年长江学者、深圳大学全球传播研究院执行院长）

目 录

第一章 绪论 ································· 1
  第一节 研究背景及缘起 ···················· 1
  第二节 研究问题 ·························· 11
  第三节 研究方法 ·························· 14
  第四节 本书框架 ·························· 19

第二章 文献综述 ···························· 22
  第一节 扩散研究的经典模型 ················ 22
  第二节 扩散网络的社会选择模型 ············ 36
  第三节 扩散网络的社会影响模型 ············ 40
  第四节 发现关系：传播学的控制、效果及内容研究 ···· 47
  第五节 小结 ······························ 55

第三章 社交媒体中新闻扩散网络的推断 ········ 57
  第一节 扩散网络的推断研究 ················ 58
  第二节 研究方法 ·························· 65
  第三节 研究结果 ·························· 69

第四章 新闻媒体社会网络的结构分析 ·········· 78
  第一节 社会网络的结构特征 ················ 79
  第二节 研究方法 ·························· 87
  第三节 研究结果 ·························· 90

第五章 新闻媒体的社会网络如何可能 ·········· 105
  第一节 社会选择与媒体网络 ················ 106
  第二节 研究方法 ·························· 116
  第三节 研究结果 ·························· 123

第六章　媒体网络对新闻事件扩散的影响 ·················· 140
　　第一节　社会影响与新闻扩散 ·························· 141
　　第二节　研究方法 ···································· 149
　　第三节　研究结果 ···································· 154

第七章　总结与讨论 ······································ 169
　　第一节　数字新闻扩散的研究框架 ······················ 170
　　第二节　实证研究的结论 ······························ 172
　　第三节　研究的不足及改进方向 ························ 178

附录一：新闻媒体的属性数据 ····························· 183
附录二：话题聚类算法、构造时间与级联模型算法 ··········· 213

参考文献 ·· 220

第一章 绪论

互联网以及社会化媒体的兴起,改变了人类的传播行为和社会交往方式,尤其是新闻消费习惯及其场景的变迁。近年来,中国乃至西方国家的新闻业都经历了从大众媒体到网络媒体再到社交媒体的重心转移,在学科范式上进入"数字新闻"(digital journalism)的发展阶段。新闻行业及其传统的组织生产概念已经被重构,"网络化新闻"的出现,昭示着现代职业媒体正从"封闭"的新闻生产机构转向开放的网络化空间,这种形态学上的结构化过程深刻变革了传统媒体的新闻生产及传播的模式。此外,随着复杂的网络传播现象、海量的非结构化数据的涌现,大众传播学的经典理论面临着范式"危机";同时,传统的数据收集和定量分析方法由于缺乏效率和精度,无法解释和测量新媒体环境下的人类传播行为和现象。

为此,本书旨在在新闻扩散研究的框架下,从社会网络的理论视角切入,观测和探究社交网站中媒体行动者的新闻行为与社会情境的互动关系;通过引入前沿的计算传播研究方法和分析工具,刻画、剖析媒体进行信息沟通的网络结构和组织形式,揭示并预测新闻在媒体的社交网络中扩散的动力机制及动态过程。本书提出了"网络化媒体"的概念来描述这种新的媒介组织生态,即媒体在社交网络环境中的新闻生产活动依附并作用于动态的、相互影响的社会关系,新闻扩散是媒体在不均衡、不确定的结构化的环境中进行新闻决策的社会过程。本书试图将以"关系"为核心的网络分析视角和方法重新置于传播研究的中心,将关注"媒介之内"的新闻生产与控制研究与强调"媒介之外"的个体与社会影响的效果研究勾连起来,在"传播流"研究传统之上讨论"媒介之间"的新闻扩散的结构与过程。

第一节 研究背景及缘起

本书旨在探索在线社交平台中新闻媒体传播的网络形态学特征,以及建基于此社会结构之上的新闻扩散的动态过程。在社交网络出现之前,从来没有任何一个时期像今天这样,无论是"爆炸性"新闻(breaking news)还是一般性事件,都能在受众群体中快速地扩散,新闻信息在媒体与个体构成的网络空间中被生产、再生产并传播扩散,形成社会对特定新闻或话题的广泛讨论,衍生出新的舆论关注并推动现实事件的发展,成为一股足以影响现实社会、改造现实世界的力量。

进入数字时代,当新的信息技术改变了人们接收、搜索和消费新闻的方式和习惯时,新闻媒体作为社会信息系统中相对封闭的生产单位,开始自觉地或被动地卷入这场新的传播技术革命之中。因此,在数字化转型语境下,研究新闻媒体的生产传播规律及其背后的驱动机制,成为新闻传播学领域新兴的课题。

(一) 重构新闻业:网络化新闻

作为一种观察的结果,信息时代的社会结构与过程日益以"网络"组织起来。尤其是计算机和互联网出现以来,"网络建构了我们的社会的新社会形态,而网络化逻辑的扩散实质地改变了生产、经验、权力与文化过程中的操作和结果"(卡斯特,2001),新信息技术范式为社会组织的网络化形式"渗透扩张遍及整个社会结构提供了物质基础"。"网络"已然成为一切社会组织的一般形式,人类历史目睹了"网络社会"(the networked society)的崛起。

以去中心、网络化、超文本为形态特征的互联网深刻变革了大众传播的生态图景,信息沟通的模式从前互联网时代的线性过程变迁至由关系缔结的网络化形式,传统大众媒体的信息生产从分散的地理空间聚合到以细分网站和社会化媒体为代表的网络空间,传播权力却经历了从集中到分散的相反过程。在这种背景下,从个体的新闻生产活动到作为整体的媒体系统都发生了剧烈的变化:网络受众的信息需求和习惯的改变催生数字新闻业和媒介融合的发展趋势,去中心化的网络化逻辑则进一步解构了传统大众传播的信息资源和权力分布。

在视线可及的时间范围内,中国乃至西方的新闻业都经历从新闻网站到社交媒体的重心的转移。新闻业及其传统的组织生产概念已经被重构(reconceptualized)或重组(Heinrich,2012;黄旦,2015),以至有人提出了"网络化新闻"(Network Journalism,Heinrich,2012)的概念,以此说明现代新闻业正从"封闭"的操作系统向相对开放、动态的网络结构转变。这种形态学上的构造(即网络)显著地变革了"传统"新闻生产和传播的方式。

最直观的影响是，改变了社会的新闻生产、流通以及消费的渠道和方式。就职业新闻机构而言，传统的大众媒体是在一种线性的、单向的传播模式下运作的（即一个信源对多个信宿），如一份分发给许多订阅者的报纸，或者一个电台频率把同样的节目广播到整个城市；然而，社交媒体在社会信息系统中的流通模式（即多个消息源对多个接收者）显然更为复杂，更多的组织、社群和个体行动者参与到社会信息系统的生产和流通环节。

在网络化的传播空间里，新闻信息能够借助社会化媒体以"裂变式"的速度渗透至不同的社会圈层。为了不至于陷入被动竞争的境地，越来越多的传统媒体纷纷将受众争夺的战场延伸至网络空间。大部分传统新闻媒体与社交平台进行深度融合，一方面极大地提升了新闻传播的速度、范围和影响力；另一方面，由社交网络所缔结的社会关系和社群也为传统媒体拓展了新闻生产的资源和素材。目前，社交媒体的平台化发展正在逐渐改变传统媒体的主导性地位和角色，取而代之成为社会热点事件的爆发源、社会舆情的"发酵池"。

根据新华网发布的《2016年度社会热点事件网络舆情报告》，在2016年度360起社会热点舆情事件中，超过2/3的热点舆情发酵于社交媒体，其中，微博占比达到29.5%，微信占比为23.5%，手机客户端占比为7.0%，此外还有论坛、博客等社交媒体占比达13.1%。例如，魏则西之死、雷洋之死这两起舆情风波都是由知乎帖文引爆；东北女孩怒斥广安门号贩子，也因为社交媒体的短视频而迅速进入公众视野。2017年的北京电影学院性侵事件、北京延庆二中学生受辱事件、游客在丽江餐厅遭殴事件均最先通过微博曝光，随后经传统媒体、网络媒体跟进报道，引发舆论动荡。

从这个意义上来说，新闻业成为一个"节点"、一个"转换者"，从而涉入延森（2012）式的"媒介融合"的"关系之网"中，"即便它自身也是一个网络，也必定被嵌入更大的网络，与其他网络共存并发生相互作用"（黄旦，2015）。传统新闻媒体不再作为昔日唯一的中心信源，为了免于因"缺席"被边缘化，而积极"出现"在数字化、网络化的新型沟通系统之中，并由此引发一系列新闻生产样态的创新以及价值重塑的问题。

（二）社交网络中的新闻使用

在线社交网络（online social network，以下简称"社交网络"）也被称为社会化媒体或社交媒体（social media），如微博、微信、Facebook 和 Twitter 等，是当下十分流行的社交网站（social networking sites，SNS），也是数字时代新闻信息传播的集散地。这些头部的社交平台均拥有过亿的使用者，包括个人、组织和机构等用户。以中国用户量最大、活跃度最高的新浪微博和微信为例，截至 2017 年 9 月，微博月活跃用户已达到 3.76 亿，与 2016 年同期相比增长 27%；日活跃用户达到 1.65 亿，较 2016 年同期增长 25%；① 9 月微信平均日登录用户 9.02 亿，较 2016 年同期增长 17%，公众号月活跃粉丝数 7.97 亿，同比增长 19%。②

虽然不同的社交平台为用户提供的服务和功能不同③，比如微信在社交关系上偏重于熟人社交，通过分享个人内容促进人际互动；微博则趋向于陌生人社交，用于公共信息的传播和接收。但是它们最显要的共性构成了"社交网络"的基本特征，即为用户构建了一个潜在的（underlying）、"基础设施"般的社会网络，使其相互关联、相互沟通并相互影响。

随着互联网和移动通信技术的发展，人们可以通过桌面电脑、笔记本电脑登录网页，或通过智能手机、平板电脑的移动端应用接入在线社交网络。借助于高度交互的信息平台，用户可以在其中生产、分享、传递和修改信息，这为组织、机构、社区和个人的社会沟通引入了本质的、普遍的变化。对于信息接收者而言，新闻获取、阅读习惯和日常生活方式正在发生改变。根据 CNNIC 第 41 次中国互联网络发展状况统计调查的结果，截至 2017 年 12 月，我国网络新闻用户规模为 6.47 亿，在网民中的使用比例为 83.8%；手机网络新闻用户规模达到 6.20 亿，占手机网民的 83.3%。

新闻在社交媒体中的传播优势不仅表现在人口覆盖率上，还体现在媒介的使用程度和习惯上，即现代人对社交媒体的深度依赖，以及后者对前者生活时间的占用。皮尤研究中心（Pew Research Center）报告④（2016）显示，四分之三（76%）的 Facebook 用户每天访问该网站（55% 的用户每天多次，22% 的人每天 1 次），Instagram 和 Twitter 的这一数字分别为

---

① 数据来源：新浪微博数据中心发布的《2017 年微博用户发展报告》。
② 数据来源：腾讯全球伙伴大会发布的《2017 微信数据报告》。
③ 根据 CNNIC《2016 年中国社交应用用户行为研究报告》结果显示，70.3% 的微信朋友圈用户的使用目的是"和朋友互动，增进和朋友之间的感情"，50.7% 的用户使用朋友圈"分享生活内容"；60.7% 的新浪微博用户的使用目的是"及时了解新闻热点"，58.0% 的微博用户的使用目的是"关注及获取感兴趣的内容"。
④ 数据来源：Pew Research Center：Social Media Update 2016. Survey conducted Marth 7 - April 4，2016.

51%和42%。CNNIC的调查数据则显示,超过一半的中国网络社交用户平均每天上网时长在1个小时以上,其中包括6小时以上(20.0%)、3～6小时(21.5%)和1～3小时以内(17.2%)。

另据2016年CNNIC关于中国社交应用用户行为研究报告显示,社交网络已经成为新闻传播及素材收集的重要途径。网络社交用户与网络新闻用户的重合度高达45%;除了新闻客户端(47.5%)以及新闻资讯类网站(34.4%)外,25.4%的网民会通过新浪微博获取新闻,这一数字较上一年同期增长了10%。

同样在美国,皮尤研究中心报告[①]指出,截至2017年8月,超过三分之二(67%)的美国人表示在社交媒体上获取新闻;在所有的Facebook成年人用户(66%)中,有45%左右的人(也就是将近1.16亿人)使用Facebook来阅读新闻,这一数据远超过任何一个新闻机构的受众达到率。此外,皮尤(2017)在一项对38个国家的调查中发现,25个国家中超过30%的成年人每天通过Facebook、Twitter等社交网站获取新闻,其中韩国(57%)、黎巴嫩(52%)和阿根廷(51%)的人数最多;塞内加尔(19%)、印度(15%)和坦桑尼亚占比最少(10%),但也均超过10%。[②]

上述数据和事实均表明,时下人们的媒介使用方式和习惯正越来越多地从传统大众媒体转向社交媒体,凸显人际关系和社交分享的媒体平台为社会交流提供了新的信息载体和应用场景;社交网络在新闻传播方面具有传统媒体无法比拟的优势,通过占据人们的生活时间而使其"浸淫"在由社交关系编织的信息网络之中。由此可见,社会化媒体日益成为当代最重要的信息媒介和新媒体研究对象,对社交网络中新闻的传播规律及其背后的动力机制的探讨显得尤为迫切。

(三)网络化媒体:一种经验观察的视角

本研究从社会网络和信息扩散的理论视域切入,研究社交网络中新闻扩散的结构与过程关系。该研究视角的形成和逻辑起点主要有以下两个来源:一方面是对新兴的媒体传播环境和新闻实践的观察,另一方面则是对传播学领域经典理论和应用范式的重新检视。

显然,在新闻行业发展的历史进程中,编辑、记者坐在新闻编辑室中

---

① 数据来源:News Use Across Social Media Platforms 2017. Survey conducted August 21, 2017.
② 数据来源:Pew Research Center;Global Attitudes Survey. Q69 & Q72. Spring 2017.

通过电报、电话或者翻阅样报，参考其他职业媒体同行的报道主题和倾向性，从而确定报道的方向或调整批判力度的时代已经不复存在。职业媒体机构进行新闻生产和传播的场景已然发生了剧烈变化，新闻媒体的传统报道方式切换成了"互联网模式"，塑造了一种新的媒介组织形态——网络化媒体。"网络化媒体"，就是指在社交媒体环境中，以网络的形式组织起来的以职业新闻媒体为中心的传播单元，这些信息单元依赖于动态的、相互影响的社会关联而进行新闻生产与传播。简而言之，社交媒体的新闻活动是一种结构化、网络化的控制过程——专业新闻行动者在不均衡和不确定的网络信息环境中协调行为决策的社会过程。

诚然，在信息革命之前的传统媒体时期，职业媒介生产过程本身就是一个个体偏见与群体动力学的混合物（Donsbach，2004），因而强调媒体新闻决策的外部制约或社会影响的论调并不罕见。但是，以数字为技术基础的传播场景的出现，强化和凸显了"网络"在信息沟通系统中的可见性以及结构化环境的媒介功能，其至少从三个方面塑造着"网络化媒体"的新特征。

其一，传播介质的数字化和数据非结构化特征。比特（bit）是构成社交媒体中新闻文本的基本单位，0和1的数字组合实现了不同形式的信息转换，通过视频、声音和字符等多媒体形式传递新闻信息，超链接文本信息在社交媒体上被职业媒体或者自媒体快速地、广泛地复制、转发或转引，从而产生了海量的非结构化的信息行为数据。然而，这些非结构化的文本却蕴藏了极其丰富且颇具研究价值的关系信息，为新闻传播学者研究揭示媒体的社会关系、挖掘新闻传播路径和扩散趋势提供了技术基础和可能性。

其二，新闻传播的场景从物理空间转化为网络空间。数字媒介的兴起意味着人们交往的现实地域在进一步地"消失"（梅罗维茨，2002），社会化媒体通过联结（或拆解）形塑着个体、组织和机构等行动者新的社会关系，而新闻传播对传统媒体所依附的物理介质和空间场景的依赖性正在减弱。对行动者关系和信息资源分布的观测不再基于实际的地理距离和空间位置，而是借用诸如网络科学中的"测地线"概念，强调的是个体与个体、群体与群体之间的"连通性"。同时，媒体机构在信息系统中的权力或地位则取决于是否"出现"在网络之中及其社会关系的多寡，而不再仅受制于"新闻场"之中"规模生产与有限生产的差异"，以及新闻单位或记者个体与政治经济权力的距离（Benson，1999）。

其三，媒体行动者的关系网是信息扩散或转移的渠道（即传播的介质），这种结构化的社会环境被视为媒体新闻决策的机遇或限制（沃瑟曼、福斯特，2012）。从结构与功能二元视角出发，网络化媒体实际上是媒体机构新闻实践的产物，即媒体的社会属性及其之间的交往催生了网络化的特性；同时，结构化的交流情境反过来影响和制约了媒体的信息交换或流通。一言以蔽之，媒体的社会网络是交往行为的基础结构，媒体的新闻活动则是结构化了的行为过程。

因此，传播学者和新闻从业者有必要深入观察和研究职业性媒体机构的新闻活动、传播行为在"网络化社会"中的新特征和新变化。本书将从社会网络的视角出发，着眼于社交平台上新闻扩散中媒体的传播行为和信息交换关系，探索影响新闻媒体的网络新闻生产和传播过程的结构性、社会性因素，有助于理解网络新闻再生产、信息扩散的模式和内在机理，为网络新闻信息的传播或干预以及网络信息空间的有效治理提供经验基础和理论支撑。

（四）"新瓶装旧酒"：传统范式的创新与发展

本书聚焦于数字环境下媒体在社交网络上的新闻事件的扩散机理，其理论驱动力来源于对新闻事件扩散研究传统范式的重启和改造。众所周知，扩散理论在传播学的应用集中于新闻事件扩散研究，该领域研究的对象和出发点为传统大众媒体时期的受众对重要性新闻事件的"反应"。与之不同，本书对新闻扩散的观察视线从传统媒体切换至数字媒体场景，研究的切入点则从以"受者"为中心的个体效果层面转移到"传—受"互动的群体动力学过程。从范式"革命"的角度来说，本书是一次讨论传统新闻事件扩散研究范式"转移"的尝试。

回溯经典研究的发展脉络，1945年社会学家德尔伯特·米勒（Delbert Miller）对罗斯福总统去世的新闻进行的调查研究，被认为是最早关于新闻扩散现象的研究。1960年，保罗·道彻尔曼（Paul Deutschmann）及韦恩·丹尼尔森（Wayne Dannierlson）的研究被引用最广、影响最深远，为传统的新闻事件扩散研究提供了范式和框架：首先，要预先策划好一套方法，使研究者在事件发生的一两天内收集数据，调查对象通过短期记忆回答获知新闻的时间、渠道以及是否与他人谈论新闻等问题；其次，针对多个新闻事件，在不同的地点搜集数据进行比较研究，有利于决定结论可以在多大程度上进行推广；最后，聚焦于新闻扩散的速度、扩散的渠道（大众媒体或人际渠道），以及新闻事件的特点（Deutschmann & Dannierlson，1960）。

然而，在道彻尔曼和丹尼尔森1960年的研究之后，新闻事件扩散研究经过了10年的蓬勃发展后日渐式微。到20世纪70年代，基本上是每年只有一种（Rogers，2000），以致梅尔文·德弗勒（Melvin Defleur）直言"该传统已经走到了尽头"。综述性的研究（Rosengren，1973）归纳了该范式巅峰时期的研究，寥寥可数的基本假设①暗示着传统新闻扩散研究范式乏善可陈的学术成就。一项系统回顾大众传播学理论的研究显示，1956—2000年涉及扩散理论的研究数量在所有传播学理论中排位第六。其中，超过半数（54.17%）研究仅提及了扩散理论，20.83%的研究将其做理论框架，只有12.5%的研究扩展了该理论（Bryant & Miron，2004），说明扩散理论在传播学研究中曾占据着重要的学术地位，但典范理论的源泉和边界没有得到深入的挖掘和探索，使得这个领域在面临范式"危机"（库恩，2012）时缺失了"惊险一跃"。

罗杰斯（2016）认为，经过20世纪六七十年代的发展，学术上对新闻扩散的兴趣开始降低，可能是针对传统媒体的主要研究问题已经得到解答，抑或是大量重复性的研究工作与道彻尔曼等人1960年的范例走得太近，导致新闻事件扩散研究在新媒体时代降临前夕就"卡壳"了。从科学认识论的角度来看，一个研究领域的范式在一段时间内能够为学术共同体研究提供基本思路和范畴程序，但也恰恰是范式的存在使研究者陷入思维定式，限制了投入前沿研究的科学力量（Rogers，2000）。

进入数字时代，新闻信息扩散研究出现了新的研究场景和命题，即研究的前提假设发生了改变，但经典扩散理论所揭示的传播效果和变化过程的规律仍然没有发生本质变化。随着科学研究方法对数据计算处理能力的不断提高，以数据为驱动、以社会化媒体（social media）为主要研究对象的"计算传播学"（computational communication research）领域异军突起（祝建华等，2014；王成军，2016），以传播网络分析、文本挖掘、社会仿真实验等主要分析工具，实现对大规模传播行为数据的深入挖掘和分析。祝建华从知识生产的角度指出，如果把知识（即对传播过程和效果的存在或变化等现象的发现）当成"酒"，把研究的方法和工具视为"瓶"，那么，计算传播学理论研究的目标，是对这些现象或机制进行解读和分

---

① 罗森格伦（Rosengren，1973）通过回顾了美国过去20年的新闻扩散研究，总结了新闻事件扩散的几个基本假设：第一，事件越重要，扩散的速率和范围越大；第二，扩散的速率和范围越大，通过报纸获知的人数比例越少，而通过人际交流渠道的人数比例越高；第三，事件越重要，人们越倾向于人际交流渠道获取信息；第四，人际交往和报纸渠道获知新闻的比例此消彼长。

析。"旧酒"实则是对已有知识和理论的实证研究,"新瓶装旧酒"就是在采用新的计算手段和技术对经典理论和假说进行重复的或补充的检验。这种渐进式研究是计算传播学发展的重要阶段和必经之路,只有在此基础上持续发展才可能会涌现、转化出"新酒"。

本书旨在使用社会网络分析和文本挖掘等方法的"新瓶"来装扩散理论的"旧酒",尤其是对新闻事件扩散研究的传统范式进行补充和延展。

首先,该领域传统上的研究对象是新闻事件通过大众媒体渠道或人际渠道在受众群体中的扩散现象。研究者采用随机抽样的方法收集、观测个案的数据,试图克服系统误差,"还原"新闻扩散的过程,但是对个体的观察是间接的且相互孤立的,无法有效地考察或控制社会化媒体中个体之间相互连接、依赖的社会现实。传统方法对人际关系效应的把握通常是基于个体动机调查的描述性分析,而缺乏对群体关系影响与行为动态过程之间的统计学解释。为此,本书采用文本挖掘的方法直接从社交媒体的大量网页数据中提取、清洗和重构行动者的关系型数据,运用社会网络分析和建模手段解决行动者属性与关系的依赖性问题,并从统计学的意义上解释和预测新闻信息扩散的行为规律及背后的动力机制。

其次,传统研究的调查方法效率不高、效度不足。一方面,"消防站式研究"需要在事件发生前做好调查的预案或规划,等待事件发生后立即启动电话或者实地的问卷调查,其正是由于操作的难度和人力、物力耗费较高而少有大规模的科学调查,并且这一研究方法不利于实现研究过程的可重复性及再现研究结果。另一方面,传统定量方法所提供的受访者数据是自我报告式(self-report)的认知、态度或行为意向等动机类(motivations)的变量。但人的记忆很可能会出错,即使被访者在事件发生的第一时间接受询问,他们也可能受到从众心理或者隐私问题的影响而有所隐瞒,因而这一研究方法难以消除由记忆的模糊性或主观性导致的测量误差。

本研究所观测的文本和网络数据是新闻行动者的在线行为数据。从观察者角度来看,这些社交网站中的公开日志属于被观测者的自我呈现,既不受研究者动机和介入的影响,也不存在个体记忆或主观失真的偏差问题,因此这种观测方式是客观的、直接的而且高效的。由于网页文本数据存储的便捷性和时效性,研究者能够通过基于计算机和算法的自动化程式,第一时间收集大规模的个体行为数据,极大地降低了数据采集的劳动力成本和操作门槛,为社会科学研究的可重复性和透明性提供了必要的技术基础。

最后，计算传播学研究方法提高了观测的精度。传统的研究方法观察时间上的粒度（time resolution）相对较粗略，通常以封闭式的问题询问被观测者的行为时间和频率，如"过去""过去一年""最近一个月"或者"一周内"等，即使是相对精确的日记调查，也仅能精确到以小时为单位；而网络数据记录了行动者在网络上遗留的"痕迹"（footprint）及其时间点，在时间粒度上能够精确到毫秒（千分之一秒）级别，极大地提高了科学观测的精确程度。本研究应用生存和事件史分析方法解释和预测新闻事件扩散的趋势和动态过程，在时间的测量上既可以操作成以分秒为单位的连续时间，也可以重新编码为以小时或天为单位的离散时间段，使数据结构的组织和转换获得更大的灵活性，是对传统研究方法和数据分析的显著"补偿"和超越。

综上所述，从知识生产和理论发展的意义来看，采用跨学科的研究视野和计算传播学的研究方法及技术手段，对社交网络中新闻扩散的现象和背后的社会结构、驱动机制进行系统性研究是题中之义。从新闻实践和行业发展的角度来看，本书探究新闻信息在媒体社交网络中的流动和影响，以掌握媒体之间的信息流通和扩散网络的结构特征及内在规律，为数字时代"网络化媒体"提高新闻生产和传播效能提供洞察视角；同时，亦期望为数字新闻媒体的行业规范和互联网信息内容治理提供经验数据和研究范例，对新媒体运营和网络社会治理兼具重要的指导意义。

在理论范式和研究方法创新方面，本书建基于社会网络和行为可计算性的分析逻辑，试图勾画出人类传播行为与社会结构之间的关系，从个体网络到整体网络、从静态属性到动态演化，以期融通结构与能动（客观主义与主观主义）、宏观与微观等"二元对立"的理论体系。同时，本书继承了传播学经典的创新扩散理论以及新闻事件扩散的研究典范，为了突破和拓宽传统研究范式上的窠臼和数字媒体语境下的适用范围，运用前沿的计算传播学研究方法补充和重新组建社会化媒体中新闻扩散的研究问题和理论框架，在观察视角、研究效率、效度和精度上实现对传统研究范式的"填空"和超越，对于渐进地酿造出新的科学知识和理论"新酒"而言，具有重要的科研价值和创新意义。

第二节 研究问题

(一) 研究对象

正式论述之前,首先要明确本书的研究对象及其在传播学研究版图中的位置。经典的"五W"模式确立并勾描了大众传播的基本要素和线性过程,经由集大成者施拉姆之手将传播学领域划分成为五大领域,即控制研究、渠道分析、内容分析、受众分析和效果研究,为研究者提供了识别研究客体及其范畴、明确分析对象及其外部关系的参照坐标,尽管不同领域之间的边界不甚清晰且偶有交叠。

本书立足于中国新闻业,探索数字媒体环境尤其是社交网络空间中的、以媒体组织为具体行动者的新闻扩散行为、传播结构与影响机制。因此,从研究领域来看,本文的研究客体基本上落入控制研究的范畴,即对职业新闻机构及其新闻生产活动的观察;但是,这种观察是从新闻流动的社会过程(主要聚焦于媒体场域之内)切入的,着重关注新闻(事件)扩散的社会结构(也就是媒体组织之间的传播关系)及其对前者的社会影响,因而涉及对效果研究中传播流研究(特别是扩散理论)乃至"议程设置"的理论传统的"嫁接"(具体论述详见第二章)。

与传统的控制研究不同,本书融合扩散理论与社会网络理论的双重视角,从"关系"的角度考察媒体行动者之间的网络化结构与新闻扩散过程,所以既有别于专注于媒介生态系统、传媒体制与规范的"媒介之外"研究,也不是针对个体新闻工作者、新闻生产和媒体组织管理等的"媒介之内"研究,而是一种挖掘"媒介之间"即媒体组织之间传播关系(姑且称之为"媒际关系",详见第二章)的结构分析。

从这个角度来看,本书的研究对象是新闻媒介本体及其相互之间的"关系",这种关系以一种社会情境或社会结构的方式嵌入信息传播的过程之中并施加影响。具体而言,就是对中国新闻媒体机构在社交网络(以微博为背景)上的新闻生产与扩散行为进行网络分析和实证检验,旨在揭示数字媒体环境下新闻场域的结构与权力分布,解析媒体组织的社会关系对新闻(事件)扩散的动态的、结构性的影响。

(二)研究问题

在社会网络的研究领域中,发掘特定网络的结构特性以及网络对信息扩散的影响效果一直是研究的热点和难点。围绕媒体关系及其对新闻扩散的影响,本书旨在解决网络推断、网络分析、网络成因和网络影响四个层次的问题,如表1.1所示。

表1.1 社交网络中新闻扩散结构与过程的分析象限

时间尺度	网络维度	
	结构	过程
动态	问题一 网络推断[a]	问题四 网络影响[a]
静态	问题二 网络分析[a,b,c]	问题三 网络成因[a,b,c]

注:不同的研究问题涉及对不同媒体网络数据的分析和处理,其中,a:基于采纳行为的采纳网络,b:基于转发行为的转发网络,c:基于转引行为的转引网络。

在计算传播研究领域,通过可观察的个体数据获得隐藏的、可靠的个体关联乃至整体网络,有助于揭示个体之间的传播关系及其信息行为模式背后的系统要素。然而,不管是复杂网络领域中的"链路预测"(link prediction)还是社会化媒体研究中的"网络推断"(network inferring),由于特定的社会网络所依附的社会情境的复杂性和个体的特殊性,均尚未形成统一的、有效的解决方案。社交媒体平台为研究者提供了海量的数字化"足迹"用于对人类传播行为的研究,新闻媒体在社交网络中搜索、发布、转引新闻信息同样为观察行动者提供了有迹可循的文本数据。因此,本书的首要目标是发掘和建构在线社交平台中新闻信息扩散潜在的、不可见的媒体社会网络。换句话说,就是要解决如何从媒体属性、新闻内容以及传播行为的关联性和规律性中构建媒体报道(采纳)新闻的关系网络(本书称其为"采纳网络",详见本书第三章),它奠定了后续的网络分析和统计推断的基础。由此,提出本书的第一个问题。

问题一:如何推断社交网络上新闻信息在媒体之间扩散的网络?

近年来,传播学中的社会网络范式逐渐兴起,如何将网络科学的视角和方法引入传播学的具体研究成为以计算传播学为主的实证主义学者们热议的话题。其中一个焦点问题就是,如何将新闻传播学的观察对象以及关系类型转化为"图论"(graph theory)研究的对象,并将人类复杂的传播行为特征概念化、操作化为可测量、可计算的网络结构变量。社会网络研究对行动者在网络中的位置和重要性的刻画，对社区发现和聚类现象等问题的兴趣和探索，构成了网络分析对行动者关系和社会构造描述的基础。本书将针对基于不同信息行为（包括转发、转引和采纳等行为）的媒体网络，从网络的、社会的以及时空的不同层面展现新闻扩散的结构特性和一般性规律。比如，社交新闻媒体的信息传播网络是否和人际社交网络一样，存在"小世界""无标度"等结构特性？哪些媒体占据网络的中心和关键位置？不同属性的媒体是否存在聚类的现象？在网络的、地理的空间上是否存在分布上的差异？等等。

问题二：媒体的信息关系呈现怎样的网络结构特征和社会特征？

为什么新闻媒体会形成特定的网络结构？它受哪些内生的或外生的因素的影响？例如，媒体的属性、"互惠"关系、同质性倾向或者媒体之间其他的传播关系等因素是否塑造了新闻扩散的网络形态？这些是本研究的重点问题。传统的社会网络分析主要是描述性的，缺乏具有统计学意义的随机变量模型的计量方法；而传统统计学对自变量和观测变量的操作化，以及对因果关系的推断基于独立性假设的基本前提，导致其无法直接被运用于分析具有依赖性特征的网络对象。得益于网络统计模型的发展和统计软件计算能力的提升，社会网络统计模型展现了对网络结构变量分析（尤其是识别网络形成过程中哪些关系模式、社会行动者所具有的具体特征）的解释力。本书将在分析哪些结构性或社会性的因素对不同的媒体网络（包括转发、转引和采纳网络）的形成产生作用的研究中，引入这一复杂的网络统计模型，使我们对预测因子与网络形成的关系强度的假设获得统计学上的显著性和有效性。因此，提出关于"媒体网络如何可能"的研究问题。

问题三：新闻媒体的结构性、社会性要素如何影响扩散网络的形成？

新闻扩散作为一个社会过程，与社会行动或病毒传播过程一样，很可能因为网络关系而得到强化或弱化。新闻媒体之间的传播关系所构成的网络，被视为对媒体组织的传播行为（随机因变量）产生影响的外生解释变量。那么，在以网络为中介的媒体关系和媒体自身属性以及这些关系与属性的依赖性中，哪些结构因素对新闻扩散过程产生积极影响，哪些个体属性又会产生消极阻滞的作用？这些问题是本研究论证链条的最后一环，通过检验不同的网络结构变量对媒体的新闻报道（采纳）行为的预测效果，回应扩散研究对于网络结构的功能性的理论关切，从而闭合本研究从"行为观测"到"网络解释"再回到"行为预测"的逻辑回路，形成社交网络环境下新闻扩散研究的理论框架，这对于深入认识网络新闻传播规律而言，具有重要的研究价值和现实意义。故而提出最后一个研究问题。

问题四：新闻媒体的网络如何影响新闻（事件）的扩散？

统而言之，问题一和问题二考察的是媒体新闻扩散网络的"结构"部分，即网络"是什么"结构的问题。其中，"网络推断"侧重于对网络结构的挖掘和确立，而"网络分析"聚焦于对网络的结构特征分析。问题三和问题四探究的则是两个相对的新闻扩散"过程"：社会选择过程与社会影响过程，分别解答了"为什么"会形成网络，以及网络"怎么样"影响扩散这两个问题。通俗地讲，就是建立起"物以类聚，人以群分"和"近朱者赤，近墨者黑"的逻辑关联。

从网络分析的时间尺度上（见表1.1），媒体的"网络分析"及"网络成因"问题针对的是静态的整体网，即网络横截面（cross-section）数据——媒体的属性以及网络的结构在时空上是稳定的、静态的——在特定的时间段内网络变量是固定不变的常量，这有助于把握媒体新闻扩散网络的内在结构特征（如紧密性、异质性、中心性和凝聚性等）以及媒体社会网络形成的规律性（如同质性效应）。而对"网络推断"问题的解决，主要基于对历史的、时变的文本数据进行新闻扩散级联模型的构建，通过观测媒体长期的、动态的新闻活动，计算任意两个媒体之间连接的可能性，从而"再现"媒体的社会关系网络。"网络影响"问题将考虑不同新闻事件的"个案-时间"型数据，对连续或离散的时间上的新闻扩散的动态过程进行网络结构（协变量）影响效果的预测和解释，以期揭示新闻扩散现象背后媒体行动者之间的社会关系所形成的制约性或驱动机制。

第三节　研究方法

本书描述的是一项以关系、网络为焦点的计算传播学实证研究。有别于以属性变量为核心的其他社会科学研究问题，其观察的是社交媒体中新闻传播的社会场景，面对的是基于文本挖掘的关系数据，以及对不同类型变量的依赖性的处理和分析。笔者将以微博为研究背景，通过选择并采集具有代表性的新闻媒体的文本数据和行为数据，借助文本挖掘、社会网络分析等研究技术，构建媒体社会网络与其新闻扩散行为之间的理论模型，描述并解释网络化媒体的新闻扩散规律及其动力学机制。

(一) 媒体抽样

本研究从微博媒体分类栏目（https://d.weibo.com/1087030002_2975_7001_0#）中选取 2000 多个机构认证的新闻媒体账号，采用判断抽样（judgment sampling）的方法按照以下三条评判标准逐层筛选，最终确定以其中的 719 个微博账号（详见附录一）作为数据采集的"种子"（seeds）。

第一，经微博平台认证的、新闻媒体官方账号，能够完全代表特定的新闻媒体单位（如"人民日报""央视新闻""新华网"等），但不包括具体的报纸栏目、电视频道或地方记者站等微博账号，如"侠客岛""人民网""山东频道""湖南卫视"或"新华上海快讯"，等等。

第二，样本涵盖尽可能多的媒体类型，主要包括广播、电视、报纸、杂志、新闻网站、商业门户等；从媒体级别来看，广播、报纸、新闻网站均包括中央、省级和地方三级媒体，其中报纸还可再细分为党报和都市报、晚报等，电视仅涉及省级电视台（不包含地方台和省级卫视频道）；从报道内容来看，涵盖综合类、专业类（如行业、军事和体育等）、国际类、信息娱乐类等类别。

第三，媒体所属地域尽可能涵盖中国大陆各省级行政区域，还有少数境外新闻媒体账号。由于不同地区媒体行业的发展程度差距较大，选取各个省份的媒体数量也不尽相同，如北京、广东、江苏等地区的媒体数量及其影响力要远远超过青海、西藏等西部地区。为此，根据新浪微博榜单"媒体矩阵势力榜"（http://v6.bang.weibo.com/xmt/provlist）月均媒体团体矩阵效能评分（从内容质量、传播影响力、粉丝影响力三方面衡量），按照区域划分选取超过 60 分的媒体矩阵，并以主体账号作为该矩阵的代表（例如，主体账号"新闻晨报"旗下包括"晨报体育""新闻晨报教育""晨报地球"等专栏账号）；此外，还包括"早报网""FT中文网""华尔街日报中文网"等部分境外媒体样本。

第四，在此基础上，综合各类新闻媒体微博影响力排名以及账号活跃程度进行筛选和补充。其中，针对新闻网站，主要依据中央网信办《网络传播》杂志 2017 年每月评选的行业、省级和城市新闻网站微博传播力排行榜单进行筛选；对于报纸，则根据 2016 年全国百强报刊名录以及中国报业协会发布的"2016 年中国报业新媒体影响力排行榜研究报告"进行选择和补充。这 719 个媒体微博账号的媒体类型、报道内容及其级别进行分类的占比情况如表 1.2、表 1.3 和表 1.4 所示。

按照省份划分，新闻媒体属地可分为以下 32 类：北京（131，18.2%）、广东（49，6.8%）、江苏（47，6.5%）、浙江（40，5.6%）、山东（37，5.1%）、河南（33，4.6%）、湖北（29，4.0%）、四川（29，4.0%）、福建（23，3.2%）、安徽（23，3.2%）、河北（22，3.1%）、上海（21，2.9%）、辽宁（20，2.8%）、广西（18，2.5%）、江西（17，2.4%）、陕西（16，2.2%）、湖南（15，2.1%）、内蒙古（15，2.1%）、山西（13，1.8%）、甘肃（12，1.7%）、吉林（12，1.7%）、重庆（11，1.5%）、海南（11，1.5%）、新疆（11，1.5%）、云南（11，1.5%）、贵州（10，1.4%）、黑龙江（10，1.4%）、天津（10，1.4%）、宁夏（7，1.0%）、青海（4，0.6%）、西藏（2，0.3%）和其他（10，1.4%）。

表 1.2　新闻媒体微博账号的分类及占比（按类别，$m=719$）

类别	报纸	网站	广播	电视	杂志	其他
频数	388	162	106	17	32	14
百分比	54.0%	22.5%	14.7%	2.4%	4.5%	1.9%

表 1.3　新闻媒体微博账号的分类及占比（按内容，$m=719$）

内容	综合类	时政类	经济类	专业类	国际类	信娱类
频数	410	157	36	36	26	54
百分比	57.0%	21.9%	5.0%	5.0%	3.6%	7.5%

表 1.4　新闻媒体微博账号的分类及占比（按级别，$m=719$）

级别	中央级	省级	地方级	商业性	其他
频数	80	266	327	25	21
百分比	11.1%	37.0%	45.5%	3.5%	2.9%

（二）数据采集

在数据采集方面，本研究以新浪微博为数据来源，主要采集两个部分的数据：一是以新闻媒体账号为"种子"采集微博文本数据和关注列表数据，用于构建媒体的传播网络或行为关系网络；二是以关键词为索引采集相关热点新闻事件的文本数据，用于构造媒体扩散新闻的行为变量。

1. 媒体微博数据

本研究利用网页爬虫（web crawler）以模拟登陆的方式在新浪微博平台（www.weibo.cn）批量抓取了 719 个媒体（媒体样本分布详见附件一）认证账号的网页公开数据，微博文本的（发布）时间跨度为 2017 年 1 月 1 日 0 时至 12 月 31 日 24 时。数据采集方式为分阶段滞后采集，其中 2017 年上半年数据于 2017 年 8 月 6 日至 25 日期间采集，2018 年 1 月 5 日至 25 日期间完成余下数据采集。网页采集的微博条目包括媒体账号名称、用户标识符（uid）、粉丝量、微博数、关注数、简介、等级、发布内容、发布时间、发布方式、评论数、转发量和点赞量等，总共采集获得微博数据量为 3745658 条，经过去重、缺失项处理后共有 3698971 条有效微博，文本有效率为 98.75%。其中，原创微博的数量为 3376829（占总数的 91.29%），转发微博的记录为 322142（占比为 8.71%），平均每个媒体账号的微博数量约为 5145 条。对数据的具体处理详见第三、第四和第五章。

2. 媒体关系数据

除了微博文本数据之外，本书还采集媒体之间的关注数据，即新闻媒体的微博账号之间"谁"（who）关注了"谁"（whom）的关系。关注关系数据主要来自媒体的关注列表，通过网页爬虫分别从 719 个媒体账号主页的"微关系"中采集其"共同关注"列表，合并成为一个关注总列表。最终，采集获得媒体关注关系数量为 48408（条边），平均每个媒体关注 67 个其他媒体账号。在数据格式上[①]，将关注关系的双方即关注者与被关注者以一一映射的边列表（edge list），可视化为网络图的形式则表示为从关注者（s）指向被关注者（r）的箭头，即"s→r"。除了边的列表形式之外，媒体两两之间的关注关系，也可以表示为 719×719 的邻接矩阵（adjacent matrix），记为 F。其中，矩阵元素 f_{ij} 是二值表示的（1 和 0）且指示方向性，1 表示媒体 i 关注了媒体 j，0 表示媒体 i 没有关注媒体 j，因此该矩阵是非对称的。

3. 新闻事件微博数据

在新闻事件扩散研究部分，本研究选取了三个具有代表性的热点新闻事件：（1）2017 年四川九寨沟县地震事件；（2）2018 年疫苗造假事件；（3）2017 年召开中国共产党第十九次全国代表大会。然后，在微博搜索功能中共用表征特定事件的关键词（如"九寨沟县""地震""疫苗""长

[①] 数据存储格式为"csv.（逗号分隔）"，其中列表格式中第一列为关注行为的发出者（sender），即"源头"（Source，适用于软件 Gephi）或"箭尾"（tail，适用于 Python 的 NetworkX），第二列为关注行为的接受者（receiver），即"目标"（Target）或（head）。

春长生""十九大",等等)进行检索。最后,根据特定新闻事件发生的起始时间,向后(一般为两周内)采集相关样本媒体微博账号($m=719$)的所有新闻报道。

新闻事件数据同样采用滞后采集的方法。其中,九寨沟县地震事件和"十九大"召开的微博新闻采集时间均为 2017 年 12 月 1 日;疫苗造假事件采用经典的"消防站方法",即在事件发生后立即抓取数据,在该事件发生的两周内进行分段采集,采集时间点分别为 2018 年 7 月 24 日和 7 月 31 日。经过数据去重和剔除无关文本处理后,地震事件共采集获得新闻数据量为14072(涉及媒体数量 $m=640$),疫苗造假事件新闻量为 5577 ($m=561$),"十九大"召开的相关新闻量为16234($m=573$)。该部分数据的具体处理细节详见第六章。

(三)研究技术

本研究将结合文本挖掘、社会网络分析和网络统计模型、生存分析等分析方法,综合运用计算机编程语言(Python、R)和统计分析软件(如 SPSS、UCINET、Gephi)等工具对网络数据进行采集、清洗、描述、可视化呈现和统计推断,主要的研究方法和分析技术包含但不限于以下三种。

1. 文本挖掘

本研究对新闻媒体的微博文本进行文本挖掘分析,主要在独立级联模型的框架下,运用计算机编程语言 Python 对微博文本进行分词、关键词提取、向量化(VSM)、文本相似度(text similarity)计算、话题聚类等文本处理,针对微博短文本的特性采用 Single-Pass 算法实现新闻话题发现和话题聚类,每个包含时间信息的话题构成媒体新闻的一个"传播流"单元,被称为"级联"(cascade);利用最大生成树方法将级联数据处理为有向无环的网络树结构,最后通过贪婪算法优化目标网络,旨在挖掘和构建新闻媒体之间潜在的传播关系网络。

2. 社会网络分析

社会网络分析(social network analysis,SNA)是基于图论和社会计量学对网络中的个体结构、位置或网络群体结构进行测量的重要方法。本研究在构建新闻媒体微博账号关系网络的基础上,利用 UCINET、Gephi 等社会网络分析软件以及 R 语言程序的 igraph、statnet 等软件包,对网络数据进行描述性分析以刻画新闻媒体关系的结构特征,比如网络度、密度、路径、聚类系数、中心性等;运用二次指派程序(QAP)方法对不同的关系数据进行相关性分析;并辅助以网络可视化工具绘制网络图进行可视化分析和解释。

3. 网络统计和时序分析模型

本研究采用指数随机图模型（ERGM）对新闻媒体的社会网络进行假设检验。研究的主体部分将在 ERGM 模型的统计分析框架下，提出新闻媒体的社会选择模型（SSM），考察媒体关系网络的内生结构变量、外生属性以及网络协变量对其扩散网络形成的影响。另外，采用生存和事件史分析方法，构建新闻媒体的社会影响模型（SIM），针对新闻媒体的新闻事件扩散行为进行建模，探究媒体关系网络的固有结构形态对其扩散行为的影响。针对上述网络模型，本书将使用 R 语言 statnet 软件包的估计算法（Handcock et al., 2003）和 netdiffuseR 软件包（Valente & Vega Yon, 2018）分别对以上两个模型进行统计描述、参数估计和模型拟合。

第四节 本书框架

本书总体上分为七章。

第一章"绪论"主要论述研究背景、研究缘起、研究对象及问题、研究方法和论文的基本框架。首先，从网络新闻的崛起及社交网络中新闻扩散的现象出发，阐述研究新闻在社交媒体中扩散现象和问题的重要性；然后，提出"网络化媒体"的概念，以期通过计算传播学研究方法填空和发展新闻扩散的传统范式；并围绕四个紧密相关，层层递进地研究问题，展开本书主体的四个研究部分，即四个独立章（第三至第六章）；研究方法部分则概括了主要运用的分析方法和相应的工具；研究思路和框架展示了本书整体的行文结构和谋篇布局。

第二章"文献综述"主要综述和比较了创新扩散模型、传染病模型、门槛模型和社会学习模型等四种扩散研究的理论模型，指出扩散研究者的关注点经历了自上而下、由外而内、从简单到复杂的视角转换和范式迁移；社会网络模型部分主要介绍独立级联模型、指数随机模型和网络影响模型，将社会结构与社会过程的关系勾连起来，为本研究接下来的网络数据挖掘与实证检验奠定了理论模型；同时，从控制研究、效果研究和内容分析等方面，系统梳理和回顾了经典传播学研究对"关系"的发现，并明确提出本书的研究对象为社会网络中媒体之间的关系（即"媒际关系"）。

第三章"社交媒体中新闻扩散网络的推断",主要解决如何推断或重构媒体"真实"的社会网络的问题。这一章将在独立级联模型的框架下,根据已知的媒体微博文本及其相似度计算,建立一套基于关注关系和时间的新闻采纳级联模型和检验方法。该模型主要通过参数控制的方法计算微博平台上新闻媒体之间信息交换的概率,从而构建新闻媒体潜在的社会关系网络,并检验模型结果的有效性,为社会网络分析和新闻扩散的社会过程研究提供基础结构和网络变量。

第四章"新闻媒体社会网络的结构分析"围绕媒体社会网络的结构特征进行统计描述和探索性分析。首先,从网络的紧密性、连通性和聚类程度等方面概括媒体网络整体的结构特征,揭示媒体社交网络的"小世界"和"无标度"的复杂性;其次,通过测量网络节点的中心性指标以刻画不同媒体在其社会关系网络中的中心地位和重要程度,考察媒体在新闻资源整合和分配中的重要角色(如"意见领袖""经纪人"等);最后,应用模块化、派系和 k - 核等凝聚子群分析方法对媒体的交互网络进行社团划分和可视化分析,探索基于不同信息行为的媒体关系网络的局部凝聚程度和传播效能,为分析媒体新闻扩散的动态过程奠定描述性的前提和条件。

第五章"新闻媒体的社会网络如何可能"主要回答哪些社会的、结构的因素决定了媒体交互关系网络的形成。这一部分研究将在指数随机图模型(ERGM)的框架下,建立并检验新闻媒体的社会选择模型(SSM),也就是讨论在新闻的决策上,媒体选择与哪些同行建立联络关系。具体而言,主要探究媒体的自身属性(包括媒介类型、内容类型、社会等级、行政区域等)以及外部环境因素(如政治经济因素、关注关系、社会网络结构等)对不同的媒体交互网络(如转发网络、转引网络和采纳网络)的同质性效应的预测效果,即两个媒体的同质性在多大程度可能影响他们之间交互关系的形成。

第六章"媒体网络对新闻事件扩散的影响"讨论的是另一种社会过程(即社会影响过程),主要回顾了扩散研究中的网络影响(network influence)模型和方法,通过三个热点的新闻事件案例分析微博上媒体的新闻事件扩散趋势和生存风险(hazard),采用生存和事件史分析方法(包括 Cox 比例风险回归模型和离散时间 logistic 模型),建立以网络结构(媒体感染性、敏感性、结构凝聚性和结构对等性等)为协变量、以媒体报道新闻行为观测变量的社会影响模型,以检验在控制其他媒体属性变量不变的条件下,网络结构如何影响不同类型的新闻事件的扩散过程。

第七章"总结与讨论"对本研究的结论进行全面的梳理和总结。着重在创新的扩散、媒介场以及社会网络等理论基础上,讨论媒体新闻扩散网络的研究方法和理论框架,并针对研究存在的问题和局限性提出未来研究的方向。

第二章 文献综述

本研究关注新闻在社交媒体中的扩散现象,对其结构和过程的剖析和解读将我们引溯至两个经典理论的根源——社会网络理论和扩散理论。有意思的是,这两个理论并不专属于某一特定的学科;相反,它们的理论发展和衍变汲取了不同学科的思想精髓和理论活力。而且,扩散过程作为一种被广泛研究的社会过程,而社会网络则被视为解析"社会系统内联结与分裂"的方法论,如同两条并行的"河流"贯穿于人类传播研究领域,但偶然之间交汇合流形成新的探索方向——扩散网络研究,为本研究对新闻扩散的结构与过程的理解提供了理论源泉和基石。

然而,"普遍的兴趣"和"经常性的新发现"使得扩散研究的经验性结果被不同的学科重复"发掘",而且杂糅了不同学科的概念符号和语言系统,难以形成统一的理论形态或研究框架。尤其对数字时代的新闻传播学领域而言,如何从人类传播的"关系"视角出发,借助社会网络的独特的视距深入探究网络信息传播的社会过程,这是一个既前沿又颇具挑战性的研究课题。本章将系统回顾和梳理不同学科中扩散研究的经典理论和模型,比较评价这些理论模型的特点和差异;通过引介扩散网络研究的最新理论发展和模型方法,为接下来的实证研究奠定理论基础和方法论基调;最后,从传播学的经典理论范式中探寻和拓展基于媒介关系的新闻扩散研究的智识脉络和研究思路。

第一节 扩散研究的经典模型

社会科学领域中的扩散研究最早可以追溯至 19 世纪的欧洲,彼时正值社会学与人类学刚刚合并成为新的社会学科。关于扩散理论形成的基础,罗杰斯(2016)认为有三个重要来源,包括法国加布里·塔尔德(Gabriel Tarde)的"模仿定律"(the law of imitation)、德国的奥格尔·

齐美尔（Georg Simmel）的"陌生人"概念，以及德国、奥地利和英国学者早期的扩散研究。

在新闻传播研究领域，在扩散研究的理论发展和智识脉络中主要有三个重要的理论假说和研究领域，包括"二级传播"（Katz & Lazarsfeld，1955；Katz，1957）、新闻事件扩散（Miller，1945；Deutschmann & Danielson，1960；Greenberg，1964a，1964b）和创新的扩散（Rogers，1962），形成了早期该领域扩散研究的范式和框架。此外，来自社会学、经济学、现代流行病学等学科的研究者也纷纷提出并发展了许多基础性的研究模型，包括创新-扩散模型、传染病模型、社会影响模型以及社会学习模型等，为扩散研究注入了新的理论视角和测量方法。下面我们将系统地回顾、比较并评价这四种理论模型的建构方法、差异以及局限性。

（一）创新扩散模型

从20世纪四五十年代开始，扩散研究在许多相互独立的学术领域展开，扩散过程一度成为被广泛记录和研究的社会现象之一（马哈贾，彼得森，2016）。但不同的扩散研究有一个研究结论重复出现：扩散的累积时间过程中呈"S"曲线分布。这类分布表现为早期的采用增长速度较慢，当到达临界点时，便会进入快速增长的"起飞"阶段，扩散过程趋于平滑上升，当创新在潜在人群中达到较高的普及率时，扩散的速度就会逐渐下降（刘海龙，2008）。但针对不同的研究对象和系统，各个扩散模式是不一样的，包括曲线的斜率和渐近线。许多假设和理论被运用于解释扩散曲线的特性（Mansfield，1961；Brown，1981；Casetti & Semple，1969），比如供求原理（Brown，1981）、学习理论（Casetti & Semple，1969；Sahal，1981）和传播理论（Rogers，1962）等。

传统的扩散模型通常使用简单的数学函数，描述一项创新在社会系统中采纳者随时间增长的程度和速度。一个基本的假设是：扩散过程是二分的（dichotomized），即社会成员采纳或者不采纳特定的创新项目，故采纳行为是一种离散而非连续的事件。扩散模型的基础模型可以用以下确定速率（deterministic rate）方程表示（马哈贾，彼得森，2016）：

$$\frac{\mathrm{d}N(t)}{\mathrm{d}t} = g(t)[\overline{N} - N(t)], \tag{2.1}$$

其中，$N(t)$表示在时间t的累积采纳者数量，$\overline{N}$是指在时间t系统中所有可能采纳者的总量，g是扩散系数，由该创新的内在或外在因素决定；等号左侧表示扩散率，即在时间t采纳者数量的变化率。因此，一项创新的扩散率是在时间t的所有潜在采纳者与已采纳者数量之差的一个函数，并

受到扩散系数 $g(t)$ 的控制或影响。

马哈贾和彼得森（2016）将基础模型简化为"外部影响模型"，$g(t)$ 用常数项 a 表示社会系统外部的影响系数，如传播渠道对扩散的作用。该模型假定：创新采纳者是相互独立的，其采纳行为仅仅受到来自社会系统外部的影响，外部模型得到的是一个指数衰减扩散曲线；与外部影响模型的假定相反，内部影响模型的扩散系数用 b 来替代，用 $N(t)[\overline{N} - N(t)]$ 表示已知采纳者与潜在采纳者的交互作用，也就是人际传播过程或"模仿"效应对扩散的影响，表示为：

$$\frac{\mathrm{d}N(t)}{\mathrm{d}t} = bN(t)[\overline{N} - N(t)]。 \qquad (2.2)$$

该模型适用于当社会系统相对较同质或外部因素不明显时，采纳者需要从社会关系中获取信息以确定采纳行为的可行性（Mansfield, 1961; Griliches, 1957），其扩散模式通常呈现"S"形曲线，可以 Gompertz 函数来刻画。通过同时考虑外部影响和内部影响，可以构建混合影响模型，如下式所示：

$$\frac{\mathrm{d}N(t)}{\mathrm{d}t} = (a + bN(t))[\overline{N} - N(t)]。 \qquad (2.3)$$

例如，有研究者将广告和口头传播加入外部影响的扩散系数中，分析电话银行业务在五个地区的扩散模型，并用最小二乘法估计模型参数，显示了混合变量对模型拟合的有效性（Horsky & Simon1983）。

对混合影响模型的应用较为著名的是巴斯扩散模型（Bass diffusion model），该模型及其扩展理论由弗兰克·巴斯（Frank M. Bass）于 1969 年提出，常常被用于市场分析中新产品的采纳预测。巴斯将创新（innovation）和模仿（imitation）两种机制引入混合影响模型建构中，假设产品购买行为的基本原理在于：（1）产品购买者由"创新者"（innovators）和"模仿者"（imitators）组成，前者的购买行为不受到系统中其他购买者的影响，而后者相反会受到影响；（2）创新者的重要性在产品扩散的初期尤为明显，但随着时间的推移而单调递减；（3）创新系数 p 作为外部影响因子，表示社会系统中创新者在所有采纳者中的概率，而模仿系数 q 作为内部影响要素表示模仿者受社会压力影响而购买产品的可能性。该模型用方程式表达为：

$$\frac{f(t)}{1 - F(t)} = p + qF(t), \qquad (2.4)$$

其中，$f(t)$ 是在时间 t 的产品购买率，$F(t)$ 表示在时间 t 的先行购买概率。通过求解非线性微分方程，最终得到 $F(t)$ 由时间 t、创新系数 p

和模仿系数 q 共同决定的方程式：

$$F(t) = \frac{1 - e^{-(p+q)t}}{1 + \frac{q}{p}e^{-(p+q)T}} \text{。} \tag{2.5}$$

在上述模型设定中，当模仿系数 q 大于创新系数 p 时，其揭示的增长模型表现为在初始阶段呈指数增长，直到顶峰后指数衰减，属于典型的"S"形扩散曲线。巴斯扩散模型很好地拟合了耐用品的消费扩散模式，根据历史时间数据能较好地预测了销售量的峰值和时间，其主要贡献在于能够获得扩散累积增长的函数，有助于预测长期的创新扩散效果；此外，该模型揭示并解释社会互动或感染（contagion）机制对扩散的影响，但对这种影响的测量是整体性的，而不是个体层面的。

基础扩散模型除了采纳行为的二分性外，还存在其他的假定上的局限性，包括社会系统中采纳者数量的固定上限，即社会系统在扩散过程中是恒定不变的；以及采纳行为的一次性、创新项的单调性、地理边界的固定性等（马哈贾，彼得森，2016）。因此，许多研究者在以上模型的基础上扩展了模型的适用范围，如有人改善了两阶段或二分模型，提出了三阶段模型，考虑了采纳者恢复为潜在采纳者的情况（Dodson & Muller1，1978）；也有研究者在模型设定中允许潜在采纳者规模可以随时间变化，从而提出了动态混合扩散模型（Mahajan & Peterson，1978）。

（二）传染病模型

传染病模型（epidemic models）是用于考察疾病传播机制、预测疾病暴发和评估策略以控制疾病扩散的理论模型（Daley & Gani，2005）。最早对传染病扩散进行数学建模的是丹尼尔·伯努利，他在1766年用统计数据分析天花的传播率和死亡率，并以此证明预防接种疫苗的效力（Hethcote，2000）。20世纪早期，罗纳德·罗斯（Ronald Ross，1911）在疟疾传播的研究中发展了微分方程模型，从而开启了现代理论流行病学（epidemiology）。随后，麦肯德里克等人（McKendrick & Kermack，1927）提出描述特定群体中易感人者（susceptible）、感染者（infected）和免疫者（removed）三者关系的微分方程（即经典的SIR模型），并发现了传染病扩散的"阈值"（threshold）机制，即当感染者群体数量或密度达到并超过"临界值"（critical values）时感染病暴发。下面主要介绍三种基础的传染病模型，也被称为"仓室模型"（compartmental models）：SI模型、SIR模型和SIS模型。

SI模型是最简单的传染病模型，其两个基本的假设是：群体的均质性

（每个个体感染疾病的可能性相同）以及群体规模的不变性。因此，模型设定社会系统中有规模为常数 N 的群体，其中包括数量为 S 的易感染者以及数量为 I 的感染者两类人群，并满足初始条件 $S_0 > 0$ 和 $I_0 > 0$，且 $S_0 + I_0 = N$。存在接触率 β，即群体中的感染者在单位时间内充分接触（以感染）其他个体的平均数量（Hethcote，1976），能够建立全局行为随时间变化的模型，其数学形式表达如下：

$$\begin{cases} \dfrac{dS}{dt} = -\dfrac{\beta SI}{N} \\ \dfrac{dI}{dt} = \dfrac{\beta SI}{N} \end{cases} \text{。} \tag{2.6}$$

在该微分方程模型中，将 S 替换成为 $N - I$ 可以得到关于 I 的 logistic 微分方程，其精确解为 $I(t) = I_0 N / [I_0 + exp(-\beta t)(N - I_0)]$，时间 t 的感染者数量 I_t 将单调递增至群体规模数 N（Allen，1991）。显然，这是一个 logistic 模型，同样适用于对经典创新扩散的建模：当系统被感染时其增长曲线快速上升，增长率随后减低直至系统到达均衡状态，而接触率 β 直接决定系统被扩散渗透的速度。

与 SI 模型不同的是，SIR 模型考虑的是那些可以被治愈并且能够产生免疫力的传染病（如天花、麻疹等），因此群体被划分为三种类型：$S(t)$ 表示在时间 t 没有感染疾病或易受感染的人数；$I(t)$ 表示已被感染并具有传染性的人数；$R(t)$ 是指那些曾经感染疾病并康复，或者免疫或者死亡的个体数量，这些个体已不再成为传染源。在固定规模的群体中，$N = S(t) + I(t) + R(t)$，模型可用微分方程组（该方程无法求出 $S(t)$ 和 $I(t)$ 的解析解）表示如下：

$$\begin{cases} \dfrac{dS}{dt} = -\dfrac{\beta SI}{N} \\ \dfrac{dI}{dt} = \dfrac{\beta SI}{N} - \gamma I \\ \dfrac{dR}{dt} = \gamma I \end{cases} \text{。} \tag{2.7}$$

该模型假设在传染病扩散过程中，如果 β 为接触率，那么平均每次接触人数为 βN，其中接触易感人者的数量为 βN（S/N），因此易感染者向感染者转移的概率为 β（I/N）；染病个体以平均概率 γ 恢复并获得免疫能力或被移除出系统，γ 即为移除率或感染者向免疫者的转移率；$1/\gamma$ 为平均感染期，$\sigma = \beta/\gamma$ 就可以被定义为感染性接触数，就是每个感染者在易感染者群体中生成新感染者的期望数，也被称为"基本再生数"（basic reproduction number）。一般而言，当 $\sigma > 1$，传染病持续扩散至总人口；当 $\sigma \leq 1$，感染者数量是减少的，传染可以得到控制；而 σ 越大，传染越难控制。

SIS 模型针对的是具有重复感染性而不能产生抗体的传染病（如流行性感冒），感染者在被治愈后马上变为易感染者。因此，与 SIR 模型相比，该模型的人群类型中并没有免疫者，其微分方程组表示如下：

$$\begin{cases} \dfrac{dS}{dt} = -\dfrac{\beta SI}{N} + \gamma I \\ \dfrac{dI}{dt} = \dfrac{\beta SI}{N} - \gamma I \end{cases}, \quad (2.8)$$

其中，$dS/dt + dI/dt = 0 \Rightarrow N = S(t) + I(t)$，且该方程有其解析解。当"基本再生数"$\sigma \leq 1$ 时，传染病消亡；反之，当 $\sigma > 1$ 时传染病扩散最终稳定在一个全局的均衡点（Hethcote，1976）。

另外，在上述模型的基础上，还发展出了一系列诸如 SEIR、SEIS、MSEIR、MSEIRS 等其他传染病模型。其中，潜伏者 E（exposed）表示被可传染性疾病感染并处于潜伏期而不会传染其他人的群体。根据研究者对潜伏期和感染期的不同假设，时滞微分方程、泛函微分方程等方法被广泛运用于模型建构中（Wilson & Burke，1942；Cooke，1967；Hoppensteadt & Waltman，1970）。在模型中加入被动免疫者（passively immune）M 考虑的是新生儿从母体获得被动免疫，但消失后成为易感染者的情况；也还有研究者针对 SARS 传染病例考察了新的"仓室"（Compartments）类型：被隔离患者（Q）、被隔离治疗者（J），提出了 SEQIJR 模型。除了增加人群的类型，群体的异质性也被考虑进模型的扩展中，比如个体的人口学特征（如年龄结构）、社会环境（如地理空间）、社会网络等因素（Busenberg，1988；Pastor-Satorras & Vespignani，2001；Keeling & Eames，2005；Riley，2007；Balcan et al.，2010；Inaba，2017）。

传统的传染病扩散模型的研究主要采用以（偏）微分方程为主的数学模型，确定性的理论模型虽然从能够从整体上描述传染病的扩散过程以及行为变化规律。但是，由于基于个体同质性和均匀混合假设，模型难以捕捉更多现实生活中群体的规律性和复杂性。近年来，计算机仿真实验的随机传染模型和方法被广泛地采用，包括元胞自动机（cellular automata）、马尔科夫蒙特卡洛（MCMC）、多主体模型（agent-based model，ABM）和复杂网络等方法，尤其是网络科学方法的运用为研究网络结构和微观个体行为对传染病扩散的影响提供了新的理论视角和分析工具。

针对基于理论网络的传染病扩散，研究者主要在不同类型的网络中进行数值仿真和实验,这些网络包括随机网络(Volz,2008)、规则网络(Kleczkowski,1999)、小世界(Moore & Newman,2000;Kuperman & Abramson,2001)和无标度网络等(Pastor-Satorras & Vespignani,2001;Moreno et al.,2002)。然而,针对现实网络的实证研究,在数据收集和网络构建上具有较大的难度,如个体存在多种接触关系、依赖个体记忆,而且涉及个人隐私的问题难以获取,但其核心的难题仍集中于如何定义"接触"以构建关系的网络(Keeling & Rohani,2002)。目前,常见获取网络信息的方法主要有三种:感染跟踪法(infection tracing)、接触跟踪法(contact tracing)和日记研究法(daily-based study)。感染跟踪法从被感染者出发追踪感染源头和传播路径;与此相反,接触跟踪则从感染源头出发寻找被感染者;而日记法则完全依靠个体而非研究者来记录其人际接触的网络(Keeling & Rohani,2002)。

(三)门槛模型

在社会学科领域,门槛模型(threshold model)主要用于考察"社会影响"而被研究者广泛地运用,研究的问题从社会隔离(Schelling,1969,1971)到集群行为(Granovetter,1978;Granovetter & Soong,1983),再到创新的扩散(Rogers,1962;Valente,1996)。这些研究模型的一个共同特点是,他们对个体决策(decision-making)的假设都基于"二元选择"(binary choices)。例如,个体行动者对是否参与社会暴动的决策只有两种明确却互相排斥的选择,要么参与,要么不参与(Granovetter,1978)。门槛模型为扩散研究提供了新的分析视角和解释变量,有研究者(Young,2009)重新分析了19世纪40年代美国杂交玉米的扩散,发现门槛模型在描述累积扩散曲线方面比巴斯模型更具有解释力。

受谢林(Schelling,1969,1971)对居住者隔离现象研究的启发,马克·格兰诺维特(Mark Granovetter)于1978年提出了测量个体在社会集群中采纳特定行为结果的研究方法,认为个体在权衡收益与损失的过程中根据其所观察到的行为数量做出决策,并定义了"门槛"的概念——在个体行动者做出决策前其他个体决策的数量或比例。格兰诺维特主张,该理论模型的目的在于通过数学方程式从门槛的初始分布去预测群体最终决策的均衡性。

为了描述门槛分布与均衡结果之间的数理关系,他将每一个行动者的门槛赋值为 x,并且服从特定的概率分布 $f(x)$,门槛值暗含着个体行动者对于行为决策的所有心理机制,$f(x)$ 则刻画了群体的平均偏好和社会结构的异质性；而 $F(x)$ 是累积分布函数（cumulative distribution function，CDF），表示门槛值小于 x 的人数比例。如图 2.1 所示，假设在时间 t 采纳行为或活跃（active）的人数比例为 $r(t)$，在下一个时间点 $t+1$，门槛值低于 $r(t)$ 的人将采纳行为，此时活跃人数比例为 $r(t+1)$。因此，任意活跃人数比例可以简单地由前一个时间的活跃人数比例决定，即 $r(t+1) = F[r(t)]$。从图 2.1 中可以看到，当水平箭头长度（即活跃人数比例的增量 $\Delta r(t)$）趋于 0 时，$r(t)$ 趋于极限，也就是均衡点（equilibrium point）r_e，这个点是 CDF 曲线第一次从上方穿过 45°对角线 ［代数上可以用 $F(r) = r$ 来表示］ 的交点。虽然门槛模型的设置极为简单，但极小的扰动项也会产生复杂的后果（Watts，2002）。

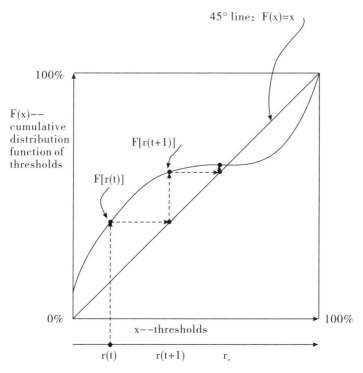

图 2.1　寻找门槛分布均衡点的画图法
资料来源：Granovetter (1978)

格兰诺维特的门槛模型并没有依据特定的行为决策理论，而且基于一个极其简化的假设：社会系统中的所有人的注意力是相同的，在社会网络中表现为 "完全图" 或者 "所有节点互相连接" （all-to-all）的情况（Watts & Dodds，2009），然而这在现实生活中是不可能的。尽管如此，门槛理论简洁的形式化和数理化逻辑，使其在模型的扩展和延伸上具有相当的潜力，为其他研究者在范式修正和理论嫁接方面提供了更广阔的想象空间和适用范围（Watts，2002；Dodds & Watts 2004；Lopez-Pintado & Watts 2008）。

2002年，邓肯·瓦茨（Duncan Watts）将门槛模型扩展到了随机网络中，他假设在人口规模为 N 的群体中，个体行动者受到其"邻居"（neighbors）的直接影响，邻居的数量 k 及服从随机分布 ρk，个体的门槛值 ϕ 均服从随机分布 $f(\phi)$，并将其标准化为 $\int_0^1 f(\varphi)d\varphi = 1$。因此，可以将群体特征化为三个简单的参数：$N$、$\phi$ 和 z，其中 $z = <k>$ 为网络的平均度（即每个个体的平均邻居数量）。瓦茨发现，网络平均度 z 和个体平均门槛 ϕ 是影响系统动态的两个重要变量。如图2.2所示，在 z 和 ϕ 组成的"级联窗口"（cascade window）中存在两个区域：在虚线范围内的参数组合内，可以观测到全局级联（global cascade）现象，即绝大部分个体最终采纳行为；而在虚线外部则不可能观测到全局级联现象，此时只有少数个体改变行为。当固定 ϕ 不变时，随着 z 的增大，社会系统将经历两个不同的"相变"（phase transitions）过程。

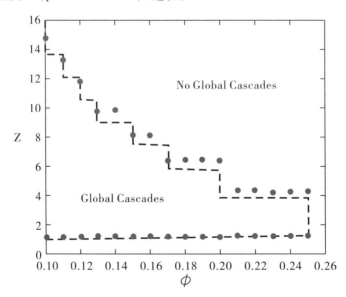

图2.2　门槛模型的级联窗口

资料来源：Watts（2002）

与门槛模型紧密相关的另一个概念是复杂感染（complex contagion），区别于简单感染（simple contagion）假定个体门槛普遍为 1 的情况，复杂感染强调促使个体的行为改变，需要其接受更多的感染源或消息源以获得足够的社会肯定或强化（McAdam & Paulsen，1993）。有研究者（Centola & Macy，2007）将门槛模型扩展到二维的晶格网络（two-dimensional lattice）中研究个体门槛与网络"长链"（long ties）对复杂感染的影响，揭示了网络弱连接的"弱势"：当群体的平均门槛增加时，长链将阻碍行为的扩散。还有研究者在 Watts 模型的基础上考察复杂感染的动力学过程，增加了随机采纳和免疫两种机制，发现自发采纳者对全局级联的调节作用以及免疫者密度对级联行为传播速度的影响（Ruan et al.，2015）。

在扩散的研究中，与门槛概念相关但解释维度不同的另一个概念是临界大多数（critical mass），指的是当社会体系中采纳创新的人数达到某一特定数量后的，创新会自然渗透到整个系统。与门槛对应的个人行为的临界效果，这个概念描述的是微观动机和宏观行为、系统动态之间的关系。对于创新的扩散、病毒传播和社会行动等研究议题的意义在于，门槛模型揭示了个人行为的互动性与社会结构的异质性对扩散系统的均衡性的影响机制。然而，已有的研究对异质性的假设更多地依赖于门槛的概率分布，如高斯分布、泊松分布、均匀分布和幂律分布等（Granovetter，1978；Watts，2002；Huang et al.，2016）。如果体系内个体的门槛序列服从正态分布，即大多数人的门槛趋于平均水平，那么累积扩散过程通常呈现"S"形曲线（Rogers，1983）。如果分布的偏度为正（即右偏）分布，系统的平均门槛水平较低，扩散曲线上升较快且更容易达到均衡；如果分布偏度为负（即左偏）分布，平均门槛较高，扩散曲线上升缓慢且难以渗透至更大的范围。

目前，大多数门槛模型的研究采用的是数值分析和仿真实验，通过对系统参数的设定来控制调节群体特征以及其他外部变量来模拟扩散系统的动态演化。实证研究的难度在于对个体门槛的捕捉和量化，对门槛的测量通常有两种形式：计算门槛的数量（Granovetter，1978）或占既有社会关系的比例（Watts，2002）。测量的方法主要有两种：一种是观察个体行为转换时已有采纳相同决策的"邻居"数量（Valent，1996），这种方法的问题在于无法获知个体的心理"门槛"和相对稳定的门槛值；另一种则是直接询问个体行为决策的经历或意愿，但通过此方法获取数据的可信度和有效性难以评测。

（四）社会学习模型

门槛模型属于社会影响模型的一种，强调扩散系统中的个体决策受到群体压力或趋势的影响。传染模型和社会影响模型的局限性表现在忽略了"为什么"个体受制于先行采纳者的行为（Young，2009）。与此不同，社会学习模型（social learning model）中的观察个体被认为是"理性的"决策者，他们根据先行采纳者行为的效果或创新的实用性来判断是否转变自己的行为（Louni & Subbalakshmi，2014）。从经济学或博弈论的角度来看，研究者假设"理性人"在确知外部信息的前提下，通过采纳优势决策实现经济效益的最大化，从而在总体动态中实现系统的均衡性。

1974 年，德格罗特（DeGroot）提出了一个在社会网络交互作用下的信息传播和策略学习的有限理性模型。该模型假设群体数量为 n，基于个体之间的信任关系建立了 $n \times n$ 的矩阵 T。其中，T_{ij} 表示节点 i 与节点 j 的信任程度，与节点 i 的边数 e_i 的关系为：$T_{ij} = 1/e_i$，也就是与节点 i 相邻的边占其相邻边总数的比例，满足 $T_{ij} \geq 0$ 且 $\sum T_{ij} = 1$。在系统演化的过程中，每个个体对于采纳某项创新或加入行动的初始信念程度为 $b(0)$，T_{ij} 为常数不变，b 随时间 t 推移根据相邻节点的情况进行更新，用数学公式表示如下：

$$b(t) = Tb(t-1) = T^t b(0)。 \qquad (2.9)$$

当时间 t 趋于无穷（即 $t \to \infty$）时，当且仅当所有节点的信念值 b_i 收敛至 B^* 时，可以认为群体的"共识已形成（consensus is reached）"：

$$\lim_{t \to \infty} b_{it} = B^*, i = 1, 2, \cdots, n。 \qquad (2.10)$$

可以推知 T 是一个随机矩阵（stochastic matrix），因此可视其为马尔科夫链（Markov chain）的一步转移概率矩阵。通过简单的条件限定，群体的信念值趋于一个均衡点（即群体最终可以达成共识），并且能够准确地计算出均衡状态的信念值。

此外，社会学习机制还可以从博弈论的角度进行研究。与德格罗特模型设置相似，有研究者（Jackson & Yariv，2007）考虑了行动者策略选择的结构性因素，每个网络节点的相邻边数（即度数）记为 d_i，不同度数的节点在网络中占比记为 $P(d)$。在协调博弈过程中，每个博弈者可以选择策略 1（行动）或者策略 0（不行动），初始状态默认为保持策略 0，博弈者如果选择策略 1 则付出 c_i 的代价，c_i 是相互独立的且服从随机分布；选择策略 0 的收益为 0，策略 1 的收益为 $v(d_i, x) - c_i$，其中 x 为每个博弈者独立选择策略的概率。因此，如果 $v(d_i, x) \geq c_i$，博弈者将选择策略

1。令 $F(c)$ 等于 c 大于 c_i 的概率，$\tilde{P}(d) = P(d)d/\bar{d}$ [其中，$\bar{d} = \sum_d P(d)d$] 是一个度数为 d 的节点被随机选中的概率的标准化指标，由以下公式可求得均衡点下的 x：

$$x = \varphi(x) = \sum_d \tilde{P}(d)F(v(d,x))。 \qquad (2.11)$$

因为博弈者只能根据其相邻的邻居数 d_i 和代价 c_i 来做决定，且 d_i 和 c_i 都是独立分布的，所以博弈者类型 [type (d_i, c_i)] 由这两个参数共同决定，符合贝叶斯博弈的条件。由此，可以通过上式判定类型 (d_i, c_i) 的均衡策略，因为均衡在数学上可以表述为不动点 $\varphi(x) = x$，当 x 趋近于 1 的均衡时，采纳行为将扩散至整个网络。

研究者（Jackson & Yariv, 2007）还比较了不同的度分布（幂律分布、泊松分布和均匀分布），发现在无标度网络中，采纳策略的扩散程度最高，其次是泊松分布的网络，而均质的网络更倾向于不采纳创新或行动。除了传统博弈论，近年来演化博弈理论（evolutionary game theory）也被广泛运用于研究集群行为和信息扩散当中的群体博弈和个体决策过程（Perc & Grigolini, 2013; Jiang, Chen, & Liu, 2014; 廖圣清、黄文森等, 2016）。

（五）对扩散研究模型的评价

上文介绍和梳理了扩散研究中四个常用的经典理论模型及其扩展形式。虽然，来自不同学科和领域的研究者在后续的研究中，结合不同的理论假设和应用场景不断地修正和补充这些模型，使其适用性和有效性得到不同程度的扩展；但我们必须清楚地认识到，不同模型有着不同的理论假设和基本前提，其理论建构的逻辑和解析角度也不尽相同，对于描述和解释具体的社会现象时存在一定的局限性。因此，本节下面将比较不同的理论模型之间的基本假设，及其在解释逻辑和操作层面的差异，总结如表 2.1 所示。

表 2.1　不同的扩散研究理论模型的比较

项目	创新扩散模型	传染病模型	社会影响模型	社会学习模型
应用学科	市场营销	流行病学	社会学	经济学
观察层次	宏观	宏观	中观	微观
观察对象	扩散时间、增长速率	人群比例平均变化率	系统均衡点	系统均衡点

(续上表)

项目	创新扩散模型	传染病模型	社会影响模型	社会学习模型
个体假设	原子化的	原子化的	非理性的、被动的	有限理性、主动的
社会假设	均匀混合	均匀混合	门槛异质性	信念异质性
数学形式	参数函数	微分方程	差分方程、多项式方程	矩阵递推式、不动点方程
局限性	市场规模不可知,受预先设定影响	微分方程求解困难,对初值敏感	门槛难以测量	社会关系难以定义和测量

创新扩散模型适用于不同的学术领域,但主要被运用于对产品或创新扩散的结果和趋势更为关注的市场营销领域。一般使用预先设定的倾向或分布函数,如单参数 logistic 函数(one-parameter logistic function)或多参数函数等,近似地描述观察到的扩散增长模式。采用非线性估计(Oliver,1964)或最大似然估计(Olson,1982),或者最小二乘法(Bass,1969),基于历史的或时间序列数据进行模型的参数估计,其估计的速率参数常作为观察的结果来比较扩散模式之间的差别,并评估不同因素在宏观层面(macrolevel)对扩散的影响;而且对参数的解释依赖于观察所采用的时间尺度,故而也被称为"宏观模型"(macro model,Valente,1996)。模型的局限性主要表现在其暗含的基础假定过多且简单化,比如社会系统规模上限被假定是固定的且能够被测量,而且所有与扩散相关的信息和因素均被模型所"控制"并反映在 $N(t)$ 中(马哈贾、彼得森,2016);模型的影响参数也被认为是恒定的、独立于时间之外,不随扩散过程的变化而变化。

从系统科学的角度来看,流行病传播是一个在群体中的复杂扩散过程,大多数扩散模型根源于生物学、流行病学以及人口统计学的相关模型。其中,经典的"仓室"模型也采用宏观视角建模,通过微分方程求解不同群体状态的转移概率和系统扩散的阈值,以描述不同人群的健康状态在疾病扩散中的变化规律。传统的传染病模型属于确定性模型,群体之间的转移率是常数。模型缺点是:系统扩散对初始参数设定敏感,模型的稳定性和鲁棒性难以保证;若对传染扩散过程中的随机性因素考虑不足,而增加模型变量时则可能导致分析求解困难。总而言之,创新扩散模型和传染病模型对扩散现象的考察是整体性的、确定性的,对社会系统和行动者的假设是"原子化"、机械化的，换句话说，就是所有个体都是相同的，人群是均匀的（homogeneous）或完全混合的（complete mixing），每个人都能与其他人相互接触、相互作用，导致行动者之间"谁与谁"连接的交互作用，以及个体的微观动机难以被具体测量和评价。

与上述两个模型相比，以门槛模型为典范的社会影响模型，考虑了人际网络作为一种社会内部影响要素作用于扩散系统的整体性效果，在观察对象上不再拘泥于扩散累积性增长的趋势或全局模式，而是聚焦于扩散系统的均衡性问题。观察的视角有所"下沉"，从中观理论层面切入，通过测量人际门槛数量的阈限考虑群体层面的社会效应，而选择性地忽略具体的、个人层面的认知和行为假设，个体认知结构被视为"黑箱"（刘炜，2016）。格兰诺维特采用源自物理学的数理工具，即动态系统分析，对一个离散的系统使用差分方程解析集群行动动态变化的过程，通过前向递归的方法找到系统均衡点（指的是个体决策的状态向量趋于稳定的分布）。对扩散系统的描述，同样是通过呈现前一时刻对后一时刻的扩散结果的影响，但与之前两个模型的"原子化"个体假设不同，基于互动性假设的门槛模型反映了个体决策在群体中的递延和传染效果，其动态曲线恰好表现了个体间行为的叠加效应。

但是相较于社会学习模型，社会影响模型对行动者的假设依然是被动的，行动者的被动参与被视为是一种简化了的、"非正式推理"（informal reasoning）的社会过程（Watts & Dodds，2009）。因为从观察者的角度而言，门槛数量或比例也仅仅是一个结果变量，并没有加深我们对个体心理和行为内涵的认知。社会学习模型基于理性行动者的假设，更突出个体的能动性和主观意志，能够检验个体信念和人际网络作用于扩散系统的动态性和均衡性。德格罗特模型对系统均衡性的测量更为"精准"，通过将社会的联结形态与异质的个体信念的关系，提出"意见池"（opinion pool，Stone，1961）的概念，表示为一个线性组合的概率分布形式，利用随机矩阵与向量的递推关系式及其特性，计算个体的行为决策的可能性和系统均衡点。而扩展的博弈模型则从经济学角度出发，进一步强化了对个体成本、利益计算和效用最大化的假设，将寻找均衡点的问题转化为求解协调博弈过程的不动点方程，增强了模型对社会群体互动聚合和动态演化过程的洞察力。

在研究操作层面，门槛模型的难点问题表现在，实证研究中人际门槛难以定量测度，况且对理论焦点的模糊处理使之与其他人际影响变量（如同质性、趋同性等）相互混淆和干扰；另外，对社会学习模型的建构和解释,还依赖于对人际关系或影响权重的适宜的定义和测量(DeGroot,1974)。在计算的复杂度上,格氏门槛模型只需要分析一维的门槛向量,其复杂度仅与群体规模 N 相关;而社会学习模型则需要对 N 维的收益矩阵进行迭代运算,复杂程度正比于群体规模的平方(N^2),且与模型收敛所需的时间相关。此外,具有马尔科夫链特性的学习模型和博弈论模型的局限,还包括对群体决策的共时性而非渐近性的假设,仅考虑时间序列中前一个时刻的决策情况,往往遮蔽了行动者是其社会关系及其自身历史经验累加的事实;而且,行动者决策的动机被简约为具有共同的偏好,忽略了个体偏好的差异性以及"非理性"(irrational)行为的可能性。

以上所提及的四种基础性理论模型,之所以被奉为经典而广为传用,很重要的一个原因在于:成功地对扩散现象这一复杂的社会过程,进行了抽象而简洁的形式化和数理化建构,使后继的研究者可以通过引入更多的变量和解释维度,发展并完善其研究范式。从创新-扩散模型到传染病模型,从社会影响模型再到社会学习模型,扩散研究者的关注点经历了自上而下、由外而内、从简单到复杂的视角转换和范式迁移:(1)观察客体从宏观整体转向微观个体;(2)从只关心随时间变化的扩散曲线形态和增长速率转向探索社会系统的动态和均衡性问题;(3)从非理论的、缺乏具体概念框架的研究方式转向结合不同的理论和实证数据的范式性修正;(4)从"原子化社会"的互相孤立的行动者假设转向体现人际互动和结构差异的"门槛人",继而转向能够理性计算并追求效益最大化的"理性人";(5)从对社会系统的静态分析转向随时间变化的个体传播行为的动态解释,扩散研究的理论层次和分析方法被不断地深化和拓延。

第二节 扩散网络的社会选择模型

随着社会群体研究和社会计量学的发展,扩散研究与社会网络研究这两条并行的"河流"逐渐找到交汇的领域——扩散网络研究,该研究方向以"创新的扩散"为理论根基,应用社会网络的认识论和方法论,着眼于描述个体行动者在社会网络中的重要位置和功能,探讨个体以及群体之间的网络沟通模式和传播行为规律。在网络统计模型方面,指数随机图模型方法和技术逐渐发展成熟,成为网络研究者用于解释和预测社会网络形成原因、内在动力机制以及动态网络演化规律的重要手段。

（一）社会网络概述

在扩散研究发展的历史进程中，社会网络（social networks）作为一种内部影响参数或社会影响变量与其联系最为紧密。从早期的创新扩散研究（Coleman，Katz & Menzel，1957，1966；Rogers，1979）到传染病模型（Keeling & Rohani，2002），乃至社会影响模型（Granovetter，1978；Watts，2002）以及社会学习模型（DeGroot，1974；Jackson & Yariv，2007），大量的理论模型和实证研究已经发现社会网络的结构在创新或信息的扩散过程中的重要作用。

"社会网络"，是指"社会行动者（social actor）及其间关系的集合"（刘军，2004），也就是说，每个行动者都与"他者"存在或多或少的关系，强调系统元素间关系的非随机分布，以及特定节点在网络中的位置决定了它的行为和认知（如态度、价值、信念、知识和文化）。在社会系统中，个体节点的角色决定了他们之间的关系（巴内特，江珂，2014）。

社会网络分析作为一种理论视角和分析工具，主要聚焦于行动者所构成的社会关系，通过识别局部和全局的结构特征、发掘重要的个体或子群、分析网络的演化等，以揭示结构化的社会个体、群体或组织的行为模式和规律。与基于个人属性数据和个人主义方法的社会学解释路径不同，社会网络分析方法从社会关系的视角出发，着眼于关系型数据的分析处理，直接针对社会结构模式化的关系本质展开研究（刘军，2009）。

学者一般认为，系统的社会网络理论发端于20世纪30年代，得益于多个学科领域及学派的理论贡献，主要包括以下三个研究传统（刘军，2004；斯科特，2009；弗里曼，2008）：其一，心理学的"格式塔"传统，以库尔特·勒温（Kurt Lewin）、雅各布·莫雷诺（Jacob Levy Moreno）和弗里茨·海德（Fritz Heider）为代表的社会计量学者们通过研究小群体或社群，从技术上推动了图论方法的发展；其二是人类学研究传统，拉德克利夫-布朗（Radcliffe-Brown）、埃尔顿·梅奥（George Elton Mayo）等人对社会系统中人际关系、非正式关系模式的研究，提出了"派系"（clique）、"聚类"（clusters）等概念；其三是数学领域的突破，哈里森·怀特（H. White）对"块模型"和"多维量表"的发展，使社会网络研究从描述性分析转向分析性研究（费钟琳，王京安，2010）。

随着近代网络科学的发展，社会网络分析还发展了偏好网络理论（biased net theory）、网络统计模型、网络演化（network evolution）研究和复杂网络（complex network）研究等方向。20世纪末，物理学领域对小世界网络（small world network，Watts & Strogatz，1998）和无标度网络（scale-free network，Barabási & Albert，1999）的"发现"，直接推动了复杂网络研究的跨越式发展，同时也为理解社会网络的复杂性特征提供了理论和测量工具（李金华，2009）。

（二）指数随机图模型

在社会网络领域，明确以网络结构为中心建立概率模型的思想起源于20世纪中叶，莫雷诺和詹宁斯（Moreno & Jennings，1938）比较了观察网络与零分布的期望值，首次将结构效应的"偏差"引入了随机性观察中；以零模型（null model）的提出为标志，形成了简单随机图模型的基础（Erdös & Rényi，1959）；20年后，霍兰德和林哈特（Holland & Leindardt，1981）引入了针对有向图的零模型变种，也被称为"p_1模型"，这是扩展简单随机图分布的第一个ERGM模型（Lusher et al.，2013）。随后，经过沃瑟曼等人（Fienberg & Wasserman，1981；Wasserman & Pattison，1996）的扩展研究，将p_1模型改造为对数线性模型，从而使统计学和社会科学的研究能对模型参数进行最大似然估计，其跟随p_1命名为"p^*模型"，这一类模型被后人统称为"指数随机图模型"（Exponential Random Graph Models，ERGMs）家族。

目前，行动者的属性被纳入社会选择模型（Robins et al.，2001a）和社会影响模型（Robins et al.，2001b），成为一种检验社会科学理论的有效工具。虽然ERGM模型研究已经取得长足进展，但由于技术和理论方面的原因导致其在社科研究中的应用受限（Goodreau et al.，2009），该模型方法远未被传播学领域的学者关注并应用于传播网络的研究当中。为此，本研究试图采用这种方法考察媒体属性对其传播关系的"选择"效应，并提供更多的研究细节。

媒体的社会网络数据类型由媒体的属性，以及他们之间的关系构成。本研究旨在考察属性对二元关系：存在或不存在互动关系形成的影响。在有向网络中，存在$n \times n$（n为网络规模）的节点矩阵$\mathbf{Y}$，我们定义Y_{ij}作为媒体行动者i和j之间关系的随机变量［当存在关系(i, j)时，$Y_{ij} = 1$；否则，$Y_{ij} = 0$］，矩阵对角线Y_{ii}为固定0，即无自环现象存在；由于是有向网络，关系(i, j)不等于(j, i)，因此矩阵$\mathbf{Y}$是非对称的。指数随机图的一般数学形式表示为：

$$P(\mathbf{Y} = y) = \frac{1}{c}\exp\left(\sum_{k=1}^{K} \theta_k z_k(y)\right), \qquad (2.12)$$

这里，$1/c$是一个常量使得网络概率始终保持在［0，1］的取值范围内，同时确保概率之和为 1；$z_k(y)$ 是模型的预测变量，表示第 k ($k \in K$) 个网络构局的统计量，包括内生结构变量（如弧），外生解释变量（如地理接近性）以及二元关系协变量（如关注关系），θ_k 是统计量对应的待估计参数，指示网络构局对关系形成的重要性。上式用于预测整个网络出现的概率，也可以表示为预测一条连边出现的概率，以条件对数比率（log-odds）的形式表示如下：

$$\text{logit}(P(\mathbf{Y}_{ij} = 1 \mid \text{n } actors, \mathbf{Y}_{ij}^c)) = \sum_{k=1}^{K} \theta_k \, \delta_{z_k(y)}, \quad (2.13)$$

其中，$\mathbf{Y}_{ij}^c$ 是指网络中除去 $\mathbf{Y}_{ij}$ 以外的其他二元组关系，$\delta_{z_k(y)}$ 表示随着 $\mathbf{Y}_{ij}$ 从 0 变化到 1，即行动者 i 和 j 之间增加一条连边时，网络构局统计量所发生的变化量，因此也称为变化统计量（change statistic，Harris，2013）。参数 θ_k 用 logit 函数形式解释为：其他条件不变情况下，如果增加一条边，z_k 增加 1 则对数概率增加 θ_k。

与逻辑模型类似，上式通过分对数变换（logit transformation）后等式左侧表示为预测一条连边的条件概率形式，如下式所示：

$$P(\mathbf{Y}_{ij} = 1 \mid \text{n } actors, \mathbf{Y}_{ij}^c) = \text{logistic}(\theta_1 \delta_{z_1(y)} + \theta_2 \delta_{z_2(y)} + \cdots),$$
$$(2.14)$$

但该算式与逻辑回归模型不同的是，系数 θ 对应的是变化统计量而不是回归模型中的自变量。ERGM 模型对网络建模的基本思路是：在具体理论基础上推断哪些因素影响了网络中关系的形成，将观察网络与该网络的简单随机图分布进行比较。模型则代表了可观测网络的一种结构组合形式，通过把统计量用参数加权求和对网络图指派概率的方式，使观察网络被模型化的构局效应处于分布的中间位置（Lusher et al.，2013）。类似于将逻辑回归模型（logistic regression）应用到实际数据中的所作的统计推断过程，利用多个解释变量预测一个二分变量，模型参数及回归系数显示了该解释变量对网络中关系出现的贡献。

当模型中仅包含二元节点属性及其边的统计项时，边形成的概率与其他边相互独立，与传统逻辑回归分析相似（Koehly et al.，2004），被称为"二元独立性"（dyadic independent）模型。然而，当模型考虑网络的"内生"过程对边形成的影响时，强调了共享节点的边之间是相互依赖的（Frank & Strauss，1986），是一种"二元依赖性"（dyadic dependent）模型形式。例如，本研究中涉及的路径闭合或多重连通性等构局均考虑了这种依赖性，由于不符合回归程序的独立性假设，因而一般不能采用标准的统计方法。

不少网络模型研究采用了近似于逻辑回归的参数估计方法（Frank & Strauss, 1986; Wasserman & Pattison, 1996; Barnett & Benefield, 2017），一种称为"最大伪似然估计"（maximum pseudolikelihood estimation, MPLE）的方法被运用于估计二元独立性模型参数。对于二元依赖性模型而言，一般采用马尔科夫链蒙特卡洛（Markov chain Monte Carlo, MCMC）模拟方法，通过重要性抽样（importance sample）的方法从所有可能的网络图中选取一个大样本空间来计算一个近似的对数似然结果（Geyer & Thompson, 1992; Snijders, 2002）。如果模型无法拟合观测网络，一般会出现两种情况：模型不收敛且最大似然估计值不存在；模型收敛但拟合效果不佳。模型估计无效的一个突出表现是近似"退化"（degeneracy）问题，退化的模型所产生的模拟网络，要么大部分为空图（全部节点不相连），要么近似为全图（全部节点互相连接）。而在模型中加入几何加权统计量（如 GWESP 和 GWDSP），将有助于解决退化的问题。

第三节 扩散网络的社会影响模型

对于扩散研究而言，本书所提及的社会影响模型泛指那些考虑社会情境或结构化环境因素对扩散现象的影响的理论模型。因此，除了上文提及的门槛模型之外，独立级联模型也属于社会影响模型；早期的空间自相关模型也被运用于考察整体的网络紧密性与个体行为改变或创新扩散的关系；以静态网络数据为基础的统计模型允许将具体的网络变量纳入模型之中以测量社会影响的效应；以事件史分析为框架的动态网络模型在时间纵向上预测了扩散的风险概率。这些模型的共同特点是，都强调了社会化网络或社会关系对个体观念、态度或行为改变的直接影响或"感染"效果，并采用了数学统计方法或形式化逻辑进行理论解释、模拟和预测。

（一）独立级联模型

级联模型（cascade model）最早是由哥登伯格等人（Goldenberg et al., 2001a, 2001b）最早在市场研究中提出的。在级联模型中，每个网络行动者存在两种状态："活跃的"（active）和"不活跃的"（inactive），在一个行动者被激活后，便有一定的概率去激活其邻居的行动者。独立级联模型（independent cascade model，即 IC 模型，Kempe et al., 2003）是级联模型的一种简单形式。在级联模型的基础上，行动者"独立地"接受某一个新出现的、活跃的邻居节点的扩散影响，而与历史上其他行动者的影响无关。

上述问题被肯佩等人（Kempe et al.，2003）操作化为一个"影响最大化"（influence maximization）的问题。具体来说，就是（1）在一个网络中，假定存在每一条边(u, v)的连接概率为$p(u, v)$；（2）当行动者u在时间t的状态从不活跃转化成活跃，那么行动者u将在时间$t+1$以相应的概率独立地激活（即影响）行动者v，并且在之后的时间内v将不再被影响；（3）给定一个社会网络图，扩散的过程从k个活跃的行动者（即"种子"）开始，上述步骤持续进行直至不再有行动者被激活为止。

因此，"影响最大化"问题就是寻找使得最终被激活行动者数量（也就是"影响速度"）达到最大的"种子"规模s，可以表示为$\max\sigma(S)$。其中，S为初始活跃行动者的节点集合，而$\sigma(S)$表示预期规模的最终活跃行动者的集合。这个离散型最优化问题（discrete optimization problem）被证明是一个NP-hard问题，研究者通过采用贪婪近似算法（greedy approximation algorithm，Kempe et al.，2003）或扩展的启发式算法（heuristic algorithm，Wang et al.，2012）实现对影响速度问题的优化。

线性门槛模型（linear threshold model，Granovetter，1978）通常与独立级联模型相提并论。这两种基础模型都试图使用简单的规则和模式理解信息或创新的扩散过程，但侧重于不同的观察视角（Hu et al.，2015），前者强调以接收者为中心（receiver-centered），为网络中的节点与边分别定义影响阈值和影响程度，当累积的影响超过"不活跃的"个体行动者的阈值时，他们将受到"活跃的"邻居个体的影响而改变行为或状态；而独立级联模型是"传者中心的"（sender-centered），每个已激活的行动者以独立的概率影响与之相关联的未被激活者，即为每一条网络边赋予具体的扩散概率。

以"感染"（infection）为术语的传染病（如SIR模型）与以"扩散"为关键词的独立级联模型，均聚焦于对特定的人口系统中疾病或信息传播概率的测量。但不同的是，传染病模型仅仅假设单一的、整体的感染概率，而且其关注点在于疾病或病毒是否蔓延至整个网络。而IC模型进一步推广了传染病模型，强调对不同的节点对之间（每条边）拥有不同的扩散概率：任意节点一旦被感染，将会在下一个时间点以特定的边概率感染其邻居节点，其研究重点在于寻找影响最大的节点，或者发现扩散的序列化过程（即"级联"）。

近年来，随着自媒体和社交网站的发展，为大规模的社交网络"病毒式营销"或信息扩散提供了传播渠道。独立级联模型被广泛运用于计算行动者网络的连边概率，用以推断博客传播的网络（Gruhl et al.，2004）、新闻网站和博客之间的信息扩散网络（Rodriguez et al.，2010，2014）或微博的转发网络（Zhou et al.，2017）。本书第三章将采用独立级联模型的框架，在已知的微博文本、关注关系和时间等先验信息条件下，提出一种新闻扩散的级联模型和实证方法，通过估算媒体之间信息沟通的概率，推测社交媒体潜在的新闻扩散网络。

（二）扩散网络的模型

1. 空间自相关分析

早期对扩散过程建模的一般网络模型和方法源于网络自相关（network autocorrelation）模型，主要建立在空间自相关的统计学基础上（Cliff et al.，1981；Dow，1986；Dorieanet al.，1984），对有一个时滞（lag）的静态（横截面）数据进行统计分析。在这种方法中，网络关系反映单个变量的依赖性，以预测网络中相邻接的行动者采纳创新的可能性（Valente，1996）。空间模型通过定义两个行动者之间的接近性（比如网络距离），测量创新的扩散或行为感染是否会发生在相邻的行动者之间。在扩散问题研究中，一般采用莫兰指数（Moran's I，Moran，1950）来衡量空间自相关，也就是行为发生的空间集聚程度，其数学式如下：

$$I = \frac{N}{W} \frac{\sum_i \sum_j D_{ij}(x_i - \bar{x})(x_j - \bar{x})}{\sum_i (x_i - \bar{x})^2}, \quad (2.15)$$

N 表示网络中的行动者数量，D 表示社会距离的矩阵，对角线为 0（即 D_{ii} =0），W 为距离矩阵的总和，x 指的是采纳行为。莫兰指数经过标准化后，其值被归一化为 -1 到 1 之间，表示空间邻近的行动者同时采纳创新与平均采纳行为的偏离程度。显著且正的指数值越大，说明采纳同一创新的行动者的空间相关性越明显；反之，显著且负的值越大，他们的空间差异性（disparity）越大。

判断莫兰指数的显著性一般采用置换（permutation）检验，也就是根据网络的距离和规模，构造样本采纳行为的随机分布，经重复多次计算莫兰指数，在此基础进行 p 值和 z 分数检验。如果莫兰指数显著区别于随机样本的统计量，则认为莫兰指数是显著的，因而其基本逻辑是计算邻近的行动者采纳相似行为的程度,然后与随机分布的采纳行为相比较(Valente,1996)。

2. 网络结构对扩散的影响

扩散网络建模的关键在于"如何定义并有效地测量社会关系及其影响"。瓦伦特(1995)较早对网络结构中的扩散效果进行了明确的建模研究,他提出了对"个人网络暴露"(personal network exposure)影响的测量,对行动者在采纳创新决策时的直接社会环境进行研究。个体网络暴露是指,行动者网络中对某项创新或行为的采纳者数量或比例,刻画为行动者所提供采纳决策的信息或影响的程度。

$$E_i = \frac{\sum w_{ij} y_j}{\sum w_i}, \qquad (2.16)$$

其中,w 是社会网络的加权矩阵,y 是采纳行为的向量。个体网络暴露可以反映在行动者之间直接的联系上(如"结构凝聚性"),创新的先行采纳者通过传递信息、劝说或行为感染对其他行动者施加人际影响。

此外,网络暴露也可以是间接的网络连接形式,如"结构对等性",即网络中位置或类型相似的行动者对"自我"的在创新评价和决策上的感染效应;网络暴露的加权项 w 还可以是"社会距离"(网络的路径或测地线长度)、"中心性"(如网络关系的连出或连入数量)等网络结构特征。例如,有研究者根据影响关系的方向和空间距离提出了"敏感性"(susceptibility)、"感染性"(infectiousness)和"近似性"(proximity)等测量指标对新药扩散数据(Strang & Tuma,1993)、种族暴动事件(Myers,2002)的扩散现象进行研究。

为此,瓦伦特(1996)对将采纳行为的影响源(sources of influence)归纳为三种不同类型的构建形式:关系的(relational)、位置的(positional)和中心的(central)变量(见表2.2),这些变量通常可以有不同的计算方法(比如,至少有10种中心性指标测量),从相同的社会网络数据中提取出其网络加权矩阵形式,而权重的赋值可以基于社会距离。例如,在关系影响模型中,不同的权重既可以赋值给直接边,也可以是"边的边",甚至是"边的边的边"。瓦伦特指出,贯穿扩散网络研究的一条潜在的线索就是,通过比较不同的网络测量机制以实现对不同社会影响过程的建模和比较(Valente,1996)。

表2.2 社会网络影响测量

关系	位置	中心
直接边	比例趋同（边重合）	度
间接边	欧氏距离	接近性
共同参与群体或事件	规则对等性	中介性

资料来源：Valente（1996）

从数据采集的方法来看，由于网络数据的收集存在较大的难度（参见第三章），大多数的网络研究者更倾向于通过自我报告的形式采集被试者的"自我中心网络"（egocentric network）数据，根据被试者"提名"的"他者"构建社区的关系网络，以及对创新扩散过程中采纳决策的回忆确定其同群影响及时间信息（Valente，1995；Montgomery & Chung，1999）。针对静态数据，网络模型研究者一般将扩散中的行动者是否采纳创新的二分变量作为因变量，将个体内在属性和内生的网络结构统计项作为相互依赖的解释变量，采用逻辑回归方法的一般表达式如下：

$$\log \frac{P(y_t = 1)}{1 - P(y_t = 1)} = \alpha + \sum \beta_k x_k + \sum \beta_{k+1} w y_t, \quad (2.17)$$

其中，y 是行动者在 t 时刻的采纳决策向量，1 表示采纳，0 表示不采纳；α 为截距项，β_k 是个体外生属性向量（如人口学变量、社会经济地位等）x_k 的参数估计，β_{k+1} 表示网络暴露对行动者采纳的效应，显著的回归系数说明网络暴露与采纳行为相关联；w 是社会网络的权重矩阵，wy 统计项则表示行动者在 t 时刻的网络暴露情况。由于网络依赖性的存在，即观察的关系数据是非独立的，参数估计通常是有偏的。一个稳健的解决方法是采用多层模型（multilevel model）在模型建立中考虑控制聚类性（clustering），就是排除具有相似聚类的行动者之间的相关性对参数估计的影响（Valente，1996），比如在测量学生同伴吸烟行为的感染效应时，需要同时控制学校内的吸烟率（Alexander et al.，2001）。

（三）动态网络影响模型

随着扩散研究中的社会影响或网络结构效应引起越来越多研究者的关注，对网络影响的建模和统计方法也在不断发展。但由于扩散现象本身是一个动态变化的社会系统，缺乏足够全面的纵向时间性数据，以至于很多研究仍采用特定时间点上横截面数据，而无法对动态网络结构以及行动者变化的行为调整做出准确的测量和评价。为了考虑随着时间变化，多种可能同时引起行为和网络暴露改变的因素，扩散过程的数据应该在多个时间点被观察和采集，并运用适应于动态网络数据的研究技术和方法。本书第六章将综合采用事件史分析方法进行动态网络的回归模型检验。

事件史分析（event history analysis）方法从流行病学领域发展而来，用于理解随时间转移的疾病、死亡等事件发生的风险性（risk / hazard），这种模型方法能够很好地处理和估计扩散的时间和空间的异质性（heterogeneity，Strang & Tuma，1993），因此被广泛应用于研究动态网络和个体属性变化的扩散过程（Tuma & Hannan，1984；Strang，1991；Strang & Tuma，1993；Iyengar et al.，2011；Greenan，2015）。与传统的总体水平（population-level）的扩散统计模型不同，斯特朗和图马（1993）提出了更为精细的事件史框架下个体水平（individual-level）模型，模型中个体的行为是网络中其他先行者的采纳事件的风险函数（hazard function）形式：

$$h_i(t) = \lim_{\Delta t \downarrow 0} \left(\frac{prob[Y_i(t+\Delta t)=1 \mid Y_i(t)=0]}{\Delta t} \right)^n, \quad (2.18)$$

$Y_i(t)$ 表示个体行动者 i 在时刻 t 采纳创新的二元变量；在宏观层面上，$h_i(t)$ 表示个体行动者 i 在时间单位 $t+\Delta t$ 内采纳创新的极限概率，且在 t 时刻前个体 i 无采纳行为。

事件史分析中运用最广泛的模型就是 Cox 回归模型，也称为"比例风险模型"，（proportional hazards model，Cox，1972），个体行动者 i 的风险函数表示为：

$$h_i(t) = h_0(t) \exp\left(\sum_{k=1}^{K} \beta_k x_{ik} \right), \quad (2.19)$$

$x_{i1}, \cdots, x_{ik}$ 是时间依赖的解释变量（因为变量仅依赖当前时间的状态，故省略时间 t），$\beta_{i1}, \cdots, \beta_{ik}$ 是解释变量的估计参数，在扩散模型中网络或其他行动者属性对创新采纳过程的效应。h_0 是未指定的基线（baseline）风险函数，可以理解为所有协变量取值均为 0 时的风险函数，因此该模型是半参数模型。

上式经过转换后变成 log – 风险的线性模型，与线性或逻辑回归模型一样，呈现加乘性（multiplicative）的效应：

$$\log\left(\frac{h_i(t)}{h_0(t)} \right) = \beta_1 x_{i1} + \cdots + \beta_k x_{ik}, \quad (2.20)$$

当 x_i 每增加一个单位 1 时，行动者采纳创新的风险比（hazard ratio）会增加至原来的 $\exp(\beta)$ 倍，这意味着当两个行动者的时间独立的协变量存在差距时，他们的风险是成比例的（proportional），而且其风险比在时间上是恒定的。Cox 模型的这种特性使得我们能够有效地估计解释变量对扩散的效应,且便于比较两个行动者在特定因素上的采纳风险。

针对时间变化(time-variety)的行动者属性或结构变量,比如长观察期内的年龄或朋友关系,事件史分析方法需要将观察数据重构成"被试-时间"(subject-period)格式,与单期(single-episode)数据中每一案例(行)仅代表一个被试的格式不同,"被试-时间"数据的每个案例表示被试在不同时间点的情况。事件史分析中的时间尺度有两种,一种是离散的时间(如以星期、月、年为单位),另一种是连续的时间(如以分秒、小时或天为单位)。Cox 模型一般适用于分析连续的时间数据,并且假定协变量不随时间发展而改变。

但是,在社会科学研究中的通常在不同的时间点进行收集,如横截面数据或面板(panel)数据,时间间隔较长,研究者仅能确知时间段内某一时间点的数据,因此也称为"区间删失"(interval-censored)的数据。对这类数据的分析可以采用逻辑回归模型,协变量在观察过程中可以是时间变化的或者恒定的。然而,对于不同类型的事件(如死亡或采纳新闻),对时间的分割往往是主观的,如何判断时间的间隔是否为连续的或离散的?一个简单的判断标准是:当少于 5% 的个体在一个时间段内经历该事件(即为短的时间单位),应采用 Cox 模型;反之,每个时段内个体多于 5% 的个体经历该事件,则使用离散时间 logit 模型。

由于我们对社会过程的观察往往是不完全的,对观察时间的选择会造成数据的遗漏或删失(censoring)。例如,观察结束前被试的事件(采纳)没有发生,而无法确知这类被试的事件时间,通常称为"右截尾"(right-censoring)。因此,事件史分析或风险模型中的偏回归系数可通过建立偏似然函数(partial likelihood function)进行估计,相当于这种似然函数只考虑被观察到的被试(事件发生)结果,而忽略删失的数据。模型检验一般可以采用三种基于极大似然法的大样本检验方法,即似然比检验、Wald 检验和得分检验(score test),以比较和评估模型的效果。

除了上述模型之外,随机行动者模型(stochastic actor-based model, Snijders et al., 2010, 2017)也被统计学和社会学家广泛应用于探索青少年行为关系的社会选择和社会影响的研究中(Knecht et al., 2010; Steglich, Snijders et al., 2010; Mathys et al., 2013)。这种网络建模方法要求纵向的社会网络数据的支持,涉及一个有意义的"社会群体"中的所有个体的信息,以及他们在两个或更多观察时刻的关系和行为的变化。

第四节　发现关系：传播学的控制、效果及内容研究

新闻信息如何传播是一个极其复杂问题，也是新闻传播学最基本的议题之一。恰恰是归咎于这种认知，我们惯常地认为这是一个难以解释或过于基础的问题而不予以解答。已有的研究对这个议题要么做了高度的概括化和总体化，而使其成为空泛的、抽象的理解框架，要么被过度地具体化和个体化而破坏了其系统描述的完整性：在宏观层面，经典的传播学论著高屋建瓴地提出了传播过程的五个基本要素（Lasswell，1948），或在此线性传播模式的基础上添加了信息的不确定性（Shannon，1949）和传播的"回路"（feedback，Schramm，1954）；而在微观层面，有的经验主义学者从特定的个案调查中发现了总统选举中选民对信息的选择性接触（Lazarsfeld et al.，1944），以及大众传播过程中"个人的影响"（personal influence，Katz & Lazarsfeld，1955）。

上述这些研究所涉及的重要问题并不是本研究所关注的。相反，本研究集中关注的问题是，新闻信息传播的介质或载体是什么结构和形态的，及其对传播过程产生怎样的作用。这个问题处于上述宏观与微观层面之间，对二者关系的缝合提供了潜在勾连的可能性。笔者关注的是媒介本身以及媒介与媒介之间的关系对传播的影响，而不是信息从"谁"（who）到"谁"（whom）的完全模式，亦不是媒介对于社会个体的或强或弱或有限的"效果"（media effect）。所以，这是一个关于"媒介的媒介"（meta-media）[①]或者"媒介的关系"的研究问题。从理论抽象的层次来看，它试图解答的是一个"介于日常研究中低层次的而又必需的操作假设与无所不包的系统化的统一理论之间"的中层理论（theory of middle range）问题（Merton，1968）。

以下文字试图从传播研究的传统中进一步找寻本研究的定位和逻辑起点。在施拉姆构建的历史叙述里，以媒介效果为核心的实证研究范式成为大众传播研究的"主流"领域，这在一定程度上归功于"行政研究"

[①] 麦克卢汉曾指出，每一种旧媒介都是一种新媒介的内容，"言语是文字的内容，正如文字是印刷的内容，印刷又是电报的内容一样"。（Mcluhan，1964）在互联网、社交媒体出现之后，传统媒介的特征将融入新媒介的形态之中，大众传播媒体成了前者的内容和组成部分。从这个意义来说，本研究所关注的新闻媒介所依附的社交网络载体就是所谓数字技术催生的"元媒介"。

（administrative research）为其所提供的合法性地位（延森，2012）。效果取向的研究的首要特征是将受众放在第一位，把影响归因于媒介本身、信息系统、某种内容的某个方面、形式或内容（McLeod et al.，1991，转引自刘海龙，2008）。

与此不同，本研究将以"媒介"为中心，目的在于说明媒体关系对传播的影响，重点测量的是媒介本身的属性及媒体组织之间的关系，而不是描述受众变化的个体抽象概念（如认知、态度和行为等）。这里，姑且依据施拉姆基于拉斯韦尔 5W 模式中的五要素（谁、通过什么渠道、对谁、说了什么、发生了什么效果）对传播研究领域的划分方式，即分为控制研究、媒介研究、内容研究、受众研究和效果研究等五个部分。本研究大致属于控制研究的范畴，但同时又可溯及效果研究的传播流传统以及议程设置研究脉络的一支。

（一）媒体生产研究：从个人影响到社会关系

控制研究也被称为"媒体生产研究"，由于对内容生产者的研究很难用定量的方法测定，而且针对媒体生产过程研究结果会涉及对生产体制和权力的批评，以至于该领域的研究在行政学派或经验学派的传统里并不多见，直到 20 世纪 60 年代以后才逐渐增多（刘海龙，2008）。早期的研究聚焦于媒体生产过程中的个体影响，尤以"把关人"（gate keeper）的研究最为著名。

1943 年，库尔特·勒温（Kurt Lewin）在"渠道理论"（channel theory）中提出这一概念，并形成了从"场论"出发研究传播过程中信息筛选和过滤环节的思路。怀特（White）从报社新闻编辑的稿件选择中揭示了个人的"高度主观性"，吉伯尔（Giber）则认为个体媒介工作者的把关过程是被动的、机械的，媒介组织和组织的规章制度的影响更为重要，而韦斯特利（Westly）与麦克莱恩（Maclean）干脆直接将媒介组织或渠道视为"把关人"本身。这说明对新闻生产的控制可能源于个人或媒介组织内部；同时，也可能来自媒介组织外部或其他环境因素。"把关"作为一个概念工具，还出现在人际传播和信息扩散的研究中，贝尔斯（Bales）等人的研究兴趣不在可供传播的新闻的选择上，而在于小群体成员之间通过"渠道"的信息互动所折射出的成员权力关系；希基（Hicky）在网络分析中引入了"把关人"，从信息控制的角度指出，群体中位置最为居中的人在群体中享有最高的地位和权力。另外，"把关人"成为信息扩散的重要作用者，可能抑制或促进信息的流动，使信息在整个社会系统中不能完全扩散或加速扩散（休梅克，2007）。

显然，"把关人"理论的对象边界在渐进的大众传播学研究过程中得到了扩展，不再局限于新闻生产源头的个体新闻从业者，还对新闻流通领域中的、不同层次的能动主体的控制行为表现出新的解释力。但是，也有很多研究者质疑"把关"理论的适用性，尤其在数字媒体环境下大量的、分散的媒体消解了中心"把关人"的角色（Bennett，2004；Katz，1992；Kovach & Rosenteil，2014；Williams et al.，2004）。

控制研究对个体之间相关系的发掘，集中体现在媒介场域理论之中。来自物理学的场（field）的概念被引入社会科学，始于格式塔心理学派所开辟的"心理场"视野。勒温将其发展为一种分析因果关系和建立科学结构的"研究方法"，他指出群体行为是由所处的社会力量场决定的，这个场是由"个人"和（心理和非心理的）"环境"所构成的"生活空间"（life space），其中行为（B）可以表达成个人（p）与环境（e）的函数，即 $B=f(b,e)$。这个"生活空间"的结构域特征可以用拓扑学（topology）和集合论（set theory）中的数学技术来分析，因此有人说传播网络（或称为"社会网络"）后来成为一个重要的研究前沿问题，正是得益于勒温的理论贡献（罗杰斯，2005）。

皮埃尔·布迪厄（Pierre Bourdieu）在惯习（habitus）、资本（capital）等概念的基础上，把场域理论普遍化为分析现实世界中各种不同社会空间（如生活、艺术、教育、宗教、政治等）的元理论和研究范式。布迪厄认为社会科学的对象并不是个体，场才是研究活动的中心，个体是作为行动者（actors）存在的，"他们是作为场内活跃的、行动着的事物被社会性地建构的"（布迪厄，华康德，1998）。因此，他从关系的角度进行场域的分析，将场域视作"由不同的位置之间的客观关系组成的一个网络，或一个构造"（布迪厄，华康德，1998），个体通过在其中占据不同的位置实现对资本的掌握，并支配资本的分布。

20世纪90年代中期，以"媒介场"（media field）概念为核心，布迪厄及其同事们整合了"电视场""新闻场"（journalistic field）等概念，提出了媒体生产研究的全新范式。罗德尼·本森指出，在社会空间的"版图"中，新闻场处于作为文化生产的"自治"（autonomy）与经济和政治权力所施予的"他律"（heteronomy）的张力关系之中，并作为特殊的"中介"（mediating）角色而介入、影响其他社会场域。除了自治与他律的区分，新闻场处于"新"与"旧"对立的动态中，新闻生产研究者通过纳入新进者（entrants）以观察新闻场内的"客观"结构与个体行动者

"主观"倾向的关系。因此,分析"为什么选择一个特定的新闻故事并以特定的方式书写",实则是一个详细探究"性情"(disposition,或"惯习")与"位置"(position,场域中的结构性定位)聚敛的过程(Benson,1999)。

从这个意义来说,媒介场研究范式对客观主义和主观主义视角的融合,恰恰回应了控制研究中"把关人"如何在新闻内容形成与流动过程中发挥作用的理论关切。虽然诞生于西方语境的媒介场理论对非西方国家的媒介场研究存在适应性问题,其对待"权力"(尤指经济资本)的相对主义倾向亦带有批判性的底色,但其"聚焦于中观层面的'场域'为传统上割裂的宏观的新闻媒介'社会'(societal)模式(诸如政治经济、霸权、文化和技术理论)和微观的'组织'(organizational)研究路径架设了理论与实证合二为一的桥梁"(本森,2003)。

尽管布迪厄在"新闻场"的研究中并没有对宏观结构与微观行动进行精细的联结,更是拒绝将网络分析方法用于"场域"的研究(Nooy,2003),但本研究尝试将该理论对于职业新闻主体关系独到的社会学想象力引入到社交网络中新闻扩散的实证性研究中,而后者更多地来源于传播流研究的新实证主义(neo-positivism)的一支。

(二)传播流传统:从"二级传播"到"创新的扩散"

20世纪40年代,拉扎斯菲尔德(Lazarsfeld)等人在总统选举的调查中偶然发现了大众传播过程中"意见领袖"(opinion leaders),并将由意见领袖所中介的、从大众媒体到个体的信息流动过程称为"二级传播"(two-step flow of communication),因对信息流的形象借喻而得名的"传播流"(communication flow)研究传统由此发端。如果说勒温、怀特等人在信息控制过程中发现了个人(即"把关人")的影响,那么拉扎斯菲尔德、卡茨(Katz & Lazarsfeld,1955)等人就是在信息传播过程中"再发现"了作为中介变量的人际关系(interpersonal relations)或初级群体(primary groups)。

同样受到勒温主义者们的"群体动力学"对人际互动模式分析的启发,从更广泛的意义上来说,拉氏的研究"将媒介置于社会情境(social context),并且在传输和接受的层面思考社会",对人际关系、社会结构和权力关系予以了更多的、整体性的关注。他们"不厌其烦地强调个体不是与社会相隔离的,而是无时无刻不处于与他人的相互影响之中,处于社会群体之中,传播研究应将人置于复杂多变的情境中,去追踪影响的流动"

(张宁，2006)。然而，由于传播流研究关注短期效果而缺乏对更大的社会环境的联系，20世纪中后期，大众传播研究的注意力转向其他框架，唯独创新扩散研究这一支延续了传播流的研究（刘海龙，2008）。

20世纪四五十年代，扩散研究在农业、教育、人类学、社会学、公共卫生、传播学、营销学和地理学等学科领域中展开相对独立的研究。直到60年代中后期，不同领域的扩散研究传统之间的壁垒才被打破（Rogers & Shoemaker, 1971）。从1962年起，传播学者埃弗雷特·罗杰斯（E. M. Rogers）持续关注并追踪扩散研究的发展，将不同学科取向的扩散研究统一在"创新的扩散"（diffusion of innovation）的理论框架内，它的研究对象定义为"创新在特定的时间段内，通过特定的渠道，在特定的社群中传播的过程"（罗杰斯，2016）。随后，哥伦比亚学派的科尔曼（Coleman）和卡茨（Katz）等人的"新药扩散研究"（the Drug Study）继承了传播流研究对人际关系的"再发现"，促使后来的扩散研究转向对人际关系网络的研究（罗杰斯，2016），甚至有人将其与《人际影响》（*Personal Influence*）一同视为社会网络分析的先驱（张宁，2006）。

早期的创新扩散研究关注特定信息随时间推移在群体中不同层级之间流动过程中的、个体采纳行为的累积性增长，由于这个累积增长轨迹一般呈"S"形曲线，故与此形似的累积正态、logistic分布等函数时常被用于构建扩散过程模型（Mahajan & Peterson, 2016）。与曲线相对应的采纳者概率分布则被划分为五个不同的群体：创新者（2.5%）、早期采用者（13.5%）、早期大多数（34%）、晚期大多数（34%）和滞后者（16%）。值得一提的是，其中创新者成为新思想纳入系统的"把关人"，早期采用者则扮演了"意见领袖"的角色，控制研究与传播流研究的传统核心概念在创新扩散模型中被赋予了新的生命力。

传播学领域的扩散研究以新闻事件的扩散为主要研究旨趣，以1945年德尔伯特·米勒（Delbert Miller）对罗斯福总统去世消息传播的调查为起点，以保罗·道彻尔曼（Paul Deutschmann）等人于1960年对新闻扩散过程的研究为标志，形成了该研究方向的基本范式和框架（Defleur, 1987）。

沿循着卡茨、拉扎斯菲尔德"二级传播"的理论脉络，新闻扩散研究的研究者依然关注新闻传输的中介渠道，即大众媒体（报纸、广播和电视）与人际传播，只不过讨论的焦点更集中于哪种渠道所扮演的角色更重要、传播速度更快（Deutschmann & Danielson, 1960; Greenberg, 1964a; Gantz, 1983; Basil & Brown, 1994），以及影响限制这一结果的因素是什么，如人口学变量、新闻事件的显要性（salience, Rosengren, 1973; Gantz et al., 1976）、受众的例行（routine）时间（Hill & Bonjean, 1964）等。可见，在以"效果"为主的研究范式里，新闻扩散研究仍然"纠缠"于个人、大众媒介与人际渠道之间"谁的影响更大"的问题（Chaffee & Mutz, 1988）。

新闻扩散研究尽管经历了20世纪六七十年代的蓬勃发展，但后继者很少有人逾越1960年研究的范式与窠臼，对类似于"总统遇刺""王妃之死"等特定主题之外的新闻事件予以关注，他们只能"等待大事件的发生"，以致被戏称为"消防站研究"（firehouse research, Rogers, 2000; Rosengren, 1973）。诚如德弗勒所言，人际网络的角色已经在其他扩散研究传统中得到开发，然而除了简单的"二级传播"假设外，新闻扩散研究"并没有从扩散研究的其他传统中获得'构想'（formulations），事实上它们仅仅分享了'扩散'（diffusion）这一术语"（Defleur, 1987），最终导致这一研究热潮在20世纪70年代后陷入停滞。

时至今日，对新闻扩散的研究依然是非常重要的。诚然，新闻扩散研究对我们在理论和实践上理解大众传播和人际传播的相互关系有独特优势，它有助于阐明媒体之间的信息过程（inter-media process）及其对人际沟通的刺激，后者"媒介刺激的"（media-stimulated）人际沟通导致了个体的态度及外显行为的改变（Rogers, 2000）。然而，恰恰是由于行政学派的研究传统更加关注"后者"以及信息传播过程"末端"的个体变化（即受众意见、态度的改变），束缚了传播学的想象力，使其习惯性地忽略对另一个"端点"，即对媒体及其关系的测量和研究。扩散研究乃至整个大众媒介研究中"媒介"视角的消失是吊诡的，正如卡茨（2016）所言：

> 尽管扩散研究是社会网络研究的应用成果之一，但即使是在这里（笔者注：指的是《人际影响》），就像接受研究一样，也极少有人试图将大众媒介带回到该领域。对比一下两种思想的进化过程：选择性理论—满足理论—接受理论，人际关系理论—扩散理论—社会网络理论，我们再一次注意到大众媒介是如何几乎从学术视野中消失的，这是多么有趣的事情。

（三）媒际关系研究：从内容分析到网络分析

即使是在本研究中，"媒际关系"（inter-media relations）也是第一次出现的概念，它用以表述一个重要性尚未被充分发掘的新媒介研究领域。虽然传播学者斯蒂芬·李特约翰（Litter John）认为，"任何大众传播研究的核心都是媒介"（李彬，王君超，2004），但实际上媒介本体及其关系并没有得到经验学派以及实用主义范式的"青睐"；即使在欧洲早期的批判性研究中，认为媒介研究的核心在媒介之外的观点也并不鲜见（Negt，1973，转引自延森，2012）。为此，本书重提一个"新"的研究客体即"媒际关系"，对其研究主要采纳社会网络分析的认识论和方法论，旨在理解"媒介之间"信息传播的结构与影响，以区别于媒体生产研究对"媒介之内"的职业个体、新闻生产和组织制度层面的探究，以及效果研究对"媒介之外"的对个人和社会变迁影响的关注。

其实，传播学者对媒介间的传播关系并不陌生，只不过他们关注的重点是媒体信息的内容及其对公共认知的影响，而不是关系本身。例如，议程设置研究第四个阶段的"媒体间议程设置"（intermedia agenda setting）问题，研究者透过媒体之间的关系，试图回答"媒体何时以及受到谁的影响设置了公共议题"的问题（Rogers et al.，1993），他们测量的是不同媒体之间新闻内容转移的程度（Atwater et al.，1987）。尤其是评价高的媒体更容易成为其他媒体的影响来源（Vliegenthart & Walgrave，2008），例如美国的《纽约时报》和《华盛顿邮报》（Massing，1984），这类媒体通常被称为"意见领袖媒体"（opinion-leader media）。研究者假设任何一个媒体系统（media system）都有它的意见领袖媒体，记者跟随这些媒体的报道从而引发媒体系统的连锁反应（Noelle-Neumann & Mathes，1987）。

不管是在传统媒体时期，还是新媒体环境下的大量实证研究都共同发现媒体新闻报道之间的相关关系，如精英报纸、通讯社影响地方报纸的新闻报道（Gold & Simmons，1965；Shaw & Sparrow，1999），主流报纸对广播、电视和杂志议题的影响（Vliegenthart & Walgrave，2008），报纸对网络公告板的议程的设置（Lee et al.，2005），以及从新闻网站到其他传统媒体的影响流（Harder et al.，2017）。职业媒体机构在新闻内容上的相互影响或"相互定位"（co-orientation，Vonbun et al.，2016），源于新闻记者倾向于根据其他媒体同行的指引确认自己的报道内容和方向（Breed，1955；McCombs & Bell，1996）。

布里德（Breed，1955）曾用"标准化"（standardization）的概念解释美国的报纸在内容、风格和编排上的高度相似性，他认为"标准化的焦点在于文章的凸显，一个突出的特点是许多报纸的首页对相同故事进行特写而将其他排除在外的趋势"。一项针对报纸和电视"把关人"（18位新闻编辑）的研究，试图通过量化他们的新闻选择说明"媒介间的标准化"问题，发现识别新闻的要素（elements）有助于预测编辑的新闻判断模式；

同时，报纸和电视编辑在选稿上的想法往往趋于一致（Clyde & Buckalew，1969）。也许正是得益于 20 世纪中期对那位通讯社新闻版编辑"把关先生"（Mr. Gates, White, 1950; Snider, 1967）的持续关注，触发了媒介间议程设置的研究序列。

1976 年，"议程设置"理论的提出者麦库姆斯（McCombs）和肖（Shaw）再分析了怀特和施奈德（Snider）的研究数据，发现了"把关先生"收到的通讯社稿件中各类新闻的比例与其最终采用的各类新闻比例之间的高相关性，从 1949 年的 0.41 增加到了 1966 年的 0.64。他们据此认为，犹如柏拉图著名的"墙上之影"，通讯社的议题对于"把关先生"而言就像"无形环境"（unseen environment）之影一般影响着他的新闻选择（McCombs & Shaw, 1976）。至此，媒介间议程设置与"把关人"的研究殊途同归，不管是考察不同媒体间新闻内容的相似性，还是测度不同编辑记者在新闻选择上的一致性程度，二者实际上是同一个问题的两面：前者从媒体外部（新闻内容）往里看，后者从媒体内部（新闻生产个体）往外看，最终他们都看到了——"关系"。

伴随着统计研究方法的进步，媒介研究者对媒体之间相互作用的关系的观测，从对"把关人"的个案访谈（White, 1950; Snider, 1966; Breed, 1955）到议程设置范式的内容分析（content analysis, Gold & Simmons, 1965; Sweetser et al., 2008; Harder et al., 2017），尤其是后者结合时间序列（time series）数据所进行的交叉时滞分析（cross-lagged analysis），体现了这个领域的研究实践从主观判断走向客观标准的知识生产历程。然而，仅仅考察新闻的主题（issue）或内容类型在编排次序上的相近程度，以及由时间先后所确定的因果关系，并不能给我们带来对媒体之间互动关系的更多洞见，更不能解释这种关系背后的、复杂的社会情境和媒体生态。

近年来，社会网络理论和方法的发展，为解答上述问题提供了第三条路径——媒体关系的网络分析。该视角寻求的既不是个人主义的社会学解释，亦非依据媒介内容的演绎推断，而是直接针对社会结构模式化的媒介关系本质，在方法论上是对传统统计学的超越和补充（刘军，2009）。这一研究视角的转变所遵循的基本原则为：行动者（这里指新闻媒体）和他们的行动被视为相互依赖的，而不是独立的个体；媒体之间的关联是信息资源转移或"流动"的通道；媒体的网络模型将网络结构环境视为媒体新闻活动的机遇或限制；网络模型将（社会、经济、政治等）结构概念化为媒体间关系的稳定形式（沃瑟曼，福斯特，2012）。

在数字媒介环境下，网络化的媒体分析框架在传播学理论研究中得到了拓展和延伸。议程设置理论的最新发展已经进入"网络议程设置"（networked agenda setting）阶段，尽管其逻辑起点是公众认知图谱，网络分析（network analysis）为这一经典理论的"生命之树常青"注入了活水源泉（史安斌，王沛楠，2017）。目前，社会网络分析方法和网络统计模型被应用于网络新闻媒体传播行为的分析（Meraz，2009；陈爱萍，俞琰，2012），还有研究者从议程设置、"把关人"理论与社会网络融合的视角，引入社会影响（social influence）和同质性（homophily）等网络概念解释传统媒体议程转移的影响力变化（Meraz，2009）。此外，复杂网络领域的统计物理学视角也被引进媒体传播关系的研究之中（Liu et al.，2016；王友忠，等，2009），比如Liu等人（2016）基于复杂网络理论分析"重大新闻"（breaking news）在中国媒体中的传播行为，揭示由新闻媒体报道的关系所构建的传播网络具有"小世界"的特性，并将网络结构变量操作化为测度媒体和新闻特征的指标，用以分析影响传播的因素。

在以线性传播为主导的、"独白式"的大众传播时代，关系视角在传播研究中被逐渐边缘化。"以互联网为代表的新媒体的崛起，推动了从'媒介即信息'到'新媒介即关系'的传播结构转变，则重新将以关系研究为核心的网络分析带回传播研究的中心"（史安斌，王沛楠，2017）。进入网络社会，全世界的新闻业都"浸淫"在媒介融合和社交媒体编织的、结构化的信息环境中，媒体关系的本质和重要性再次被研究者发现和重申。

尤其是进入互联网和大数据时代后，人类的传播活动在虚拟的网络社会产生了海量而丰富的数字痕迹和线索，为研究者系统地研究社会行动者的结构化的社会关系以及社会互动模式创造了可供观察、实验的场域和空间；不断强化的科学计算能力和数据处理技术，与传统的社会科学研究方法和统计分析工具相结合，为数据驱动的社会科学理论发展和创新提供新的可能性。因此，我们有必要重新审视媒介研究中的"关系"本质，不断补充并发展网络化的媒体分析框架和研究范式，而本研究正在做这样的尝试。

第五节　小结

本章是全书的文献综述及研究模型概述部分。首先，本章介绍并比较了四种经典的扩散研究模型,包括创新扩散模型、传染病模型、门槛模型和社会学习模型,不同模型在应用领域、观测层次和理论前提等方面存在差异:观察维度从宏观整体到微观个体;从关心扩散曲线形态和增长速率到探索社会系统的动态和均衡性问题;从互相孤立的"原子人"到异质性"门槛人"再到追求效益最大化的"理性人";从对社会系统的静态分析到动态演化,扩散研究的理论层次和分析方法被不断地深化和拓延。然而,在社会科学领域,过于简单的形式理论往往难以准确地刻画和解释纷繁的经验现象,不同行为特征的扩散结构、过程及其影响机制亟待更多经验观察和实证数据的检验。

其次,从社会选择过程和社会影响过程出发,综述了扩散研究的网络模型,包括指数随机图模型、独立级联模型、网络影响模型以及动态的扩散影响模型。其中,指数随机图模型将被运用于检验媒体在社会关系形成中的同质性效应,即社交平台中媒体与其他媒体之间存在互动关系是否与媒体的属性、结构变量相关联(详见第五章);在独立级联模型的基本框架下,本书第三章将提出媒体的新闻采纳级联模型和算法,实现对媒体扩散网络的有效推断和预测;基于空间自相关和事件史分析等的网络影响模型(详见第六章),将被应用于预测和解释网络结构协变量对新闻事件扩散的影响。

最后,全面回顾和梳理了传统大众传播学研究中"关系"的发现,并明确提出本书的研究对象为"媒介关系"。20世纪三四十年代以来,"关系"的发现与再发现若隐若现地串联起不同研究取向的传播学传统。在以勒温为线索的社会心理学视野里,从突出新闻职业个体的影响到以关系为核心的媒介场范式,逐步发现了媒介控制的"社会关系";哥伦比亚学派的"二级传播"模式以及新药扩散研究的传播流研究对"人际关系"的再发现,直接影响了创新扩散研究的网络化转向;以"把关人"为核心的新闻生产过程以及着眼于新闻议题的"媒介间议程设置"研究,透过"内容关系"勾连起了从内容分析到网络分析的"媒际关系"研究通路。

因此,本书旨在社会网络的视野和方法论指导下,理解"媒介之间"信息传播的结构与影响,以区别于媒体生产研究对"媒介之内"的职业个体、新闻生产和组织制度层面的探究,以及效果研究对"媒介之外"的对个人和社会变迁影响的关注。总而言之,伴随着社会化媒体的崛起,社会网络、网络演化以及复杂系统等理论视角和研究工具的介入,传播学领域的扩散研究出现了新的应用场景和研究命题,扩散理论展现出新的生命力和范式转移新的动向。粗略线条的扩散曲线背后潜在的社会结构、深层的社会动因以及复杂的动力学过程和演化规律将会被不断地发掘、剖析和解释。

第三章 社交媒体中新闻扩散网络的推断

本章的研究目的是在给定新闻报道的媒体、采纳时间及其他先验信息的基础上，提出一种新闻采纳级联模型以及算法实现。通过推断社交网络中新闻媒体之间信息交流的概率，重构媒体潜在的、"真实"的新闻扩散的网络。

不失一般性地，本书假定：信息扩散的过程存在于一个潜在的关系网络，这个网络难以被研究者直接观察，但其结构却决定着信息扩散的方向及影响范围。例如，微博、Facebook、Twitter等社交平台上的用户的信息行为（如转发、点赞等）容易受其所关注的朋友的影响，前提是这种"社会信号"（social signals）对他们来说是可见的。当先行采纳者采取特定的信息行为时，他们倾向于做出一致性的反应，甚至忽略自己所掌握的信息和判断，这就是"信息级联"（informational cascade）现象（Bikhchandani et al.，1992）。因此，在社会化媒体平台上，不同的新闻媒体在特定的时间段内相继报道（或称为"采纳"）同一则新闻信息的现象，可视为一种新闻扩散的"级联"过程。

然而，以微博为平台环境，推断媒体之间潜在的社会网络，依然存在许多难点和挑战：首先，是文本挖掘问题。为了跟踪新闻扩散的过程，必须适当地识别和判断作为"感染"的新闻。我们假定两则新闻的内容越相近，越有可能来自相同的信息源。因此，从大规模的、非结构化的微博数据中提取和计算新闻文本的相似性，并对不同的话题进行聚类是本研究的难点之一，其解决方法涉及文本挖掘和自然语言处理等技术问题。其次，是网络建构的问题。如同构建传染病扩散网络的情形，对于那些原创的而非转发的微博数据，研究者仅能够观察到新闻媒体发布或转发特定新闻的时间点，却无法准确获知这些新闻的源头，更难以判断新闻如何从一个媒体传播至其他媒体的时间序列过程，其关键在于确定新闻扩散的级联形式，并在此基础上构建有向的网络图。最后，要解决的是模型的可靠性问题。在机器学习中，网络推断是一个无监督问题，因此需要考虑如何提升网络推断的准确性和有效性。本研究将通过概率模型估计任意两个节点之间连边的概率，然后建立可调参数的模型以确定预期规模的网络，其实现的关键在于：在确定可能影响概率计算的因素基础上，对预期网络规模的控制以及模型效果的评估。

第一节 扩散网络的推断研究

（一）重现"真实"网络

信息在网络中传播是一种普遍的现象。对社会网络中信息或影响扩散的模式、过程及其影响机制，已经受到不同学科领域的关注和研究，如新药的扩散（Coleman et al., 1957; 1966）、传染病扩散（Morris, 1993; Moore & Newman, 2000）、口头传播（word-of-mouth, Brown & Reinegen, 1987; Goldenberg et al., 2001）和新产品营销或"病毒营销"（Bass, 1969; Richardson & Domingos, 2002）等。社会网络对扩散过程的重要作用被大量的理论模型或实证研究所检验、证实，但是大部分研究都预设网络的结构是已知的、可以被直接观察的。

然而，在现实生活中，社会网络中的信息扩散所依附的社会结构是潜在的、隐藏的，只能通过其他可观测的信息进行推断，比如行动者被感染或接触的时间，或者已知的其他社会关联或有限的先验统计数据等（Adar et al., 2004; Rodriguez et al., 2010; 2014; Liang, 2018）。在传染扩散过程中，研究者通常只能观察到在不同时间点出现的感染者数量，却难以获知这些被感染者的感染源是"谁"，疾病或病毒通过怎样的路径进行扩散。（Keeling & Eames, 2005）

在以网络为核心的扩散研究中，由于缺乏足够的"关系"数据和网络推断的依据，传统扩散研究对网络影响的考察大多只停留在对理论型网络的数值模拟，或者是通过田野观察数据或对个体网络的"自我报告式"测量，直接"搭建"小规模群体的关系网络。因此，对行动者的整体网络结构的推断（inferring, Rodriguez et al., 2010）或重构（reconstruct, Rodriguez et al., 2014; Liang, 2018）是研究的重要前提和基础。以构建传染病扩散网络为例，目前主要有三种基于田野调查而构建"真实"网络的方法（Keeling & Rohani, 2002）。

第一种是感染跟踪法，类似的方法曾被运用于 SARS 病毒扩散的研究中（Haydon et al.，2003），主要以被感染者为线索，追溯其被感染的上流源头以及其他被他们感染的下游节点，从而构建一个传染的"转移网络"，其局限性表现为：网络中缺失那些未被感染的节点；形成无环状结构的树形网络，无法观察更多复杂的网络特性。第二种是接触跟踪法，从源头锁定一定比例的潜在的被感染者群体，可以确定"谁"可能被感染以及"谁"将成为下一个研究对象，这种方法通常作为一种控制手段运用于性传播研究中（Potterat et al.，2002），而不是网络推断的方法。第三种是日记研究法，这种方法通过被观察者对自身的接触关系进行记录，可以获得大量的、细节的关系数据，但研究者难以将不同个体主观收集的数据按照统一的标准进行整合，这类数据本质上是"自我中心"网络，在全局上呈现出很多分裂的子群。以上三种方法所构建的网络图如图3.1所示。

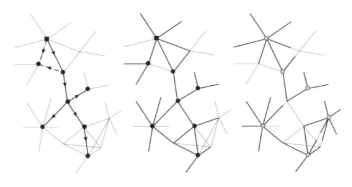

图3.1　三种传染病扩散网络的建构方法

注：灰色的线条表示节点间潜在的真实关系，黑色的线条表示通过数据勾连出的网络，黑色实心圆点为被感染者，而黑色方点为初始的感染源头，空心圆点则为采用日记法的被观察者。

资料来源：Keeling & Rohani（2002）

社会网络的推断问题，实际上是根据已知的节点属性或网络结构等信息估测网络节点之间连接的可能性，因此与复杂网络"链路预测"（link prediction）研究对未知链接的预测方法有相通之处。链路预测作为数据挖掘领域的研究方向之一，在计算机领域已深有研究，主要基于马尔科夫链和机器学习等方法；其中一种常见的方法是概率模型，即通过建构并优化可调参数模型，以再现真实网络的结构和关系特征，网络中被预测节点对连边的概率就是最优参数下连边的条件概率（吕琳媛，2010）。

然而，链路预测主要目的是对未来链接的预测，研究者更关注特定节点之间或局部结构的预测精度，而不是重构整体网络的全局链接的关系，因而不能完全适用于本书对整体网络推断的研究。

（二）基于级联模型的网络推断

目前，在已有的网络推断研究中，运用较多的主要是基于独立级联模型（简称 IC 模型，Kempe et al.，2003；Goldenberg et al.，2001）的建模方法。在模型中，扩散往往被视为信息或影响流经由网络渠道传播的"级联"过程。

例如，有研究者（Gruhl et al.，2004）考察了博客关系圈中的个体信息扩散的动态过程，提出了信息扩散的 IC 模型以推测出潜藏的（underlying）传播网络；同样地，也有研究者基于 IC 模型提出了信息在网络中扩散的概率模型，通过近似算法找到了接近最优的潜在网络，并将该算法运用于追踪大规模的新闻网站和博客之间的信息扩散网络（Rodriguez et al.，2010，2014）；针对微博的社交网络研究，周亚东等人（Zhou et al.，2017）分析了微博转发网络结构的动态变化以及影响扩散过程的主要因素，并采用级联模型的理论框架，构建了旨在"重现"微博转发网络的扩散模型。

针对不同的目标网络，研究者对感染概率的计算可能依据节点之间接触的频率、地理接近性或者历史上的感染路径（Shakarian et al.，2015）。例如，有人研究议论话题在博客作者之间传播的社会网络，从话题和个体特征两个维度出发建立信息扩散的级联模型。他们假设任意两个作者（u，v）之间的"感染"（话题从 u 转移到 v）概率由阅读的频率和"模仿"（写了同一话题的文章）的概率共同决定，并根据初始估计参数计算后验概率，迭代更新参数直至模型收敛，从而推断出话题转移的网络图（Gruhl et al.，2004）。

为了简化信息扩散的级联过程，有研究只考虑了时间维度，即节点之间的转移概率 $P(u, v)$ 仅受到时间间隔 $\Delta_{uv} = t_v - t_u$ 的影响，而且时间差服从指数分布或幂律分布（Rodriguez et al.，2010）。还有研究者（Zhou et al.，2017）将估计微博社交网络中博文转发的概率问题，转化为后验概率的计算问题，采用贝叶斯网络（Bayesian network）的方法进行参数估计，模型的转移概率受到微博用户的属性（如粉丝数、朋友数和接受转发数等）以及不同话题的影响。另外，在一项关于政治信息的扩散模式对用户选择性行为影响的研究中，研究者（Liang，2018）考虑到采集数据只提供初始源头而非真实的转推关系，因而利用用户转推的时间戳和关注关系数据"重构"了 Twitter 网络的扩散级联。由此可见，目前借助独立级联模型或相关思想的网络推断研究已经被广泛应用，其数理模型和方法也渐趋成熟，为本研究建立新闻扩散级联模型提供了丰富的经验基础和理论依据。

(三) 新闻采纳级联模型

在现实情境中，研究者在微博平台上仅能观察到媒体 u 和媒体 v 发布了相同的新闻内容及其分别发布的时间 t_u 和 t_v，却无法直接判断媒体 v 的信息是否来自媒体 u 或其他媒体，也就难以获得特定信息从源头扩散开来的传播链路。因此，在给定的时间信息和节点位置的前提下，本研究试图"还原"并重构社交新闻媒体潜在的传播网络，即通过独立级联模型的算法推断出网络图 G 的"真实"构造。

1. 新闻级联

在本书中，我们沿用"创新的扩散"的概念框架，将新闻比作"创新"，而将媒体对新闻的报道行为视为对该"创新"的"采纳"。当一则新闻出现在微博中，并被不同的媒体相继采纳（或报道）时，形成一支"流经"媒体网络的影响流，如图 3.2 所示，称为"新闻级联"，记为 c。用图的形式可以理解为：在不同时间点 t，采纳同一则新闻 x 的媒体行动者 i 的集合 V_c ($i=1, 2, \cdots, m$) 及其关系所构成的网络子图 $[V_c]$。

为了便于描述且与经典扩散模型相一致，不妨规定微博中新闻媒体行动者存在两种状态：活跃的（采纳新闻）与不活跃的（不采纳新闻），且所有行动者的初始状态均为不活跃的。基于级联模型的独立性假设，一个被激活的（activated）媒体节点 u 以转移概率（transmission probability）$p_{u,v}$ 随机地激活其相邻的一个节点 v；而当节点 v 处于活跃状态时，随后其他节点对它不再产生影响。也就是说，对于同一则新闻信息而言，媒体 v 有且仅有一个采纳新闻的影响源。

所以，在级联传播模型（Rodriguez et al., 2010）的框架下，一个级联可以表示为 $c = (V_c, E_c)$，其中 V_c 表示该级联中所有的媒体集合，E_c 表示媒体之间的边集合；同时，新闻媒体的级联形态完全可以描述为有向树 T（directed tree）的形式。[①] 因此，级联 c 必然存在一个对新闻 x 采纳时间最早的媒体（即根节点）作为该新闻的源头，其他时间出现在后的媒体均为树的叶节点。已知媒体采纳新闻的时间顺序 O_i ($i=1, 2, \cdots, m$)，那么，在不考虑媒体对之间的连接概率的情况下，同一个新闻 x 可能存在多个不同的级联。

[①] 在图论中，有向树满足以下两个条件：有且仅有一个根节点，入度为 0；除根节点以外，任意节点有且仅有一条有向边指向该节点，即入度为 1。

图 3.2 显示了该新闻话题的四个可能的级联，尽管在该新闻扩散中媒体采纳行为发生的顺序为 1-2-3-4-5，但媒体对之间却拥有不同的连接形式。比如，级联 c_a 的边集为 {（1，2），（2，3），（3，4），（4，5）}，完全按照媒体采纳时间先后进行依次传递。而其他级联中至少有一个媒体成为多个媒体的新闻来源，如级联 c_b 的边集为 {（1，2），（1，3），（1，4），（2，5）}，媒体 1 分别为媒体 2/3/4 的上级传播者；在级联 c_c 和级联 c_d 的中媒体 2 均成为新闻扩散的重要中介，从媒体 1 处采纳新闻后，继而影响其他媒体的新闻采纳行为。其中，级联 c_c 的边集为 {（1，2），（2，3），（2，4），（3，5）}，而级联 c_d 的边集则为 {（1，2），（2，3），（2，4），（2，5）}。

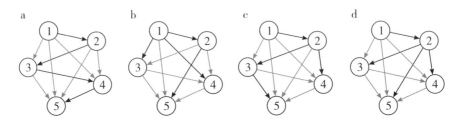

图 3.2　同一个新闻话题的不同的级联形式

2. 新闻采纳的概率

独立级联模型是一个描述时间序列事件发生的概率模型，其核心在于计算网络节点之间感染概率。本研究定义了一个新闻采纳概率 $P_{u,v}^c$，表示在一个级联 c 中，采纳了某一新闻的媒体 u 在时间 t 影响其任意一个相邻的媒体 v 采纳该新闻的可能性。因此，在给定某个级联 c 的前提下，$p_{u,v}^c$ 等于特定新闻信息从媒体 u 流向媒体 v 的条件概率 $P(u, v | c)$。构成该级联的节点集合 V_c 中对应 m 个媒体，每个媒体被激活的时间分别为 t_i，其中 $i = 1, 2, \cdots, m$。假如媒体节点（u, t_u）与媒体节点（v, t_v）之间存在有向边（u, v）且方向为 $u \to v$，那么必然存在 $t_u < t_v$；而不可能存在边 $v \to u$，这意味着被激活（采纳）时间在后的媒体不可能影响此前已经被激活的媒体，即 $P_{v,u}^c = 0$。所以，级联内有向边的集合元素数量 $|E_c| = m(m-1)/2$。

目前，扩展的级联模型研究从不同角度考虑了时间对感染可能性的作用（Rodriguez et al., 2010, 2014; Zhou et al., 2017; Liang, 2018）。例如，Leskovec 等人（2010）将两个具有传递关系的节点之间的时间差表述为"潜伏期"（incubation time），传递概率则由关于潜伏期的以 α 为参数的指数函数或幂函数决定；周等人（2017）也认为，微博的转发概率随着时间间隔的增大而衰减，并发现其衰减的速度比博客（Leskovec et al.，2007）更快，而采用了幂函数形式。由此可见，假定人们对某个新闻或话题的关注度会随着时间的增长而逐渐衰减，研究者（Gruhl et al.，2004；Rodriguez et al.，2010）一般采用指数分布函数描述时间对注意力影响效果的衰减速度。

在一个级联中，相继采纳同一则新闻的两个媒体 u 和 v 的被激活时间之差，可称为媒体 v 被媒体 u 激活的"反应时差"，记为 $\Delta t = t_v - t_u$。为了简单起见，本研究也采用指数形式来刻画反应时差的概率分布，以此表征随时间推移媒体采纳新闻的可能性逐渐衰减的趋势。假定衰减参数为 α，其决定着指数曲线下降的速度，那么采纳概率的数学形式可表示为：

$$P^c_{\Delta t} \propto e^{-\frac{\Delta t}{\alpha}}。 \tag{3.1}$$

除了时间因素对采纳概率的影响之外，梁海（Liang，2018）考虑了转发者的关注关系对社交信息传播的影响，并将转发概率问题简化为：按照时间排序的先后为 Facebook 转发关系的边权赋值——假设转发时间最近且存在转发关系的节点对之间连边的可能性最大。虽然这种简单化处理的方法并没有给出关注关系与时间的数学形式或概率计算的结果，但启发我们：社交媒体中的关注关系制约着信息流动的可能性。同样地，我们假设在微博传播的语境下，微博用户更可能接收到自己所关注账号的信息，而接收非关注账号的信息的可能性相对较小。因此，这里提出以下两个相关的研究假设。

假设 H01：媒体的关注关系与转发关系存在显著的相关性；

假设 H02：有关注关系的比无关注关系的媒体之间更可能产生转发行为。

因此，本研究假定关注关系是判断两个媒体之间连边概率的另一个重要指标，作为上述采纳概率的权重系数（记为 β），表示媒体 u 在时间 t_u 采纳了一则新闻，关注了媒体 u 的"粉丝"媒体 v 在时间 t_v 采纳该新闻的概率为 β。但不排除"非粉丝"媒体 w 通过其他渠道（如微博搜索或推送）间接采纳媒体 u 的新闻的可能性，从媒体 u 到媒体 w 的边 (u, w) 的采纳概率为 β'。因此，当将媒体之间的关注关系考虑进模型时，新闻采纳的概率最终表示如下：

$$P^c_{u,v} \propto \begin{cases} \beta\, e^{-\frac{\Delta t}{\alpha}}, & \text{如果 } v \text{ 关注了 } u \\ (1-\beta)\, e^{-\frac{\Delta t}{\alpha}}, & \text{如果 } v \text{ 没有关注 } u \end{cases}。 \tag{3.2}$$

为了简化计算，假定 $\beta' = 1 - \beta$ 且 $\beta' < \beta$。β' 和 β 均为常数。具体算法实现请参见本书附件二"新闻采纳级联模型"部分。

3. 采纳网络的构建

基于以上理由，本书提出一个"新闻采纳级联模型"（News Adoption Cascade Model，简称 NACM 模型）。直觉性地，我们假设存在一个潜在的、"真实的"有向有权的社会网络图 $G = (V, E)$。这里，特指微博上由被观察的新闻媒体构成的新闻采纳关系网络：任意一条有向边 e 表示两个媒体之间新闻信息流通的路径，由媒体 u 指向媒体 v 的边意味着信息流动的方向。边的权重暗示着媒体在新闻采纳上的"惯习"（布迪厄，华康德，1998）或偏好，权重越大，采纳新闻的倾向性越强；反之，亦然。

由上文已知，在确定媒体采纳新闻的时间顺序情况下，不同媒体之间的信息流通可能存在多个级联。NACM 模型目的在于给定某个新闻话题的条件下，寻找最有可能出现的级联。换句话说，就是找到一个目标级联（记为 $\hat{c}$）使得其中所有边的连接概率达到最大，即

$$\hat{c} = \underset{(u,v) \in E_c}{\mathrm{argmax}} \prod p_{u,v}^c \, 。 \tag{3.3}$$

考虑到每对媒体之间的连接概率是独立的，求目标级联 $\hat{c}$ 可以转化为求解一般"最大生成树"（maximum spanning tree）问题。换句话说，级联 $\hat{c}$ 就是为"流经"所有采纳了特定新闻的媒体节点的最大生成树。

因此，通过搜索有向图的最大生成树（Edmonds，1967），每个涉及不同媒体的新闻话题可能构建唯一的新闻级联。当新闻话题的数量较大时，我们认为那些（部分）重复出现的级联或者级联中的边，在一定程度上反映了媒体之间的新闻采纳关系，亦即某种媒体"参照"的倾向。理论上，由这些级联或边组合而成的网络就是本研究要建构的"真实"网络 G，鉴于不同的新闻话题（级联）之间是相互独立的，在给定网络 G 的前提下，所有可能出现的级联的联合条件概率表示为：

$$P(c_1, c_2, \cdots, c_n \mid G) = \prod_{k=1}^{n} P(c_k \mid G) \, 。 \tag{3.4}$$

因此，我们要寻找的目标网络 $\hat{G}$，其实就是当所有级联的出现概率达到最大的情况。为了使得 $P(c_1, c_2, \cdots, c_n \mid G)$ 这个概率最大化，我们可以对上式进行对数转化，然后通过计算预期的网络规模 s（即 s 条权值最大的边）而求得潜在媒体采纳网络的近似解（具体公式参见附件二）。已有研究证明，通过最大化级联概率的方法寻找潜在的目标网络 $\hat{G}$ 的最优解是 NP-hard 难题（Rodriguez et al.，2010）。

为此，考虑到现实网络的稀疏特性，本研究将采用贪婪算法优化目标网络，以阈值控制的办法讨论如何确定预期网络的规模，其算法实现的基本思路为：首先，将所有的新闻级联中对应的边进行合并，即边的权重（概率）对数转换后进行累加。例如，在图 3.3 中，有颜色的三个媒体节点及其关系重复出现在不同的级联中，假设每个级联中边的对数权重均为 1，那么重合边的权重就是加和的结果，所以图中三个颜色节点之间的边权均为 3。其次，构成一个包含全部级联的边的基线采纳网络 M，将权重最大的边依次加入空图 $\hat{G}$ 之中。最后，根据边的对数权重的累积增长趋势，设定边权边际贡献量的阈值，从而确定网络规模为 s 的目标网络 $\hat{G}$。

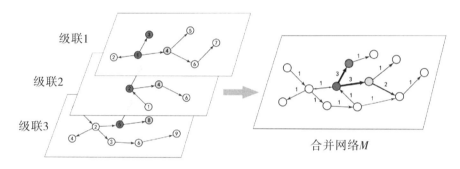

图 3.3　由不同的新闻级联合并生成基线网络

第二节　研究方法

本研究将采用社交媒体网页采集和文本挖掘的方法，在对大规模的微博文本进行结构化处理的基础上构建媒体的交互关系，提出新闻采纳级联模型及其算法，其主要步骤为：（1）对微博中新闻话题进行聚类处理；（2）根据每个话题聚类内媒体之间的关注关系及其"反应时差"计算媒体之间存在连边的概率，利用最大生成树方法求解目标级联；（3）运用贪婪算法优化媒体的采纳网络。

（一）关系数据

由前文可知，通过微博媒体关注列表数据，本研究可以构建媒体的关注网络，其中包括 719 个媒体，及他们之间的 48408 条关注关系。转发关系数据需要直接从微博文本中通过识别转发标志进行提取。微博用户通过"转发"功能转发其他用户发布的微博,因此两个媒体之间的转发关系可以"(谁)转发了(谁)的微博"为标志进行关联。针对719个媒体账号,本研究共采集获得转发关系数据97486条记录,经过清洗、提取、去重和映射等结构化处理的步骤后,共获得13211条转发关系。为了对同一个媒体社群的不同网络进行相关性检验,需要将关注关系和转发关系数据转化为两个规模、行列结构相一致(719×719)的邻接矩阵G_F和G_R,其中矩阵元素均为二值的且指示方向的,1表示媒体之间存在关注(或转发)关系,0表示媒体不存在关注(或转发)关系。

(二)新闻话题聚类

本研究以719个媒体的"原创"微博文本(不包括转发微博)作为构建级联的原始数据。首先,需要对原始的微博文本进行话题聚类,即将不同内容的文本区分、归类为不同的"新闻话题"。这里的"新闻"在形式上泛指媒体账号发布的以字符为主的微博文本,不包括图片、视频或网页链接等文本;在内容上,对狭义的"新闻"与诸如公告、通知或软文等微博博文之间不做本质区分。然后,基于杰卡德相似系数(Jaccard similarity coefficient,计算方法参见附件二)进行"话题"聚类,亦即文本重合程度越高的博文,聚成一个"话题"的可能性越高。

例如,@中国青年报在2017年12月2日发布的一则新闻博文:"【'女德班'雷语频出引众怒!校方:冤枉】近日,网络上有关辽宁抚顺传统文化教育学校'女德班'的视频火了!视频里雷语频出,例如:婚姻四项基本原则是打不还手、骂不还口、逆来顺受、坚决不离婚;点外卖不刷碗是丧失妇道。在网友一片批评声中,学校相关人员却回应说冤枉。到底怎么回事?详情戳→http://t.cn/RYNSyEx"。随后,@Vista看天下和@新京报分别发布了内容相似的博文,其文本关键词如表3.1所示,与@中国青年报的文本相似度分别为0.84和0.59,故前者比后者更可能与该博文聚为相同话题。也就是说,前者的发布在概率上更可能受到@中国青年报的影响。

表 3.1　不同媒体的微博文本相似度计算示例

媒体账号	关键词	$J-$相似度	发布时间
@中国青年报	女德、骂不还口、冤枉、网友、辽宁抚顺、批评、坚决、相关、还手、妇道、回应、离婚、众怒、学校、逆来顺受、婚姻、频出、回事、雷语、视频、外卖、网络、校方、人员、丧失、原则、文化教育、传统、详情	1.00	2017 - 12 - 02 10：08：07
@Vista 看天下	女德、骂不还口、冤枉、网友、辽宁抚顺、批评、坚决、相关、还手、妇道、回应、离婚、众怒、学校、逆来顺受、婚姻、频出、回事、雷语、视频、外卖、网络、校方、人员、丧失、原则、吃惊、中国青年报	0.84	2017 - 12 - 02 10：25：29
@新京报	女德、骂不还口、冤枉、批评、坚决、相关、还手、妇道、离婚、众怒、学校、逆来顺受、婚姻、频出、雷语、视频、外卖、网上、校方、人员、丧失、原则、吃惊、负责人、女人、干活、断章取义、主任、丈夫、说话	0.59	2017 - 12 - 02 11：06：43

由于原始数据体量大，无法采用传统方法进行人工编码，因而提出基于 Single-Pass 算法的新闻话题聚类方法（具体请参见附件二），使用计算机编程语言 Python 对微博文本的进行话题识别和聚类，并利用多进程（multiprocessing）的方法实现数据的并行处理。话题聚类的具体统计结果详见附录二。在本研究中，Single-Pass 聚类算法的文本相似度阈值 τ_s（$0<\tau_s<1$）设为 0.6，该阈值越大聚类所依据的文本相似度越高，聚类的数量越少；反之，阈值设置越低，聚类内的文本相似性的要求越宽松，聚类的话题数目也越多。

模型输入的是微博文本的聚类数据。为了提高新闻话题的代表性和有效性，对聚类数据集内的文本进一步筛选，限定条件分别为：（1）每个文本关键词必须超过 10 个词组；（2）每个文本对应一个媒体，而且聚类内的媒体不重复出现；（3）每个聚类内至少包含三个媒体。为了对比不同数据集之间的模型结果，以及缩减运行时间，数据集按照月份划分为 12 个子集进行并行处理。经过以上限定条件的拣选,获得文本数量和话题聚类数量如表3.2所示,表格显示了用于输入 NACM 模型的 12 个月的微博数据集情况,平均每个分数据集的文本数量超过 82000 条记录,平均话题聚类数为 10094。

表3.2 NACM 模型输入数据集筛选情况

月份	1月	2月	3月	4月	5月	6月
总文本[a]	278250	210617	235477	212288	227454	215582
限定1[b]	238564	187060	210363	189587	203326	191499
限定2[c]	11421	8946	9866	9099	9629	9315
限定3[d]	9690 (8.0)	7905 (7.8)	8830 (7.7)	8031 (7.6)	8493 (7.8)	8188 (7.6)
月份	7月	8月	9月	10月	11月	12月
总文本	294657	350299	333806	303996	328340	339215
限定1	260165	310110	296140	259328	292864	301396
限定2	12650	15030	14013	12513	13626	14412
限定3	10852 (8.0)	12918 (8.2)	11923 (8.4)	10541 (8.9)	11481 (8.4)	12270 (8.5)

a:筛选前总的文本数量;b:根据限定1筛选后的文本数量;c:根据限定2筛选后的话题聚类数量;d:根据限定3筛选后的话题聚类数量,(括号内)为平均每个聚类内的文本数量。

(三) 媒体反应时差

信息的级联数据是具有时间性的。一般而言,只有时间在前的媒体才能成为信息级联的源头,因而确定每个话题聚类内新闻文本时间顺序,对构建级联的影响方向至关重要。由表3.1可知,每一个媒体及其微博文本包含特定的时间戳数据。任意两个文本的时间之差,也就是相应媒体之间采纳同一则新闻信息的时间间隔,可以被称为"反应时差"(responsion time-interval),用于刻画不同媒体对一则新闻信息的反应速度。为了排除人们日常作息惯例的影响,我们将基于"构造时间"(即每天19个小时,详见附件二"构造时间"部分)计算有效的反应时差。在模型设定方面,假定反应时差与关注关系共同影响媒体之间的连接概率,在数学上表示为

反应时差 Δt 的指数函数的加权形式,其权重 β 大小由判断两个媒体之间是否存在关注关系决定;而反应时差的指数函数的常数参数 α 默认设定为1。

第三节　研究结果

(一) 关注与转发行为的相关性

在新闻采纳级联模型中,关注关系是媒体采纳新闻的一个重要因素。在关注关系 $e(i,j)$ 中,如果媒体 i 关注了媒体 j,默认后者发布的微博能够为前者所看到,信息流动的方向是从媒体 j 传输到媒体 i。不失一般性地,本研究认为与无关注关系的情况相比,当媒体 i 与媒体 j 之间存在关注关系时,媒体 i 从媒体 j 那里获取新闻的可能性更高。尽管采纳网络考察的是媒体之间的采纳关系而非转发关系,但转发关系数据是可直接观测和检验的,有助于对揭示关注行为与采纳行为之间的相关性。

为了检验上述假设,本书根据微博的转发记录和关注列表数据,构建了转发网络 (G_R) 和关注网络 (G_F):其中,关注网络为二值有向网络,而初始转发矩阵的元素值 v_{ij} 为媒体 i 转发媒体 j 的频数,需经过二值化(大于1的值转换为1)处理为 0-1 矩阵。这里,我们采用二次指派程序(quadratic assignment procedure, QPA)方法检验两个关系矩阵之间的相关性。

QPA 检验结果显示(见表 3.3),经过 5000 次随机置换矩阵后,计算出两个网络之间的相关系数为 0.385 ($p<0.001$),也就是在 0.001 的显著性水平下,媒体的转发关系和关注关系具有统计意义上的相关性,说明媒体倾向于通过关注渠道获取新闻信息从而产生转发行为,因此假设 H01 得证。

表 3.3　转发关系 (G_R) 与关注关系 (G_F) 之间的相关关系检验 (#P = 5000[a])

	C	Sig.	Ave.	S.D.	Min	Max	$Pr \geqslant 0$	$Pr \leqslant 0$
QPA Pearson Correlation	0.385	0.000	0.000	0.008	-0.020	0.044	0.000	1.000

a:#P 为矩阵随机置换的次数。

已知关注关系与转发关系存在显著的相关性。那么,拥有关注边的任意两个媒体是否比没有关注边的更可能存在转发关系?为了回答该问题,首先将媒体对(pair)数据集划分为关注(T)和未关注(F)两组数据,将转发行为视为转发（=1）或无转发（=0）的类别变量。已知实际存在 48408 条关注关系，以理想情况下（所有媒体均两两关注）的关注边数作为基数，即 $N(N-1) = 719 \times 718 = 516242$，那么未关注组的媒体对数量等于理想边数 - 实际关注边数，即 $516242 - 48408 = 467834$；同理，实际转发关系数量为 13211，无转发关系的媒体对数量则为 505860。

接下来，采用卡方检验的方法比较两组媒体对在微博转发行为上是否存在显著的差异性：由表 3.4 的交叉表和卡方检验结果可知，媒体对之间关注与否与对应的转发行为的卡方值 χ^2 为 76899.78，说明实际观察值与理论推断值的偏离程度非常大，主要表现为同时存在关注关系和转发关系的媒体对数量明显高于理论期望；拥有关注关系的媒体对与无关注关系的媒体对相比较，在转发行为的期望上具有显著的差异性（$p < 0.001$），前者的转发比率为 21.45%，后者的转发比率仅为 0.60%。由此证明，假设 H02 也成立。说明关注关系是影响级联概率的重要因素，将其纳入新闻采纳级联模型中的假设是合理的。

表 3.4 媒体关注与转发行为的交叉表和卡方检验结果

	转发（期望）	无转发（期望）	转发比率
关注（T）	10382（1232.0）	38026（47176.0）	21.45%
未关注（F）	2829（11980.7）	467834（458684.0）	0.60%
合 计	13211（13211.0）	505860（505860.0）	2.55%
卡方检验	Pearson χ^2 = 76899.78	$df = 1$	$sig. = 0.000$

同时，由表 3.4 可知，在 13211 条去重的微博转发记录中，同时拥有特定方向的关注关系边和转发关系边的媒体对数量为 10382，约占转发总数的 79%，没有基于关注关系的转发行为记录仅有 2829（约占 21%），约为前者概率的四分之一。鉴于此先验性知识，存在关注关系的两个媒体之间的存在连边（采纳关系）的权重 β 姑且设为 0.8；相应地，没有关注关系的媒体连边的权重为 $(1-\beta) = 0.2$。

（二）采纳网络的优化

根据 NACM 模型的方法和伪代码（详见附录二）可知，该算法主要处理话题聚类形成的不同规模的级联数据集，每个级联内包含采纳同一则新闻的媒体集合，通过解决最大生成树问题找到媒体之间连接概率最大的级联；然后，对全局的媒体边的概率进行对数转换合并，即求一条边的所有历史概率的联合概率，也就是边的对数权重（logarithmic weight）。如果获得的媒体连边的对数权值越大，说明基于实际数据对两个媒体之间的采纳关系预测的准确性越高；反之，边的对数权值越小，对应的媒体之间存在信息交换的可能性越低。

根据上述模型的定义，寻找目标采纳网络 $\hat{G}$ 实际上是一个最优化问题，即级联的联合条件概率 $P(c_1, c_2, \cdots, c_n \mid G)$ 达到最大时的网络图。换句话说，就是该网络图的边集的对数权重之和 W 越大，其反映的网络边的真实程度越高。然而，如图 3.4（a）所示，每条边的权重是非负的，边权的全局累加结果必然是一个单调递增的过程。可见，如果 W 达到最大，其构成网络所需的边数就非常大；反之，如果 W 太小，网络包含的信息量就可能不足。因此，通过设定阈值的方法近似地确定最终网络的规模 s。这里，定义一个统计量 δ_m 为累积的（对数）边权的边际贡献量（marginal gain），表示每向目标网络中增加一条边所获得的边的对数权重的收益量。

图 3.4（b）中蓝色点线显示的是 δ_m 随着边数增加不断衰减的过程，这个递减的曲线拟合一个幂指数为 -1.244 的幂律分布函数，说明曲线衰减的速度相当快；直观地，累积对数权的边际贡献量在 0 到 5000 的边数范围呈现快速的直线骤降，而绝大多数边加入网络中对整体边权的贡献率极低，说明与之对应的媒体之间存在信息交流的可能性极小。因此，当权重边际收益衰减的阈值 τ 一旦确定，低于该阈值的边和节点将被剔除出网络：首先，根据曲线拟合的幂律函数，我们可以近似地求得对应的边数值；其次，结合边数与节点数变化曲线的交点，可以确定一个节点数值 $|V|$；最后，该节点集合 V 内的所有节点及其边的集合 E 构成最终的网络图 $\hat{G}$。

为了便于比较最终生成网络的差异性和有效性，本研究将 12 个月份的级联数据分为四个季度的数据，分别为季度一（1—3 月），季度二（4—6 月），季度三（7—9 月）和季度四（10—12 月）。图 3.5 显示了四个不同的网络数据的累积对数权边际贡献量、网络边和节点规模关系：黑色实线表示累积对数权的边际贡献量曲线，随着网络中边数的增加，其边际贡献量均呈现指数递减的趋势；红色实线指的是随网络边规模的增大，其媒体（点规模）数量的增长情况；蓝色、黑色和红色虚线分别指示的边权边际量的阈值以及对应的网络边数和节点数。比较四幅图可知，尽管不同网络的规模以及边的权重均不相同，但是边累积对数权重增长的趋势极其相似，其边际贡献量递减的速度均经历了骤降然后趋于平缓的过程。经观察，这里姑且将边际贡献量的阈值 τ 设定为 0.0001，即理论上只有边权贡献率大于 0.0001 的边才被能纳入最终的网络图 $\hat{G}$。

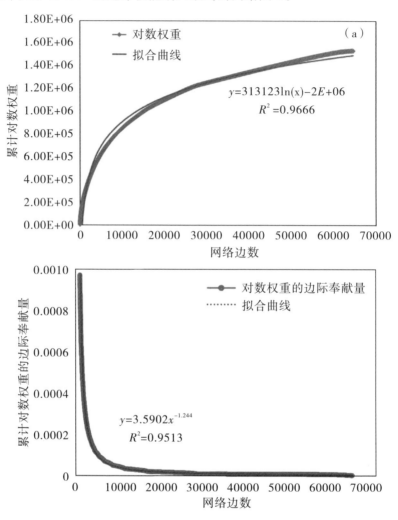

图 3.4　（a）网络边的累积对数权重曲线以及（b）累积对数权重的边际递减曲线

表 3.4 显示的是利用 NACM 模型基于四个不同的数据集生成的媒体转引网络的情况。第一列的幂律函数公式是通过拟合图 3.4 的边权贡献率递减的数据而得到的，R^2 拟合度系数均在 0.95 以上，说明拟合曲线与观察数据的拟合程度较好；然后，将阈值 $y = 0.0001$ 代入函数式中，求出 x 即边数的近似值，最后在此基础上确定网络图的节点数。例如，针对网络 G_1，对 x 求解得到一个近似值 4588，其在网络中对应的节点数为 410（水

平虚线),而这 410 个节点实际拥有的边数为 4635(垂直虚线)。另外,由图 3.4 和表 3.4 可知,基于四个季度数据生成网络的规模较为相近,网络密度均低于 0.029,均为稀疏的网络。

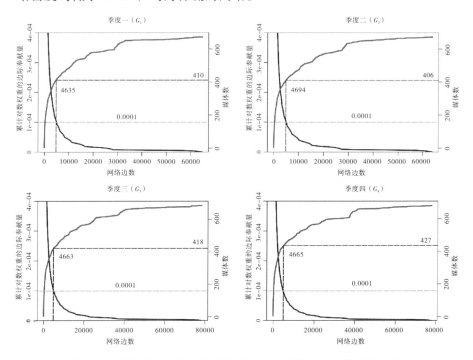

图 3.5　网络累积对数权的边际贡献量与网络边及媒体数的关系

表 3.4　四个季度的媒体级联数据生成的网络规模($\tau = 10^{-4}$)

网络	δ_m 幂律函数	R^2	节点数	边数	密度
G_1	$y = 3.59x^{-1.244}$	0.951	410	4635	0.0276
G_2	$y = 3.20x^{-1.226}$	0.951	406	4694	0.0285
G_3	$y = 5.42x^{-1.291}$	0.955	418	4663	0.0268
G_4	$y = 5.40x^{-1.292}$	0.956	427	4665	0.0256

(三) 模型的可靠性检验

NACM 模型输出结果的有效性依赖于一个简单的假设:大量独立的、不重复的媒体级联构成一个逼近"真实"的网络,这个网络由级联中那些重复出现的、可能性最大的关系边组成。由于确定目标网络的规模是一个

NP-hard 问题，下面将提出一种阈值控制边数的方法，依据观察真实数据的变化趋势获取相对可靠的网络边和节点规模。那么，如何检验模型输出的网络与真实的网络的一致性？已有的研究通常将观察网络与模型重构的网络进行对比，例如，针对新闻网络和博客的转载网络，有研究者从文本超链接中构建一个参照网络以检验模型对目标网络预测的准确性（Rodriguez et al.，2010）；抑或通过人工追踪热门博客及其之间的联系，采用随机抽样的方法检验模型结果与样本数据的一致性程度（Guha et al.，2004）。

本研究所关注的媒体采纳关系的特点在于，媒体发布的新闻内容虽然是显性的，但采纳新闻的行为本身却是隐性的，尽管也有少量注明新闻信息来源的微博文本，却仍然缺乏任何直接证据揭示微博转引的中间环节或中介者。因此，通过人工跟踪或内链的方法构建一个参照网络的方法显然是不可行的。但是，我们仍然能够从模型推测的网络结果出发对其可靠性进行直觉性的判断，为此我们提出一种"重测信度"模型检验方法，也就是通过比较多次测量结果，检验模型推断的网络与实际观察数据之间的内在一致性。

在社会调查研究中，经常需要对测量工具的可靠性进行信度检验。根据经典测量理论（classical test theory，Traub，1997），信度（reliability）被定义为：一组测量的真分数的方差（变异数）在总方差（总变异数）中所占的比率。① 然而，在实际测量中，真分数及其变异是无法获得的。因此，在统计上主要基于平行测试（parallel test）的构想，即对相同被试的同一特质采用不同的测量形式，计算两组变量的相关系数，系数的大小表示信度的高低。常用的信度方法，包括重测信度、复本信度和折半信度等（Cronbach，1990），其中的重测信度（test-retest reliability）是指对同一组观察对象在不同的时间点施行同一个测试，检验多次测试结果的相关程度。

"他山之石，可以攻玉"。借鉴传统信度检验的逻辑，针对网络推断模型的可靠性，本研究以此为假设：（1）媒体的新闻采纳网络具有不变性，即在特定的时间内具有某种程度的稳定性，对不同时期数据的推断结论具有前后的一致性；（2）误差的完全随机性，网络推断所基于的数据以及多

---

① 真分数（true score）是指被测对象在所测特质上的真实值（T），通常无法直接测量，而是观察分数（X）的期望；观察分数也就是总变异数，等于真分数方差与测量误差方差之和，即 $S_{X2} = S_{T2} + S_{E2}$。由于信度表示观察分数的一致性，故其量化定义为：$R_{XX} = S_{T2}/S_{X2}$。

次重复推断之间是相互独立的,故测量误差分数之间及其与真分数之间相互独立;(3)两次测量结果即不同的网络推断之间的信度,由网络的相关性决定。

1. 基于网络相关性的"重测信度"

基于以上,本研究提出网络相关性检验的基本思路:首先,将模型的输入数据按照时间顺序分为四个部分:季度一(1—3月)、季度二(4—6月)、季度三(7—9月)和季度四(10—12月),相当于对同一组媒体在不同时间段内的微博采纳记录进行网络推断;然后,每部分数据生成对应的网络矩阵,并转换成四个网络长向量,采用二次指派程序(QAP)方法求得两个网络变量之间的相关系数,即稳定性系数 r,用皮尔逊积矩公式表示为:

$$r_{XY} = \frac{cov(X,Y)}{\sigma_X \sigma_Y} = \frac{E((X-\mu_X)(Y-\mu_Y))}{\sigma_X \sigma_Y}, \quad (3.5)$$

这里,X 和 Y 分别表示两个模型生成的网络矩阵对应的长向量,把矩阵中的 0 和 1 视为"虚拟变量",考虑到虚拟变量的均值和方差是有意义的,因此两个矩阵的相关性可以用皮尔逊相关系数表示。

QAP 计算结果如表 3.5 所示,由表可知,四次模型推断结果的网络相关系数均在 0.45 以上,而且均在统计意义上显著($p<0.001$)。非常有趣的是,相较于其他网络之间,时间相邻的两个数据集所生成的网络之间的相关性更强。例如,网络 G_1(季度一)与网络 G_2(季度二)的相关系数 $r_{1,2}$ 为 0.59,另外两对时间相邻网络的相关系数分别为 $r_{2,3}=0.55$ 和 $r_{3,4}=0.63$;而且随着时间间距的增加,相关系数呈现衰减的趋势,即 $r_{1,2}$(0.59)$>r_{1,3}$(0.50)$>r_{1,4}$(0.45),以及 $r_{2,3}$(0.55)$>r_{2,4}$(0.49)。

表3.5　NACM 模型对四个时间段的微博数据集的重测信度检验结果

	1	2	3	4
网络 G_1	1.00			
网络 G_2	0.59***	1.00		
网络 G_3	0.50***	0.55***	1.00	
网络 G_4	0.45***	0.49***	0.63***	1.00

*** $p<0.001$、** $p<0.01$、* $p<0.05$。

在此基础上，我们进一步将原始数据集对半拆分为两部分（按单双月份均分，1、3、5、7、9、11 月为数据集 h_1，其余部分为数据集 h_2），同样采用上述的方法进行重测信度检验。检验结果显示，模型生成的两个网络的相关系数 $r_{h1,h2}$ 显著提升至 0.71（$p<0.001$），再次验证模型对真实网络推断的可靠性。同时，还揭示了数据集的规模对模型推断结果准确性的影响：数据集的规模越大（即时间跨度越长），网络推断的结果越有效可信，也越接近于真实的网络构型。

2. 基于统计量相似度的"重测信度"

为了进一步验证上述结论，接下来考察对四个网络的节点和边重合的情况（见表 3.6）。按照节点出度和入度从大到小对媒体进行倒序排列，计算两个网络之间全部节点以及中心节点（前 100，表 3.6 括号内的数值）的重合率，也就是采纳关系发送者以及接收者的相似度指标，等于重合的节点数除以两个网络的平均节点数。网络边则按照对数权重递减排序，两个网络边的相似度则为重合边数除以平均边数，矩阵（表 3.6 底部的矩阵）的元素为所有边的相似度，（括号内的）数值为权重最高的 1000 条边的重合情况。

从表 3.6 可知，不同的网络之间，所有节点的发送者相似度（$M=0.85$，$SD=0.029$）和接收者相似度（$M=0.89$，$SD=0.026$）颇高，平均水平达到 85% 以上；重要节点的发送者相似度（$M=0.80$，$SD=0.062$）和接收者相似度（$M=0.72$，$SD=0.064$）平均水平也在 72% 以上，说明在不同的时间段内采纳和被采纳的媒体的重合率较高；相同的边重复出现在两个网络中的概率也在 50% 左右（$M=0.55$，$SD=0.067$；$M_{top}=0.47$，$SD_{top}=0.076$），对应的相似度数值与网络相似系数极其接近（见表 3.5），而且节点和边的相关性还呈现随时间增长而逐步递减的规律性，与上述结论一致。

由此可见，NACM 模型对真实数据的关系网络推断具有内在的一致性，鉴于模型输入数据的时间跨度较短，且数据之间相互独立，表明模型在一定程度上揭示了真实媒体网络之间相似的结构特征，对于四个独立的媒体转引网络而言，至少 50% 以上的"真实"网络关系被模型所捕获。

表3.6 NACM模型生成四个网络的统计量相似度比较

		N	1	2	3	4
出度[a] (top100)	网络G_1	305	1.00			
	网络G_2	310	0.87(0.91)	1.00		
	网络G_3	321	0.83(0.79)	0.87(0.78)	1.00	
	网络G_4	323	0.82(0.75)	0.83(0.74)	0.89(0.82)	1.00
入度[b] (top100)	网络G_1	384	1.00			
	网络G_2	383	0.92(0.78)	1.00		
	网络G_3	393	0.88(0.68)	0.90(0.78)	1.00	
	网络G_4	397	0.85(0.62)	0.87(0.72)	0.91(0.76)	1.00
边[c] (top1000)	网络G_1	4635	1.00			
	网络G_2	4694	0.60(0.53)	1.00		
	网络G_3	4663	0.51(0.42)	0.56(0.50)	1.00	
	网络G_4	4665	0.46(0.37)	0.50(0.43)	0.64(0.57)	1.00

a：两个网络之间节点出度的相似度 = 重合的关系发送者节点数×2/（两个网络发送者节点数之和）。

b：两个网络之间节点入度的相似度 = 重合的关系接收者节点数×2/（两个网络接收者节点数之和）。

c：两个网络之间边的相似度 = 重合的边数×2/（两个网络边数之和）。

第四章　新闻媒体社会网络的结构分析

在互联网出现以前，传统的职业新闻机构之间的信息沟通方式和场景相对简单，不同媒体的记者在新闻现场交换意见，编辑通过翻阅其他报纸的头版，或者观望其他电视台的动静而确定新闻选题是否合宜。媒体之间这种"互通有无"的"定位"或"窥探"，使其紧密联系而交织成一张"无形之网"，也许正是这股结构性的社会力量孕育了新闻行业的"客观性"及其专业主义（舒德森，2009），形塑了早期新闻媒体的职业规范和权力范畴。进入信息时代以来，在以超链接和字节化为特征的传播语态下，社交媒体环境中的新闻媒体处于一种相互联结、链接和"浸淫式"的复杂关系之中。因此，以一种关系的、交互的视角去描述和刻画不同媒体的社会位置、社群结构、组织形式以及动态过程，有助于我们在新的传播场景解读媒体的角色功能及其社会影响。

本书提及的媒体的社会"结构"，指的是新闻媒体作为行动者所嵌入的信息沟通网络。这个网络的结构特征暗合了特定的媒体在特定的时间维度内的社会地位、社会资本以及媒体生态系统中的权力与平衡问题。实际上，媒体与媒体之间的交互关系是多层次的、全方位的，他们的关系可能根深蒂固，也可能若隐若现、难以察觉，有的甚至需要长时间的累积以确立关系的稳定性。

为了尽可能展现媒体在社交网络中的交互关系，本研究试图采用三种不同的关系构建的方法（转发网络、转引网络和采纳网络），从不同的观察维度（局部和整体）和时空向度（空间横向和时间纵向）分析和解释媒体社群的互动模式和行为逻辑。从研究的层次来说，本章主要是对媒体新闻扩散结构进行社会网络分析，属于描述性和探索性的分析，为接下来基于社会网络统计模型的"社会过程"研究提供经验基础和感性材料。

第一节　社会网络的结构特征

社会网络分析方法为分析媒体新闻传播的网络提供了认识论基础和分析工具。目前，大多数网络研究热衷于讨论社会结构（social structures），即"社会系统内联结与分裂的模式"（Wellman et al, 1988，转引自奇达夫，蔡文彬，2007），这种从结构角度对社会个体、群体和组织之间相互依存性的研究路径，有时也被称为"结构分析"。社会网络分析有助于描绘组织背景下诸如社会联结的密度（density）、中心性（centrality）、派系（clique）等结构特征，对这些社会结构的发现，构成了可能连社会行动者自身都没有意识到的一种社会现实；它可以帮助我们勾连起个体行动者与社会结构之间的微观 – 宏观关系问题，从而理解行动者是如何构建、维持和利用社会结构，并受到社会结构的约束的（奇达夫，蔡文彬，2007）。

本书将围绕媒体网络的基本结构以及局部特征进行描述及探索性分析。首先，从网络的密度、直径、平均路径长度、聚类系数等指标测量媒体网络的整体结构，揭示媒体网络的"小世界"特征；其次，通过网络度分布判断媒体网络是否具有"无标度"的复杂性，主要表现为媒体行动者信息行为的异质性；再次，统计测量网络节点的中心性指标以刻画不同媒体在其社会关系网络中的中心地位和重要程度；最后，采用模块化、派系和凝聚子群等社区发现的方法，对网络局部聚类特征进行统计描述和可视化分析，揭示媒体在社会网络中的群聚现象和局部关联性。

（一）网络的紧密性与连通性

1967 年，斯坦利·米尔格兰姆（Stanley Milgram）通过一个连锁信件的实验发现，在一定的社会范围内的任意两个人通过"朋友的朋友"关系链条，至多六步以内可以建立联系，并提出了所谓的"六度分隔"（Six degrees of separation, Travers & Milgram, 1977）理论，这被认为是最早对"小世界"（small world）理论的科学猜想。直到 1998 年，邓肯·瓦茨（Duncan Watts）和史蒂芬·斯托加茨（Steven Strogatz）在《自然》期刊上发表了题为《"小世界"网络的集体动力学》（*Collective dynamics of "small-world" networks*）的研究论文，首次在数学上定义了"小世界网络"——相对于同等规模节点的随机网络，是具有较短的平均路径长度和较大的聚类系数特征的网络模型。

在"小世界网络"被发现以前，人们认为网络只有两种类型：规则网络（regular network）和随机网络（random network），前者拥有高度的聚类和长链特性，后者具有小的路径长度和聚类系数，而"小世界"网络的两个测量指标则介于两者之间。在小世界网络中，少量的随机连接会引起网络显著地改变网络的整体连通性，换言之，仅需要在局部联系紧密的团簇之间搭建起较少的"捷径"（shortcut），信息或者传染病在社会网络中就会更容易扩散（Watts & Strogatz, 1998）。

瓦茨在小世界模型中采用了随机重连边的方法，通过两个网络测量指标，即聚类系数（clustering coefficient）和路径长度（path length），探索规则网络和随机网络的中间地带。这两个网络结构特征刻画了社会网络的紧密性和连通性。其中，网络紧密性可分为整体的紧密性和局部的紧密性。首先，媒体网络的紧密程度可以使用一个整体性指标——密度（D）来测量，以刻画所有媒体之间凝聚力的总体水平。密度的定义为：网络图中实际连接边数与最多可能存在边数之比[①]，其取值范围为 0 到 1 之间。一般而言，由于网络的规模对其密度的约束，即网络规模越大，密度越小，因此不同规模的社会网络的密度不能直接进行比较（Friedkin, 1981）。

此外，媒体网络的聚类性反映了媒体在多大程度上与其他媒体形成群聚或"小团体"的现象。与密度测量的整体紧密性不同，聚类性描述的是局部的紧密程度。例如，媒体 i 与媒体 j、k 之间均存在关系，同时媒体 j 和 k 之间也相互连接，也就是媒体网络图中出现三角形的可能性。因此，这里可以使用平均聚类系数作为衡量网络中三元组连接程度的指标。从个体行动者维度来看，假设媒体 i 与 k_i 个其他媒体之间存在连边，且 k_i 个媒体之间也相互连边的媒体对数量为 E_i，那么媒体 i 的聚类系数（C_i）等于其邻居节点之间实际存在边数 E_i 除以理论存在的最大边数[②]，而整个网络的聚类系数 C 就是所有媒体节点聚类系数的平均值。

网络的连通性影响着信息的流通难易程度及其扩散范围，这里我们将

[①] 密度的数学表达式为 $D = l/n(n-1)$，其中 l 代表图中实际存在的边数，n 为网络节点规模，$n(n-1)$ 实际上是完全图（complete graph）的总边数，完全图的密度为 1。因此，网络密度的取值范围为 [0, 1]。

[②] 整体网络的聚类系数可以定义为 $C = \frac{1}{n}\sum_{i=1}^{n} C_i = \frac{1}{n}\sum_{i=1}^{n} \frac{2E_i}{k_i(k_i-1)}$，其中 $k_i(k_i-1)/2$ 表示节点 i 与其邻接节点之间最多可能存在边数。

采用直径（diameter）和平均路径长度两个指标测量媒体网络的全局连通程度。在有向网络中，媒体 i 和媒体 j 之间的网络距离 d_{ij}，定义为连接两个媒体的最短有向路径上的边数，如同测量地球表面两地间的最短距离，图论中点的距离也称为"捷径"或"测地线"（geodesic）；所有任意两个节点之间距离的最大值为该网络的直径距离，可表示为 d_{ij_max}。而平均路径长度刻画的网络的整体有效连接程度[①]，也就是一个网络图中所有任意两个节点之间路径长度的平均水平，一般用 L 来表示。因此，通过上述对网络紧密性和连通性的测量指标的计算，我们能够在掌握媒体网络的整体性结构的基础上，检验它们是否具有"小世界"的效应。

（二）网络的异质性

这里的"网络异质性"是指基于网络连接状况的不均匀分布特性，即网络中少量的节点与大部分节点相连接，而大多数节点仅拥有少量的连接。网络连接的异质性与社会学、经济学领域中常用的"马太效应"（Matthew effect）相类似，即"富者愈富，贫者愈贫"的法则，通常被用以描述社会财富或资源分布中的积累优势。在文献计量学中，这种"两级分化"最早被齐普夫（Zipf, 1935）所研究，他发现一个单词在一个有相当长度的语篇中的等级序号（rank，记为 r）与该词的出现频率（frequency，记为 f）的乘积近乎为一个常数（C），其数学表示式为 $r \times f = C$。也就是说，单词出现的频率与它的排序的常数次幂存在反比关系，说明在英文中仅有少数单词被频繁使用，而大量单词的实际使用程度较低。

在网络科学中，网络节点连接（度）的异质性已经被很多研究所发现。1999 年，艾伯特 - 拉斯洛·巴拉巴西（Albert-László Barabási）和雷卡·艾伯特（Reka Albert）在《科学》杂志上发表了《随机网络中标度的涌现》（*Emergence of Scaling in Random Networks*），揭示了具有严重异质性的无标度网络（scale-free network）形成的两个机制：增长（growth）和择先连接（preference attachment）。其中，前者指出这类模型中网络的规模是不断扩大的，而小世界网络模型中的规模则是固定的，后者强调系统中新增的节点倾向于连接那些已经占有更多连接关系的节点。

以随机图为比照，如果任意两个节点以概率 p（$0 < p < 1$）连边，且每个节点的度都有相同的概率分布（Newman et al., 2001），那么这类网

[①] 平均路径长度也称为"特征路径长度"，定义为网络中任意节点对 (i, j) 之间的平均距离，记为 L，用数学式表达为：$L = \dfrac{1}{n(n-1)} \sum d_{ij}$。

络被称为"均质"(homogenous)网络。然而,在现实的复杂世界中,大多数观察网络是异质的,其度分布随着 k 的增大而以多项式速度递减,服从所谓的"幂律"(power law)分布,幂律分布的一般表达形式为 $P(k) \sim k^{-\alpha}$,其中 $\alpha > 0$ 是幂指数。[①] 与随机网络相比,无标度网络没有特征尺度,意味着不能用典型的某个节点度来概括其他网络节点度的情况,因此具有这样特性的网络也称为"无标度"(Barabási & Albert, 1999)网络或幂律网络。

在社会网络中,行动者(如媒体)的度(degree)是行动者之间相连接的边数(记为 k),一般用以衡量行动者拥有社会关系、占有社会资本(social capital)的程度。在有向网络中,根据方向的不同,可以分为入度(in-degree)和出度(out-degree)两种度量形式。在本研究中,媒体节点的出度表示该媒体信息传播所能达到的其他媒体数量,出度越大说明媒体的作为信息源头的重要性越大;入度则表示媒体在新闻传播过程中接收并采纳其他媒体的数量,入度越大说明该媒体信息来源的渠道越多元;反之,入度越小的媒体与其他媒体的互动越少,越依赖于特定的媒体资源。

为了刻画媒体网络整体的出度和入度情况,我们可以采用分布函数的形式从概率统计的角度描述度的分布(degree distribution)。也就是,在一个网络中随机选取一个节点其度数为 k 的概率函数,记为 $P(k) = n_k/n$,即 $P(k)$ 为度数为 k 的节点个数占所有节点数量的分数。目前,判断一个网络度分布是否遵从幂律分布的检验方法,主要是通过绘制其互补累积分布函数(complementary cumulative distribution function, CCDF)[②],如果在双对数坐标系中呈现近似直线的分布形态,则可以大致推断度分布符合幂律,而拟合直线的斜率就是幂指数。

(三)网络的中心性

在社会网络分析中,可以通过测度媒体在网络中与其他媒体"连接"的多寡、与其他媒体连接"距离"的远近以及处于其他媒体之间"位置",反映媒体在社交网络中重要程度,统称为"中心性分析"(centrality analysis)。"中心性"的概念被引入人类传播研究最早可以追溯至 1948 年巴维拉斯(Bavelas)考察小群体传播过程中结构中心性及其影响的关系

[①] 一般幂指数常见的取值范围为 $2 < \alpha < 3$;而当 $\alpha < 2$ 时,度分布有着更明显的"重尾"(heavy-tailed)且方差趋于无限,当 $\alpha < 1$,均值也趋于无限。

[②] 网络度的 CCDF 定义为度数不小于 k 的节点在网络中出现的概率,用函数形式表示为 $P(K \geq k) \sim k^{-\alpha}$。

研究（Freeman，1979）。在社会网络中，一个与其他行动者有着众多直接联系的节点占据着网络的"核心"位置，也就是群体最受欢迎或关注的中心人物，也可以理解为信息流过程中的"意见领袖"（opinion leaders）。本研究将基于不同测量维度，对社会网络中媒体的度中心性、接近中心性以及中介中心性等指标进行统计分析。

1. 基于"连接"的度中心性

一个媒体与其他媒体之间连接的数量越多，说明该媒体在网络中信息资源越丰富或者能够接收的信息越多。因此，可以采用"度中心性"（degree centrality）来测度媒体之间的连接情况，该指标关注的是一个媒体在局部环境中是如何与其他媒体直接联络的，而不考虑间接的联系性①，故度中心性也被称为"局部中心度"（local centrality，Nieminen，1974）。

与中心度相关的一个概念是"中心势"②（centrality）。中心度描述的是个体行动者在网络图中的重要性，而中心势考察的则是整个网络图是否存在中心化的结构，测量的一般程序是，通过找出最核心节点的中心度与其他节点的中心度之差，取值介于0与1之间，其中，"星形"或"辐射形"组织起来的网络的中心势为1，完全图的中心势为0。当涉及对不同网络进行横向比较时，我们仍有必要考虑"全局中心性"（global centrality，Freeman，1979），比如"接近性"（closeness）、"中介性"（betweenness）等中心性指标。

2. 基于"距离"的接近中心性

弗里曼（1979）对"接近中心性"的测量根据是不同节点之间的"距离"。前文已指出，网络中两点之间的距离用他们之间最短路径表示，如果一个媒体与其他许多媒体的距离都很短，说明它更"接近"其他媒体而获得更大的中心性。对接近中心性的最简单的测量是计算一个节点与其他各节点之间的距离之和（Nieminen，1974），距离之和越大，接近中心性则越小，表示为 $C_{Ci} = \sum_{j=1}^{n} d_{ij}$，其中 d_{ij} 是焦点媒体 i 到媒体 j 的最短路

---

① 度中心性的局限性在于仅能在该网络内部或者相同规模的网络之间进行比较。为此，弗里曼（1979）提出了一种中心度的相对测度，就是节点的实际度数与可能连接的最大度数（$n-1$）之比，所以 $C_{D_i} = \dfrac{\sum_j X_{ij}}{n-1}$ 是标准化的度中心性指标，其中 $\sum_j X_{ij}$ 是节点 i 与其邻接节点 j 的边的总数。

② 度中心势的计算方法是实际的网络度数差值总和与最大可能的差值总和之比，可表示为 $C_D = \dfrac{\sum_i (C_{D_i max} - C_{D_i})}{(n-1)(n-2)}$。

径长度。如果 C_{Ci} 为 0，表示该节点是孤立的，没有与其他网络成员有联络关系。为了方便于比较不同规模的网络，可以采用标准化后的"相对接近中心性"[①]。在有向网络中，两点之间的距离必须以具有相同方向的路径来测量，鉴于边的不同方向对研究的实际意义，可以分为"入接近性"（in-degree）和"出接近性"（out-degree）。

3. 基于"位置"的中介中心性

对媒体在网络中位置重要性的判断，主要是通过衡量一个媒体在多大程度上位于其他媒体的"中间"，那些成为"中间人"或"经纪人"（broker）的媒体对其他媒体之间的信息交换起到"中介"作用。因此，可以采用"中介中心性"来描述媒体在网络中的重要性。弗里曼（Freeman，1979）将中介中心性的定义为：经过节点 i 并且连接 j 和 k 两点的最短路径数目占二者之间所有最短路径数的比例之和[②]。标准化中介中间性，等于节点 i 实际的中介中心性除以最大可能达到的中介中心性——对于有向图而言，就是除点 i 以外的所有节点对的数量即 $(n-1)(n-2)$，标准化中介中心性的取值范围为 0 到 1 之间。

中介性的测量是依据"局部依赖性"（local dependency）的概念建立起来（Freeman，1979），因为处于捷径中间的节点形成了对两端节点的控制以及后者对前者的依赖。"结构洞"（structural hole，Burt，1992）的概念也解释了这一依赖性问题，即两个节点的间接联系通过第三者扮演的经纪人介入，从而形成非冗余的联系，这种三个行动者之间的结构关系就是"结构洞"。因此，占据"结构洞"的媒体比网络上其他位置上的成员在获取"信息利益"或"控制信息"方面更具有竞争优势。

（四）网络的凝聚子群

试图发现网络中可以分成多少个凝聚子群，是社会网络研究者持续关注的焦点问题。广义上，各种子群的理论模型将子群描述成为"社区"（communities）、"派系"（cliques）、"聚类"（clusters）、"成分"（components）、"核"（cores）或"圈子"（circles），其理论起点都涉及"子图"

---

① 相对接近中心性其定义为 $(n-1)$ 与距离之和的倒数之比，记为 C'_{Ci}，即表示为 $C'_{Ci} = \dfrac{n-1}{\sum_{j=1}^{n} d_{ij}}$，$(n-1)$ 表示一个节点 i 最多可能相邻的节点数目。

② 中介中心性的数学式表达式为 $C_{B_i} = \sum_{i \neq j \neq k} \dfrac{n^i_{jk}}{g_{jk}}$；其中，$n^i_{jk}$ 表示媒体 j 和媒体 k 之间的经过媒体 i 的最短路径数，g_{xz} 则是媒体 x 和媒体 z 之间的所有最短路径的总数。

这一概念，他们除了共享首字母"c"之外，很少有共同之处（斯科特，2009）。在社会网络研究中，凝聚子群强调的是网络"子结构"（substructure）中存在一定的社会凝聚力（social cohesion），从而促进成员之间的交流、遵守群体规范并实现群体的目标，网络凝聚力通常作为一个解释变量，研究群体成员如何达成共识（Friedkin，1984）。

然而，"凝聚子群"并非一个明确的概念。笼统地说就是，"满足如下条件的一个行动者子集合，即在此集合中的行动者之间具有相对较强、直接、紧密、经常的或者积极的关系"（Wasserman & Faust，1994，转引自刘军，2009）。下面主要从社区发现、派系和 k - 核等方面探究媒体构成的社会网络的结构层次，以及核心权力分布情况。

1. 社区发现

在复杂网络领域的研究中，网络研究者关注网络节点紧密相连的团块或局部构造，这种团块内紧密联系而与外部联系相对稀疏的结构通常被称为"社区"、集群或模块（modules），社区的重要性随着社会网络的崛起而被广泛研究（Bedi & Sharma，2016），识别社区结构可以为我们提供网络是如何组织的以及网络"自治"（autonomy）的洞察力。

"社区发现"（community detection）也可以称为网络聚类（network clustering），是从子图分割问题演化而来的研究领域，但目前尚无明确且统一的定义（Fortunato & Hric，2016）。传统的社区发现研究基于"节点从属于唯一社区"的假设，通过层次聚类或者分裂的思路（Girvan & Newman，2002）寻找非重叠（disjoint）社区的结构（即社区与社区之间没有交集）。随后，纽曼（Newman，2004）提出了一种经典的社区结构优化的目标函数，即"模块度"（Modularity），用来衡量社区划分的优劣情况。根据纽曼（Newman，2004）对模块度的定义，它实际上是将观察网络与零模型做比较，也就是将被划分到同一个社区的所有边所占的比例，减除掉随机情况下被划分到相同社区的边所占的比例。[①] 常用的 Fast Unfolding 算法（Blondel et al.，2008）是基于模块度对社区划分的算法，通过模块度优化的迭代算法使社区划分的效果达到最佳。

[①] 模块度的计算公式为 $Q = \frac{1}{2m} \sum_{ij}(A_{ij} - \frac{k_i k_j}{2m})\delta(C_i, C_j)$，其中 m 表示网络中边的数量，A_{ij} 为网络的邻接矩阵，k_i 指的是与节点 i 相连接的边数，Ci 和 Cj 分别表示节点 i 和节点 j 被划归的社区，因此变量 $\delta(C_i, C_j)$ 用于判定对应的两个节点是否同属于一个社区，如果相同则为1，否则为0。

2. "派系"分析

社会网络分析学者对凝聚子群的形式化处理,一般通过网络中行动者集合的一些结构特征来进行刻画和测量。总的来说可以通过四个方面来对凝聚子群进行形式化处理(刘军,2009):(1)关系的互惠性;(2)子群成员之间的接近性或可达性;(3)子群内部成员之间的关系的频次(点度数);(4)子群内部成员之间的关系密度相对于内、外部成员之间的关系密度。如果说,社区发现是基于(4)的角度进行社区结构的划分,那么派系和 k - 核分析则分别从(1)互惠性和(3)度数的方面挖掘媒体网络的子群结构。

其中,从互惠性切入关注的是任意两个媒体之间相互"选择"的倾向,通过将起初的媒体单向关系网络转换为双向关系网络,从而在结构上达成整体网络的局部分裂,并在媒体互惠网络的基础上探讨媒体的"派系"结构。所谓"派系",指的是至少包含三个点的"最大的完全子图"(maximal complete sub-graph),在这个子集中任何一对节点都由一条边直接相连,且不被其他任何派系所包含。在有向图中,派系分析考虑的是双向关系,因此区分出来的派系是"强派系"(strong clique),相比于只关注图中关系有无的"弱派系"要求更为严格。

3. "k - 核"分析

"k - 核"是以网络行动者度数为基础(degree-based)的凝聚子群体,赛德曼(Seidman,1983)提出通过最小度(minimum degree)标准生成一系列子群,使得这些子群的凝聚力渐次提升。k - 核的定义是:令 H 为图 G 的一个子图,$\delta(H)$ 是 H 的最小度,每个节点至少与 $\delta(H)$ 个其他节点邻接,如果 H 是一个最大子图且满足 $\delta(H) \geq k$,那么就说 H 是 G 的 k - 核(Seidman,1983)。因此,一个所有节点都相连的图(最小度为1)是一个"1 - 核",如果将度数为 1 的节点都删除,剩余的关联结构就是"2 - 核"以上,以此类推。如此看来,k - 核是整个图中凝聚力相对较高的子结构,可以刻画密度测度无法测量的"凝聚力区域"(cohesive regions)。虽然找到的不一定是最大的凝聚力子图(斯科特,2009),但与派系有着相类似的特征,可以逐层挖掘网络中联系紧密的"小团体"。

k - 核针对的是子图内部的凝聚力,赛德曼(1983)还关注 k - 核之外的网络总体的分裂性,并提出了"核塌缩序列"(core collapse sequence)的概念,从而补充网络密度而测量一系列局部结构的密度。每当 k 增加 1 而消失的节点被称为"k - 剩余者"(k-remainders),其集合形式记为 $R_k = G_k - G_{k+1}$,也就是 k - 核的节点减去($k+1$)核中的节点,k -

剩余者数量则为 r_k。如果从 $G = G_0$ 开始，随着 k 的增加，逐渐将凝聚力较小的区域剥离出图 G，$r_k/|V(G)|$ 表示从 k-核中剔除的节点所占的比例，其排列的向量 $\{r_k/|V(G)|\}$ 就称为该网络图的"核塌缩序列"（CCS）。直觉上合理地，我们可以认为 k-核比 k-剩余者内部的关系更为稠密，从而将剩余者剥离的过程导致了结构的"塌缩"。核塌缩序列刻画了网络局部的密集性，如果塌缩的过程是缓慢的、渐进的，说明网络结构在总体上具有一致性；反之，波动较大的序列则表明存在相对比较紧密的区域，该区域被较多边缘的节点包围着（斯科特，2009）。

第二节　研究方法

（一）网络关系的测量

本章部分的数据处理，重点在于对新闻媒体关系的网络建构。媒体的关系可以从两个向面理解，即行为性关系（behavioral relations）和信息性关系（informationl relations），前者强调行为的发出和接收，后者所代表的信息的发出和接收方向则与之相反。图4.1 显示了转发、转引和采纳关系的联系，图中细的实线表示显性的转发关系和转引关系，细的虚线表示隐性的采纳关系，箭头指示方向为行为发出的方向；而粗实线表示信息性关系，箭头方向为信息流动的方向。例如，节点 i 转发了节点 j 并转发了后者的微博，前者是行为发送者，后者是行为的接受者；相反地，节点 j 成为信息的发送者，节点 i 是信息的接受者。

图4.1　转发、转引和采纳关系之间的联系

1. 转发关系

转发关系建立在媒体微博之间的转发行为之上，由前文可知，转发关系数据可以从文本中根据转发标志进行提取（详见第三章）。

2. 转引关系

媒体的转引关系是指在微博文本中标注转引来源的行为关系，在文本中主要以"来源于""by"或"via"等符号表示微博之间转引关系。例如以下这则微博文本——"东方网：#就业季#【选调生报考开始！这些公职类考试信息，你要知道！】近期，上海、四川等地陆续发布选调生公告。10月30日，国考报名工作也将展开。公务员、选调生、大学生'村干部'、'三支一扶'，有什么报考条件？这些职位你分清楚了吗？……via @人民日报，以"via"为转引符号可提取"东方网"转引了"人民日报"的转引关系。经过数据清洗、提取转引标志、去重等处理，最终获得675个媒体（其中，转引媒体639个，被转引媒体534个）的40591条转引记录，作为转引关系的原始数据。

3. 采纳关系

在新闻的扩散中，"采纳"是指媒体之间对相同内容新闻的共同选择。与显性的转发关系和转引关系相比，采纳关系数据的提取相对比较困难，因为它们是一种隐性的、潜在的行动者关系，无法根据明确的转发标志进行直接识别。

从采集的数据来看，存在明显的转发依据的微博案例仅占样本总量的8.71%，其余的大多数的数据缺乏直接关系的证据；存在转引依据的数据也仅占少数，原因在于媒体在社交网络中"注明新闻转引出处"的操作规范尚未完全建立起来。可见，微博的转发关系和转引关系不足以揭示媒体之间潜在的、长期的信息沟通的关系，而"采纳"的行为动机可以理解为是媒体长期形成的"惯习"对其新闻决策的潜在的影响。对采纳关系的构建，将采用前文（第三章）提出的新闻采纳级联模型（NACM），主要依据媒体账号之间已知的关注关系和相似性文本的"级联"关系判定任意两个节点之间的连接概率。

（二）媒体关系网络的构建

根据社会行动者不同的动机和目的，可以构建出不同的社会网络。基于上述的三种媒体关系可以构建转发、转引和采纳网络：（1）转发网络强调的是媒体通过转发微博与其他媒体建立信息传递的关系；（2）转引网络表示媒体在原创微博中转引其他媒体的微博并标注消息来源的信源关系；（3）采纳网络是指媒体与其他媒体相继采纳特定微博的"传播流"关系。在三种传播关系中，前两者属于行动者在相同微博文本中的共现关系，区别在于转发微博其实是只"转"不"发"，而转引微博则是通过转引来源来发布新闻，对新闻具有发布权和解释权；采纳关系是不可直接观察的，对其构建需要关联和推断相继出现的、发布相同微博的媒体之间的连接概率。

为了保证媒体之间交互关系的强度，对每个网络的边的确定均须符合特定的阈值条件：(1) 构成转发网络的边出现的频数不少于 3 次，表示为二值网络 (0 = 实际转发关系少于 3 次，1 = 实际转发关系大于等于 3 次)，最终网络的边数为 5126；(2) 转引网络边的频数阈值为 5 次，即两个媒体之间转引来源次数少于 5 次的边不被纳入网络之中，共有 10815 条边满足条件；(3) 采纳网络的规模由边的累积对数权边际贡献量的阈值 τ 决定（参见第三章），这里我们设定 $\tau = 4 \times 10^{-5}$，剩余网络边数为 10093。最后，剔除那些没有任何关系边的节点后，转引、转发和采纳三个网络的节点规模分别为 659、538 和 477（见表 4.1）。

在图论的表示中，三个网络皆为有向图，边的箭头的方向统一表示为信息流动的方向，即媒体 i 转发/转引/采纳媒体 j 的微博，其关系边记为 ($j \rightarrow i$)。其中，转发和转引网络实际上是有向无权（unweighted）图，在矩阵的表示中为二元变量（0 和 1），1 表示两个行动者之间存在对应的关系，0 则表示不存在；而采纳网络是有向有权（weighted）网络，边的权重代表两个节点连接的可能性（probability），表示为从 0 到 1 的连续型变量，其取值越大，说明节点对之间的连接概率越大。

（三）网络统计及可视化方法

本研究主要采用社会网络分析软件 UCINET 6.0 对媒体的网络数据进行统计分析。UCINET（http://www.analytictech.com/ucinet/）是一款运用于社会网络数据和其他相似性数据的综合性分析程序，该程序整合了 Pajek、Mage 和 NetDraw 等三个软件，有助于网络数据跨软件的输入、导出以及可视化分析。UCINET 提供了探测网络的位置与中心性、紧密性与连接性、凝聚子群、多矩阵回归等多种网络统计程序。

网络的可视化分析是社会网络分析的一个重要方面。这里，对媒体交互网络的可视化旨在 (a) 发现媒体的社区结构，(b) 揭示媒体的地理空间关系，以及 (c) 挖掘媒体的凝聚子群（cohesive sub-graph）的分布规律。本研究主要使用 Gephi0.9.2 软件（https://gephi.org/）作为网络可视化分析的工具。其中，媒体社区发现问题以及模块度计算使用基于 Blondel 等人（Blondel et al., 2008）的非重叠社区算法；媒体的空间关系则根据媒体所在城市地址进行坐标定位，Gephi 绘图使用基于经纬度参数的 GeoLayout 网络布局；媒体网络的凝聚子群分析主要采用 k - 核方法依据媒体的互惠关系进行媒体聚类及其可视化。

第三节 研究结果

（一）媒体网络的"小世界"特性

从表4.1可知，转发网络中媒体节点数最多，但存在连边数量最少，因而网络密度也最小（$D=0.012$）。转引网络与采纳网络的边数相近，但前者的媒体节点更多，所以整体上网络的紧密性（$D=0.037$）相比后者（$D=0.044$）更为稀疏。可见，与现实世界中大部分的网络一样，媒体社会网络也属于稀疏（sparse）网络。然而，尽管媒体网络具有稀疏性，但是由于网络全局最短路径以及局部聚类现象的存在，稀少的网络连边也能使得信息快速地在媒体之间扩散开来。

由表4.1可知，转发网络的有向直径距离（$d_{ij\_max}=19$）最大，其次是转引网络（$d_{ij\_max}=9$），采纳网络的直径最短（$d_{ij\_max}=7$），说明从信息传输的角度来看，在三种不同的网络中，采纳网络的信息流动性最强，转引网络次之，而转发网络的传播距离最远，传播效率较低。

在有方向的信息传播过程中，媒体的转引关系和级联关系构建的网络具有很强的"小世界"效应（small-world effect），他们的平均路径长度分别为2.55和2.66，说明一个媒体发布的新闻平均经过三个媒体就可以扩散至任意其他媒体；而且，采纳网络拥有更大的聚类系数（$C=0.31$），其次是转引网络（$C=0.27$），说明新闻信息更容易通过这两种媒体关系构建的网络传播到更多的媒体节点。然而，基于转发行为建立的媒体交互网络的平均路径最长，达到了7.24（>6）；同时，具有极小的平均聚类系数（$C=0.04$），而不符合"小世界"特性。从这个意义上来看，媒体之间采用转发微博的形式对新闻扩散的效果要远低于转引或采纳的形式，因为理论上，转发网络的网络结构并不利于不同媒体之间的信息传递。

表4.1 三个媒体网络的整体结构特征测量

网络	规模	边	密度	直径	平均路径长度	平均聚类系数
转发网络	659	5126	0.012	19	7.24	0.04
转引网络	538	10815	0.037	9	2.55	0.27
采纳网络	477	10093	0.044	7	2.66	0.31

(二) 媒体网络的无标度特性

本研究所关注的三个媒体交互关系网络的度累积分布（cumulative distribution function，CDF）以及双对数互补累积分布（CCDF）情况如图4.1所示。表4.1分别展示的是转发网络的出度（左上）和入度（右上）的累积概率分布，以及转引网络（左中和右中）和采纳网络（左下和右下）相对应的度分布，大图表示的是CCDF，小图表示的是CDF。首先，从出度来看，转发网络出度的CCDF在双对数坐标轴上近似地呈现一条斜率为-1.168的直线，说明其媒体的转发行为遵从幂律分布，也就是说，该网络中存在少数媒体被其他大量媒体所转发，比如出度最大的两个媒体节点是"人民日报"（$k=416$）和"央视新闻"（$k=383$），这类媒体节点一般被称为"集线器"（hubs）；然而，绝大多数的媒体仅仅有少量的被转发关系。

尽管幂律分布现象已经在很多实际网络中被发现，但全部网络度分布均符合幂律的情况也不常见，以至于最近有统计研究的数据显示在现实中只有4%的网络严格意义上服从幂律分布（Broido & Clauset，2018）。一般而言，如若一个网络在分布大于某个度值的尾部或者分段地遵从幂律分布就可视为具有无标度的特性。转引网络（P_p）和采纳网络（P_c）出度的分布函数就出现了分段幂律的情况，用数学形式可以分别表达如下：

$$P_p(K \geqslant k) \sim k^{-\alpha}, \begin{cases} \alpha = 0.429, \text{if } k < 155 \\ \alpha = 3.496, \text{if } k > 155 \end{cases} \quad (4.1)$$

$$P_c(K \geqslant k) \sim k^{-\alpha}, \begin{cases} \alpha = 0.631, \text{if } k < 76 \\ \alpha = 3.461, \text{if } k > 76 \end{cases} \quad (4.2)$$

由此可见，对于转引网络，当媒体的节点出度值小于155时，其符合参数为0.429的幂律分布；反之，出度值大于155的媒体分布趋势则以负的幂指数（-3.496）快速递减；同理，采纳网络的媒体节点以度值76为分界点，呈现两段分别以0.631和3.461为参数的幂律分布曲线。

从累积分布函数（CDF）曲线来看，转发网络节点组成的曲线上升速度最快且在度值（k）较小的水平（$k=20$）概率就达到了91.81%，换言之，少于9%的媒体占据了整个网络中绝大多数的转发资源，高的转发出度极大值（$k_{max}=416$）以及较低的平均值（$M=7.78$）和标准差（$SD=28.82$）从侧面反映出了这种异质性（heterogeneity）。虽然转引网络和采纳网络的CCDF曲线的走势颇为相似，但从CDF收敛的速度来看，转引网络的出度的异质性显然更大，且其出度的极值范围为0～466，平均出度值为 20.10（$SD=62.56$），二者的差异可见一斑；相对而言，采纳网络被转达关系所能达到的最大值为 296，平均出度水平最高（$M=21.16$）且分布的离散程度较低（$SD=40.47$），说明该网络出度分布的异质性程度较弱。

那么，入度分布是否也服从幂律分布？从图 4.1 来看，答案是否定的。三个网络媒体节点入度的互补累积分布函数（CCDF）点线走势均不是线性的，而是呈现非线性的弧线，也没有明显的分段直线，因此不能用幂律分布的方式进行曲线拟合。直观地，这类形似"抛物线"的单调递减曲线，近似符合用于描述地震余震频率的 Omori 律分布（Utsu & Ogata, 1995）的特征，目前已在股票市场、经济危机（Gao & Hu, 2014）以及社交网络集群行动（Huang, et al., 2016）等研究中发现并拟合。例如，在微博的社群转发行为中，研究者（Huang et al., 2016）发现在时间纵向的网络动态数据中，微博转发的出度网络符合幂律分布，而入度分布则遵循 Omori 律分布。

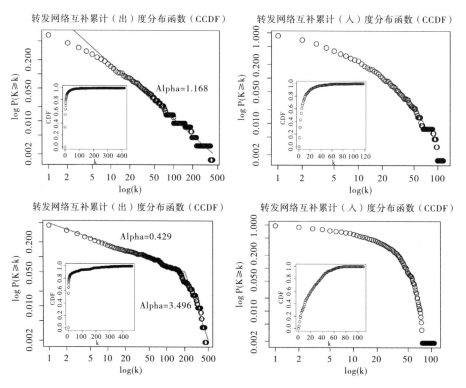

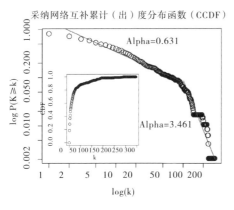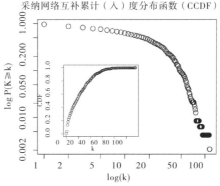

注：自上而下分别为转发网络、转引网络和采纳网络，从左到右的大图为出度和入度的互补累积分布函数图（CCDF），图中的小图均为对应的累积分布函数图（CDF）。

图 4.1　媒体关系网络的节点度累积分布

结合 CDF 和 CCDF 来看，转发网络的入度分布更接近于无标度分布的形态，故相较于另外两个网络具有更高的异质性。主要表现为大部分（89.70%）节点的入度（≤20）显著低于少量拥有较大入度值的媒体，在已知媒体转发入度平均水平较低（$M=7.78$）的情况下，离散程度也较低（$SD=12.97$）。转引网络与采纳网络相应的入度分布的点线趋势均十分相似，不仅有着相近的平均入度值，度值分布的集中程度也较为接近，其中转引网络（$M=20.10$，$SD=18.43$）略低于采纳网络（$M=21.16$，$SD=19.67$）。

有趣的是，三个媒体网络的最大入度均在110左右，其入度分布的异质性相较于出度均有所减弱，足见媒体之间主动的信息行为（转发、转引或采纳）同样受限于与注意力成本（如时间和精力），大部分的媒体只与适量的媒体同行维持信息交流关系，以避免资源过剩或者信息冗余（redundancy）。

（三）媒体网络中的"意见领袖"和"经纪人"

在考虑媒体中心性时，我们主要关注媒体关系输出的方向，即新闻信息的发送者，比如微博的被转发者、被转引者和被采纳者的中心性，因为在媒体传播领域中，"传播"比"接受"更重要：输出一条新闻的媒体常常标志着该媒体比接受的媒体更具有特定的权力或影响力。计算媒体在不同网络中的相对出度中心性，即根据出度计算媒体在一个网络中的相对重要性。整体来看网络的中心势,转引网络的出度中心势测度结果(0.831)最大,其次是转发网络(0.621),采纳网络的度中心势最低(0.579),说明相比于后两个网络,转引网络更有可能围绕最核心媒体也就是"人民日报"而建立起来,充分体现《人民日报》在微博新闻传播中的"关键意见领袖"(key opinion leader)的地位,为其他媒体单位提供新闻转引的资源;而在采纳网络中,媒体的"中心-边缘"分布的趋势表现得相对较弱,可能存在多个局部的媒体核心分散于网络之中,从而消解了整个信息网络的绝对中心权力。

表4.2列出了出度中心性排名前20的媒体,人民日报、央视新闻、人民网、新华网、中国新闻网、环球时报等中央媒体占据了信息网络的核心地位,被其他媒体转发、转引和采纳的频率最高,这些媒体是"意见领袖"的典型代表;除了中央媒体之外,在区域性媒体中,扬子晚报、澎湃新闻、新京报、成都商报、新闻晨报、钱江晚报等媒体也在新闻输出关系中享有重要的位置。值得注意的是,头条新闻、梨视频和时间视频等新媒体也成为传统媒体新闻的重要来源,但这些新媒体平台一般不具有新闻采写权,更多是对现成新闻产品的二次加工或新闻信息的整合。

从媒体的"出接近性"(见表4.3)来看,和中心度的排名情况相似,几家中央权威媒体依然具有很高的接近性中心,说明这些媒体与其他网络成员都很"接近",由他们输出的新闻可以转发、转引或采纳等方式扩散至渗透至整个媒体网络。整体而言,采纳网络的接近中心性平均水平最高($M=0.306$,$SD=0.111$),其次是转引网络($M=0.197$,$SD=0.143$),证明在基于新闻采纳行为的采纳网络中,媒体之间的联系比实际观察到的显性关系(单纯转发或转引)要更加紧密,新闻的扩散过程也处于更为复杂的信息关系之中。

相比之下,转发网络的接近中心性的整体水平较低($M=0.056$,$SD=0.013$),主要与网络存在较长的路径长度以及较低的聚类系数有关,说明网络的整体"紧凑性"(compactedness)较弱且存在较多长"链"(chain)结构,根据"弱连接"的网络理论(Granovetter,1973),这种结构的网络一般有助于增强差异性信息的传递,但不利于媒体聚类内部的信息流通,传播的随机性较大;与转引网络、采纳网络中接近性排名靠前的媒体相比对,不难发现,转发网络中接近性较高的媒体中还出现了一些财经类、国际类以及商业新闻门户等"另类"媒体,如央视财经、新华国际、环球网、环球杂志、新浪财经、微天下、新浪视频、新浪新闻客户端等媒体账号,从侧面反映了基于转发行为的新闻传播具有较大的随机性,媒体转发的新闻类型呈现多样化。

表4.2 不同媒体交互网络的媒体中心度测量（前20）

转发网络	度中心性	转引网络	度中心性	采纳网络	度中心性
人民日报	0.632	人民日报	0.868	人民网	0.622
央视新闻	0.582	央视新闻	0.816	人民日报	0.500
人民网	0.350	中国新闻网	0.728	中国新闻网	0.496
新华网	0.293	人民网	0.708	环球时报	0.485
新华视点	0.281	梨视频	0.691	扬子晚报	0.475
中国新闻网	0.228	生命时报	0.613	央视新闻	0.420
央视财经	0.150	新华网	0.596	新华网	0.416
头条新闻	0.150	澎湃新闻	0.579	新闻晨报	0.399
环球时报	0.149	新京报	0.566	成都商报	0.298
扬子晚报	0.114	时间视频	0.505	新京报	0.296
新闻晨报	0.112	环球时报	0.499	财经网	0.294
生命时报	0.109	成都商报	0.493	钱江晚报	0.290
澎湃新闻	0.106	央视财经	0.449	华西都市报	0.288
新京报	0.105	北京青年报	0.443	网络新闻联播	0.284
中国之声	0.094	钱江晚报	0.426	头条新闻	0.279
中国青年网	0.093	新华视点	0.417	中国日报	0.277
中国青年报	0.085	扬子晚报	0.387	法制晚报	0.273
央视网	0.085	华西都市报	0.356	澎湃新闻	0.261
中国日报	0.076	广州日报	0.348	中国新闻周刊	0.258
财经网	0.076	中国日报	0.343	北京青年报	0.256

表4.3　不同媒体交互网络的媒体接近中心性测量（前20）

转发网络	接近中心性	转引网络	接近中心性	采纳网络	接近中心性
人民日报	0.177	人民网	0.585	人民日报	0.672
央视新闻	0.155	中国新闻网	0.542	央视新闻	0.636
新华视点	0.114	人民日报	0.542	梨视频	0.617
人民网	0.110	环球时报	0.537	中国新闻网	0.613
新华网	0.101	扬子晚报	0.532	人民网	0.604
央视财经	0.096	央视新闻	0.522	生命时报	0.572
澎湃新闻	0.096	新华网	0.512	新华网	0.568
环球时报	0.096	新闻晨报	0.506	澎湃新闻	0.550
头条新闻	0.096	成都商报	0.485	成都商报	0.535
瞭望东方周刊	0.096	新京报	0.480	环球时报	0.535
新华国际	0.096	财经网	0.480	新京报	0.533
中国新闻网	0.094	钱江晚报	0.475	央视财经	0.525
新华社中国网事	0.092	中国日报	0.474	时间视频	0.515
环球杂志	0.092	华西都市报	0.474	钱江晚报	0.508
环球网	0.092	法制晚报	0.472	新华视点	0.505
微天下	0.092	澎湃新闻	0.470	北京青年报	0.501
新浪财经	0.092	中国新闻周刊	0.469	华西都市报	0.500
澎湃视频	0.092	北京青年报	0.469	扬子晚报	0.497
新浪视频	0.091	头条新闻	0.469	中国日报	0.494
新浪新闻客户端	0.091	网络新闻联播	0.469	CCTV5	0.490

媒体的中介中心性指标（如表4.4所示）与中心度和接近中心性的结果差异较大，那些在全局拥有较高中心度和接近中心性的媒体的中介性指标可能并不高，因为中介性反映的是媒体之间局部的依赖关系，表征媒体在多大程度上成为新闻传播渠道中的中介或桥梁。

表4.4 不同媒体交互网络的媒体中介中心性测量（前20）

转发网络	中介性（%）	转引网络	中介性（%）	采纳网络	中介性（%）
大河网	6.895	人民网	11.319	扬子晚报	6.184
新浪视频	6.894	中国新闻网	4.026	南京晨报	5.371
河南广播电视台	6.839	人民日报	3.09	半岛都市报	5.133
头条新闻	6.459	浙江在线	1.956	人民网	5.004
东北新闻网	6.331	新京报	1.768	环球时报	4.91
沈阳日报	4.914	扬子晚报	1.542	新华网	3.493
环球时报	4.807	环球时报	1.481	成都晚报	2.694
北京晚报	4.597	成都商报	1.31	辽沈晚报	2.439
今晚报	4.551	北京青年报	1.3	每日经济新闻	2.199
瞭望东方周刊	4.034	成都晚报	1.225	新闻晨报	2.062
新华网	3.786	钱江晚报	1.15	中国经济网	1.952
城市快报	2.158	新华网	1.107	人民日报	1.785
渤海早报	1.798	中国经营报	1.088	网络新闻联播	1.737
新晚报	1.382	央视新闻	0.911	中国日报	1.721
哈尔滨日报	1.362	经济观察报	0.886	成都商报	1.543
新京报	0.748	中国日报	0.867	浙江交通之声	1.536
中国青年报	0.576	广西新闻网	0.786	财经网	1.492
Vista看天下	0.566	澎湃新闻	0.728	天津日报	1.424
凤凰新闻客户端	0.524	西部网	0.723	福建日报	1.421
微天下	0.523	北京商报	0.712	钱江晚报	1.378

从标准化中介性指标的媒体排名可知，在转引网络（$M=0.098\%$，$SD=0.575\%$）中，人民网、中国新闻网、人民日报三家中央媒体占据了大多数媒体的"结构洞"而成为新闻转引的中介环节，因为当新闻事件出现，并经过一些权威的新闻媒体在微博中发布或转引后，会引发更多媒体的转引；然而，横向比较三个网络来看，大部分中介性高的媒体都是非中央或非核心媒体，尤为突出的是在转发网络（$M=0.123\%$，$SD=$

0.728%)中，大河网、河南广播电视台、东北新闻网、沈阳日报、北京晚报等区域性媒体的中介中心性较高，一个可能的解释是这些媒体"介入"了区域内其他媒体新闻转发的过程中，他们不一定是新闻的首发者却扮演着"经纪人"的角色而影响了其他媒体的转发行为；同样的情况也出现在采纳网络中，如扬子晚报、南京晨报、半岛都市报、成都晚报和辽沈晚报等都市类报纸表现了很高的中介效应。

此外，采纳网络的中介性的整体水平（$M = 0.263\%$，$SD = 0.673\%$）相比另外两个网络的要更为显著，再次说明该网络结构的中心化程度是较低的，因为大量"经纪人"角色媒体的存在，形成了许多相对独立的网络聚类，从而使基于采纳行为的新闻扩散，呈现去中心化的传播格局。

（四）媒体关系的"派系"现象

对媒体关系进行派系分析，首先需要媒体有向网络的矩阵数据进行对称化处理，也就是如果矩阵元素满足 $x_{ij} = x_{ji} = 1$，令对应的元素值皆为1，否则皆为0，因此保留下来的边均为媒体的"互惠关系"，比如两个媒体之间互相转发或者转引。经过媒体互惠网络的派系分析，发现转发网络中有166条互惠关系边（占总边数的3.24%），形成5个最小派系，分别是"凤凰网"派系（包括凤凰网、凤凰网新闻客户端、凤凰网视频）、"广西电台"派系（包括广西人民广播电台、广西电台新闻910、北部湾在线）、两个互有交叠的"新华社"派系（包括新华网、瞭望东方周刊、新华国际、环球杂志）以及"银川"派系（包括银川日报、银川晚报、银川新闻网）。

转引网络经过矩阵对称化处理后产生1262条互惠关系，共形成210个规模大小不一的派系，包含12个媒体的最大派系有6个（2.86%），其余规模为 n 的派系（n）从派系（11）到派系（3），其媒体数量及占比分别为：20（9.52%）、29（13.81%）、27（12.86%）、15（7.14%）、26（12.38%）、17（8.10%）、22（10.48%）、16（7.62%）和32（15.24%）。在210个派系中存在大量"共享成员"（co-membership）的媒体，其中同时出现在50个以上派系的媒体成员，也就是所谓的"核心媒体"，主要有人民日报（175，83.33%）、中国新闻网（134，63.81%）、北京青年报（122，58.10%）、成都商报（91，43.33%）、扬子晚报（91，43.33%）、钱江晚报（86，40.95%）、广州日报（71，33.81%）、新京报（62，29.52%）、环球时报（59，28.10%）、中国日报（51，24.29%）、新华网（50，23.81%）。

最大的 6 个派系之间以及与其他派系之间成员的重合率极高。以重叠率最高的派系为例，它包含以下 12 个媒体：人民网、中国新闻网、北京青年报、扬子晚报、中国日报、广州日报、成都商报、新京报、新华网、楚天都市报、环球时报、钱江晚报；而重叠率较小的派系中，比较有代表性的有"福建"派系（包括福建日报、厦门日报、海峡都市报）、"广西"派系（包括广西日报、广西新闻网、南国早报、当代生活报）、"云南"派系（包括云南日报、云南网、春城晚报）、"新华社"派系（包括新华网、新华视点、新华国际）等。

采纳网络拥有最多的互惠关系，达到 3048 条边，形成了 833 个派系，从最小的派系（3）到最大的派系（8），其内含媒体数量及占比分别为 250（30.01%）、258（30.97%）、168（20.17%）、103（12.36%）、40（4.80%）和 14（1.68%）。重叠频数最多的派系为"都市报晚报"派系（包括成都商报、扬子晚报、新快报、楚天都市报、现代快报、辽沈晚报、重庆晨报、钱江晚报）；与上述两个网络相比，采纳网络中出现大量地方媒体派系，比如"浙江"派系（包括浙江日报、杭州网、钱江晚报、浙江在线、FM93 浙江交通之声、杭州交通 918），"山东"派系（包括半岛都市报、大众网、山东商报、齐鲁晚报），"四川"派系（包括四川日报、天府早报、成都商报、成都晚报、成都全搜索），"广西"派系（包括广西日报、南国早报、南宁晚报、广西新闻网、当代生活报），"上海"派系（包括解放日报、新闻晨报、东方网、新民晚报新民网），"陕西"派系（包括西安日报、华商报、华商网、西部网），"河南"派系（包括大河报、映象网、河南交通广播、河南新闻广播、河南广播电视台新闻中心），"河北"派系（包括河北日报、燕赵晚报、燕赵都市报、河北综合广播），"江西"派系（包括江西日报、江南都市报、江西晨报、大江网），"海南"派系（包括海南日报、海口日报、海口网、南海网），"天津"派系（包括天津日报、城市快报、每日新报、北方网），"深圳"派系（包括晶报、深圳商报、深圳新闻网、深圳晚报、深圳特区报），以及"财经"派系（包括 21 世纪经济报道、财经网、新浪财经、每日经济新闻、中国经济网、中国经营报、第一财经日报、财经网、新浪财经、凤凰网财经等）。

（五）k-核媒体的圈层结构

针对有向网络，首先应计算基于不同信息行为的媒体单向网络中的 k-核结构及其塌缩序列，考察不同媒体网络整体密集性；然后，再在互惠关系的基础上进一步分析媒体的圈层结构，与上文的派系分析结果相比较。以转发网络的 k - 核网络为例，经过 k - 核计算，转发网络最大的核数 k_{max} 为 18。在图 4.2 中，不同颜色的实心圆点代表不同核数的媒体，线的颜色由关系源头节点的颜色所决定，节点越大表示媒体的出度即被转发的频次越大；从图 4.2（左）可以看出，1 - 核网络（$n=659$）中整体上以 18 - 核的凝聚子群为中心（红色节点）呈现一个中心稠密、边缘稀疏的"媒体圈"，随着环形网络半径由内而外地增加，核数逐级递减至 1。

直观地，转发网络在存在一个凝聚力很强的中心子图，如 4.2（右）中的红色节点区域所示，也就是转发网络的 18 核网络（共包含 94 个媒体），说明这些媒体至少与另外 18 个媒体存在转发关系，其中以"人民日报"（416）、"央视新闻"（383）、"人民网"（230）三个中央媒体为"核心圈"，而且它们的入度均为 0（即没有转发其他媒体的微博），而成为其他媒体最重要的新闻转发源头。

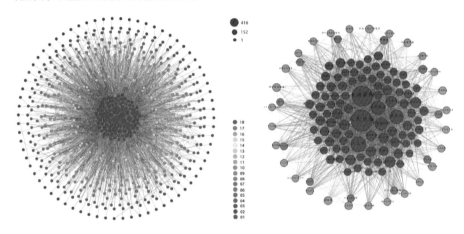

图 4.2 转发网络的 1 - 核网络图（左）以及 16 - 核子图（右）

相比之下，另外两个媒体网络的圈层结构显得更为复杂，拥有更多的核数：转引网络的最大核为 48，采纳网络的最大核为 38。从网络的核塌缩序列来看（见图 4.3），三个媒体关系网络的共同点在于：当网络的核数分别到达最大时，其剩余集合内的媒体数量陡增至最大值，说明在这些网络中均存在一个关系极其紧密的凝聚子群，在这个子群内每个媒体至少与 k_{max} 个媒体相连接；而且，在 0 - 核向 1 - 核增加的过程中，"1 - 剩余者"媒体占比均较高，也是说网络中存在大量节点度为 1 的"边缘"媒体，因而在网络形态上作为"树状"结构的"叶子"节点而存在。

对比三个媒体网络发现，从整体过程来看，转引网络的核塌缩序列变化趋势是相对最稳定的,其次是采纳网络,结合网络的上文密度和聚类系数测度的结果,说明这两个网络在总体上具有一致性,大部分媒体之间的联络均较为密切;然而,转发媒体的核塌缩序列虽然较短,但变化相对不那么规则,说明转发网络中除了最大核的凝聚子群外,在局部区域还存在多个密度较高的子群,该结论与上述模块度计算的结论相一致。

为了进一步观察媒体网络中由互惠关系形成的凝聚子群,可以重新对经过矩阵对称化处理的媒体网络进行 k - 核计算。由上文可知,转发网络的互惠关系较少,该网络中的 k - 核向量只有 2 核 $\{1,2\}$,可见基于转发行为的媒体沟通不仅缺乏信息"回馈",而且即使是存在互惠关系的媒体之间,也没有形成紧密联系的子群,整个网络是严重分裂且内部结构极为松散。

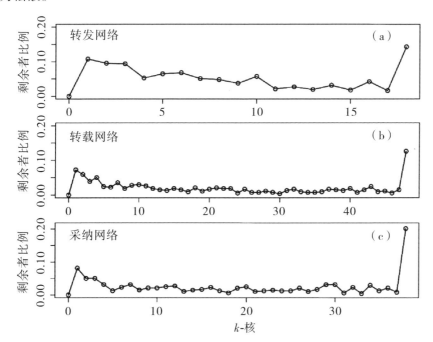

图 4.3 媒体(a)转发、(b)转引以及(c)采纳网络的核塌缩序列

媒体的转引网络和采纳网络中均存在大量的互惠关系。图 4.5 展示了转引网络的核分裂图(左上)和 11 核子图(右上),可知转引网络中存在互惠关系的媒体共 149 个,根据 k - 核的划分标准可分为 14 个凝聚子群,从 1 核到 14 核的子图内包含有媒体数量及其占所有媒体(538)的比例分别为:54(10.04%)、21(3.90%)、12(2.23%)、9(1.67%)、4(0.74%)、3(0.56%)、1(0.19%)、3(0.56%)、3(0.56%)、2

(0.37%)、13（2.42%）、1（0.19%）、3（0.56%）和20（3.72%），由此构成的核塌缩序列如4.3（a）所示。当核数为0时，剩余的媒体也就是孤立的、没有任何连边的媒体数量（389，73.30%）达到最大；结合图4.4（a）和图4.5（左上）来看，从0核到14核"塌缩"的过程中，转引网络的核塌缩序列快速下降，随后持续保持平稳。由此可见，基于互惠关系的转引网络在总体结构上具有一致性，整个围绕着一个相对稠密的媒体核心子群而组织起来。

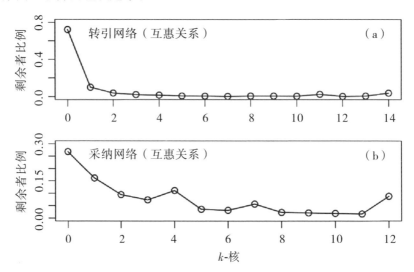

图4.4　基于互惠关系的媒体（a）转引网络和（b）采纳网络的核塌缩序列

图4.5（右上）是一个11核网络，其中红色节点代表的是14核子图。该凝聚力"圈子"中包含了20个被广泛转引同时也相互转引的媒体，它们与前述派系分析的最大派系中媒体大致相同，说明本研究对媒体凝聚子群分析的结果具有稳健性。这些媒体形成了社交网络中新闻转引的"集散地"和信息交换的"中枢神经"，可以说，这些处在媒体网络中心的且交互频繁的媒体子群，在一定程度影响和树立了其他媒体新闻选择的标准。

图4.4（b）和图4.5（左下）分别展示了媒体采纳网络的核塌缩序列和核分裂图，由图可知，采纳网络整体上可分裂为12核，除了没有互惠关系的0核媒体外（128，26.83%），从1核到12核中媒体的数量及占比如下：77（16.14%）、45（9.43%）、35（7.34%）、53（11.11%）、17（3.56%）、15（3.14%）、27（5.66%）、11（2.31%）、10（2.10%）、9（1.89%）、8（1.68%）和42（8.81%）。从核塌缩序列

［见图4.4（b）］来看，其整体上趋势是一个衰减的过程，但对比转引网络的核塌缩序列，采纳网络"塌缩"的速度比较缓慢，而且在4核、7核以及12核处皆出现相对明显的波动，说明该网络存在多个高密凝聚子群，从上述派系分析中采纳网络涌现的大量媒体派系可窥见类似子结构的存在。

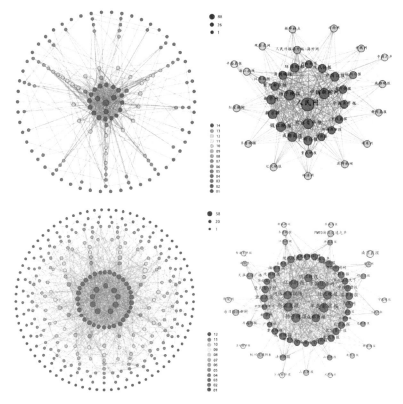

图4.5 媒体转引网络（上）、采纳网络（下）的核分裂图（左）及（右）中心子群

比较两个媒体的互惠网络，基于新闻采纳行为的采纳网络拥有着规模更大的中心子结构，因为最大核子图中涉及42个媒体，而且大部分为都市报晚报媒体，与上文派系分析的中心子群结果具有高度的重合。然而，该核心圈的最小连接度为12，表明媒体之间互动的紧密性略逊于转引网络，同时级联媒体12核媒体互惠关系（$M = 31.14$，$SD = 11.43$）的异质性程度也比转引网络的14核子图的（$M = 34.65$，$SD = 16.72$）较低，不存在明显的Hub节点，在网络中心区域形成了一个权力相对均衡的关系结构。从新闻采纳的角度来说，这种信息交换的网络结构相对于高异质性的网络具有更强的鲁棒性（robustness），媒体之间不依赖于特定的媒体提供信息资源，从而免于信息阻塞或信息垄断；但是，过于均质而紧致的媒体联络关系使得媒体更易于"相互定位"而导致新闻的同质化，另外信息冗余还可能造成信息资源过剩或浪费。

第五章　新闻媒体的社会网络如何可能

在社会网络研究领域，社会关系的结构与行动者的个体属性（attribute）和动态互动紧密相关。已有不少研究者发现社会网络的形成受到个体之间相互依赖关系的影响，也就是说，网络关系的形成与已有的其他关系之间存在关联性（Frank & Strauss，1986；Pattison & Robins，2002），比如朋友的朋友之间可能会形成新的朋友关系；同样，研究者依据不同的学术兴趣定义不同的行动者属性或特征（比如年龄、性别、学历、宗教信仰、地理位置等），考察这些个体属性对网络化关系形成的影响，比如朋友关系的形成源自共同的兴趣爱好（Lewis et al.，2012）。而研究行动者属性对社会关系影响的经典假说，就是"同质性"（homophily）原理，即"相似的人之间的接触概率比不相似的人要更高"（McPherson et al.，2001）。

这个关于个体属性影响社会网络形成的过程，也被称为"社会选择"（social selection，Robins et al.，2001）过程。中国古代俗语中的"物以类聚，人以群分"，正是对这种自然或人类选择现象的经验观察与总结。与"社会影响"（social influence，Robins et al.，2001）过程不同，前者强调个体通过主观能动性做出群聚或区隔的选择；而后者侧重于描述个体被动地受到社会关系的制约，当个体根据他人的行为、态度或信念调整自身的行为、态度或信念时就产生了社会影响，亦可称其为"感染"（contagion，Leenders，2013）。下一章着重讨论"社会影响"问题。

因此，针对"社会网络如何可能"的研究问题，其核心在于回答哪些可观察的节点属性或行为特征影响了网络的形成或分解；也就是，探索社会行动者互动的可能性与其自身的特质的关联性，其背后的动力机制之一也就是：社会选择。无论是在现代新闻职业化的历史进程中，还是互联网新媒体的环境下，职业媒体机构在新闻报道或转引上均存在"同质化"的问题，传媒类型、报道内容或立场定位相似的媒体往往在新闻采编内容上呈现一致性的趋势。

在社会化媒体的传播新格局里，新闻媒体的信息沟通关系是否能够被媒体的属性和特征预测和解释？哪些社会的、结构的因素决定了新闻媒体传播关系网络的形成？这是本章的主要研究问题。针对以上问题，本章将采用指数随机图模型（ERGM）的社会选择模型（SSM），探究媒体关系如何形成特定的局部网络模式，以及媒体之间的传播关系与媒体属性的相关性。ERGM模型的基本理论前提是网络关系的依赖性，这既是关系型数据的固有特点也是形成网络构局的内在动力。目前，传统的基于独立性假设的统计检验方法不适用于网络统计模型参数的估计，借助目前先进的计算手段和统计方法，研究者已然可以有效地解决ERGM模型的估计和拟合问题。

第一节 社会选择与媒体网络

（一）社会选择与同质性

在社会网络研究中，社会选择过程假设行动者的属性会影响他们选择同伴，反过来也影响后者对其的选择（Robins et al., 2001）；林德斯（Leenders, 2013）将行动者有意识或无意识地通过属性建构他们的社会关系的这个过程称为选择过程。英国社会学家安东尼·吉登斯（Giddons, 1984）在其著作《社会的构成》一书中系统地提出了其"结构化理论"（structuration theory），将人的个体的能动性带入了社会结构的讨论之中，他认为"结构"具有二重性（duality）：社会结构不仅制约人的行为，也是行为成为可能的前提和中介；行动者的行为塑造了结构。行动者有其行动的动机和能力，但又受限于"未被认知的行动条件"，即社会结构。因此，社会网络中的同质性机制，可以理解为能动的行动者对所处社会情境的选择行为。

在社会选择模型中被广泛涉及的同质性假说，是指具有相似特征的人选择彼此进行互动的偏好或倾向性。作为一种普遍的社会现实，西方学者对"同质性"的观察从未缺席，亚里士多德（Aristotle）在《尼各马可伦理学》（Nichomachean Ethics）中指出人们"喜欢那些与自己相似的人"；柏拉图（Plato）在对话体作品《斐德罗篇》（Phaedrus）亦明确地指出"相似性孕育了友情"（similarity begets friendship）。社会科学家对同质性的系统性观察源自19世纪二三十年代对小群体的研究，博特（Bott）在

1928 年就已经通过研究学龄儿童在游戏中的行为认识到了基于同质性选择过程的存在，随后的科学研究也相继发现了相似的人口学特征可以预测儿童建立友谊和游戏关系（McPherson et al.，2001）。

在传播学领域，数拉扎斯菲尔德和默顿的（Lazarsfeld & Merton，1954）研究最广受关注。他们分析了美国新泽西和宾夕法尼亚州两个小镇居民通过友谊构成的社会网络，首次提出了"同质性"（homophily）的概念，以整合此前社会网络和人类学研究中对人群相似性特征的发现。他们的目的不在于对"同质性"进行深度阐述，而是将友谊视为"一种社会过程而非结果"，展示了在不同社会情景下"社会选择"发挥作用的机制（邱泽奇，等，2015）。拉氏和默顿在这篇研究中还区分了同质性的两种选择机制，第一种是身份同质性（status homophily），指处于相同社会地位和层级（包括性别、年龄、种族、宗教、教育等社会维度）的人更倾向于彼此之间建立联系；第二种是价值同质性（value homophily），拥有相同思考方式（包括价值观、态度和信念等内部要素）的人彼此之间建立联系。在这两种机制中，实际上前者是社会性的，即行动者的社会身份和地位是由外界环境界定的，是依附于社会结构的；另一种是个人性的机制，强调人的选择是出自个体意志和价值观的能动行为。

在此基础上，2001 年麦克弗森等人（McPherson et al.，2001）在美国社会学年刊上发表了以《同色鸟》（*Birds of a Feather*）为题的综述性文章，系统回顾了基于 20 世纪 50 年代的两种同质性选择机制的研究文献，他们还提出了三个不同的研究取向：（1）关注关系的多重性（multiplexity），多重的、交叠的社会联结关系影响同质性的形式或模式；（2）动态网络观察，显然横截面数据无法提供更多理解选择性纽带形成或分解与同质性之间关系的洞察力，但动态网络研究的程序依旧繁杂；（3）社会网络协同演化（co-evolution），同质性是一个动态的、累积的社会生态过程，需要多场域地测量研究社会网络的动态演化。

实际上，他们的研究已经涉及对同质性的另一个研究维度——社会影响机制，也就是同质性与社会交往之间的关系，假设同质性作为一种观察结果是与社会影响相关联的。以往的研究多采用截面数据，在一个时间点上的同质性现象既可以被解释为人的选择过程的产物，也可以理解为人被"社会化"（socialization，Kandel，1978）的过程。在这里，个体先前属性的相似性不是关系联结的原因，而是社会交往的结果。然而，究竟是选择在先，还是影响在先，这似乎成为一个"循环解释"的问题（Kandel，1978）。如何区分同质性的社会选择与社会影响过程仍然是尚无定论的难题，其中一个原因是这类研究依赖于详尽的社会关系和个人属性的纵向数据（Lewis et al.，2012）。

（二）新闻业与同质性

社会网络的同质性现象已经在联姻（Kalmijn，1998）、友谊（Lazarsfeld & Merton，1954；Verbrugge，1977，1983；Kandel，1978）以及工作关系（Ibarra，1992，1995）等场景中被悉数发现并研究。近年来，社交媒体中行动者交往和社会关系建立的同质性问题也引起广泛的学术关注，如社交网站中的朋友关系预测（Aiello et al.，2012），Twitter 中政治话题讨论（Himelboim et al.，2016）、Facebook 的国际友谊关系预测（Barnett & Benefield，2017）以及 Twitter 社会关系中政治同质性（Colleoni et al.，2014），等等。

对于新闻职业行动者，最近已有研究者关注同质性原理（homophily principle）在媒体人关系建构中的作用，他们发现相同的性别、附属媒体机构以及地区等的记者倾向于在社会媒体中产生更多的互动（Hanusch & Nölleke，2018）；除此之外，也有研究者在讨论记者与其他人，如与消息源（Cheng，2015）、观众（Marchionni，2013）之间互动情境中使用了这一术语。但是，在新闻传播学研究领域，同质性的概念远没有被明确应用于研究新闻媒体或机构之间的关系研究中，尽管新闻学者长久以来从未忽略过对新闻媒体之间的"一致性"（media consonance）问题的关注（Donsbach，2004）。

作为代表新闻媒体的个体执行者或行动者，记者或编辑时常要面临对新闻的决策（news decision），对诸如"什么是真的"（事实）、"什么是相关的"（价值）、"什么是适宜的"（观点）等问题的回答，构建了公众对现实即所谓的"外部的世界图像"（Lippmann，1922）的感知。道斯巴赫（2004）从社会心理学的角度提出，记者在新闻编辑室与私人生活中与其他记者的高度社会互动导致他们报道了相同的新闻，因此他们的"共享现实"（shared reality）实际上是群体动力学（group dynamics）和群体规范（group norms）的产物而非真确的现实；此外，记者先验的知识和固有态度也会影响他们的社会感知，尤其是当他们拥有相似的政治和意识形态观点和态度时，则会加倍放大这种个体倾向（predispositions）与群体交流效应对新闻决策的影响。

其实，道斯巴赫归结的影响记者新闻决策的两个要素：社会互动与个人倾向，恰恰对应了解释同质性现象的截然相悖两个社会过程：社会影响以及社会选择。首先，从职业的角度来看，新闻从业者之间的社会交往频率比大多数其他职业的人更多（Donsbach，2004），与同行业者拥有朋友关系的比例也更高（Patterson & Donsbach，1996），而且对新闻决策的影响主要来自新闻编辑室或其他媒体的"意见领袖"（Breed，1955；Patterson & Donsbach，1996），充分证明了同伴关系或社会交流对行动者相似行为（相同的新闻决策）的作用；而个人偏好或倾向则是外界刺激、环境和已有经验知识的混合物，尤其是选择性接触、选择性感知以及选择性记忆等心理机制的作用，更突出了个体新闻从业者在新闻选择过程中"自律性"（automaticity），新闻决策受个体倾向影响的可能性大于社会影响亦不乏统计学上的证据（Donsbach，2004）。

在新闻实践过程中，媒体或媒体从业者之间的"互相定位"（co-orientation）已经被公认为新闻决策"惯例化"（routinized）过程的一部分（Vonbun et al.，2016），这种现象主要归因于早期新闻实践缺乏客观有效的外部标准用以批判媒体记者的工作质量，而"相互定位"能够帮助他们减少信息的不确定性，弥补与受众联系不足的缺陷，从而确定具体新闻及报道角度的选择（Gans，1979；Mathes & Pfetsch，1991；Vergeer，2015）。然而，这种媒体之间的群体互动形式所带来的后果，也就是新闻内容的同质化现象，已然危及了新闻媒体报道的多样性和独立性——这被认为是民主化社会中传媒机构的核心价值和特质（Van Cuilenburg，2007），以致有研究者指出，始自20世纪80年代议程设置研究的"媒介间议程设置"研究正是源于传播学界对"互相定位"所导致媒体高度冗余的、一致的和同质化的新闻议程的恐惧（Vonbun et al.，2016）。本研究并不关心新闻媒体及其从业者在现实中的社会接触或群体心理对其新闻选择的影响机理，而是试图观察和探究新闻媒体本身所附带的社会属性和特征是如何形塑他们在社交网络上的互动关系的，而这种互动形式表现为新闻的选择与采纳。

（三）社交媒体中的新闻互动

随着社交媒体网站的兴起，传统新闻媒体或相关从业个体的社会互动形式从线下转移到线上空间，与传统媒体时代的"一对多"传播模式相比，社交媒体上的新闻媒体能够与其他媒体以及受众直接进行"多对多"的信息交流，这种具有互动性、即时性和完全开放性的传播格局，为媒体的新闻决策提供了更多样的选择。正是感受到了社交网络对新闻传播的潜力和竞争压力，越来越多的媒体机构在社交网站上开设新闻账号以拓宽新闻传布的渠道（Chew，2007；Seward，2008；Coles，2009；Singer et al.，2011；陈良飞，2012）。不同于针对现实世界的社会接触研究，对行动者的地理接近性、组织附属关系以及共同参与的社会活动等因素的考察，个体在社会网络中的互动关系被视为一种"电子纽带"（electronic ties，Noe et al.，2016）以理解同质性规律在"虚拟社会"的适用程度。

不少研究确然在社会网络中发现了大量同质化的现象（Wu et al.，2011；Halberstam & Knight，2016；Himelboim et al.，2016）。例如，在Twitter中，不同的行动者依然在相同社会圈子内建立互动关系，新闻媒体之间相互关注并转发推文，公众人物以及博客主之间也分别互相关注，形成界限清晰的传播圈层（Wu et al.，2011）。由于人们倾向于选择性地接触与自身已有的观念、态度相近的新闻或评论，在这个意义上使其置身于一个"回音室"（echo chamber，Garrett，2009；Flaxman et al.，2016），只接收到一种或单调的政治光谱（political spectrum）；加之，社交网站利用机器学习和推荐算法根据新闻用户的兴趣和偏好进行新闻推送和好友推荐，通过信息过滤和调整的方式帮助人们选择信息甚至建立社会关系，形成"信息茧房"（information cocoons，Gossart，2014），人们在其中接收自己感兴趣的信息，并与志同道合的人交往。

另一方面，在线社会网络以及搜索引擎对信息获取的便捷性，给网络用户的新闻消费和观点市场带来了多元化的选择空间。有研究者受种族隔离研究的启发，提出了"意识形态隔阂"（ideological segregation）的测量指标，分析线上、线下以及"面对面"交流三种新闻消费形式对美国选民政治倾向的影响，发现尚无充分的证据表明线上新闻消费增加了意识形态隔阂（Gentzkow & Shapiro，2011）。一项在Facebook上的网络研究结果显示，尽管人们被嵌套在极为同质化的朋友关系网络中，但他们之间政治观点的不一致性却显著大于他们所想象的差距（Goel et al.，2010）。从Twitter的扩散网络的结构出发，研究（Liang，2018）实证了与广播式模式（一对多）相比，病毒式扩散模型（一对一）有助于降低个体选择性分享的程度，而增加"跨意识形态"（cross-ideology）分享和政治多样化的可能性。

以上大多数研究仍然是以社交网络中新闻用户为中心的研究，目前鲜有对新闻媒体之间的社会互动关系及其影响要素的研究。有研究者（Al-Rawi，2017）分析了四个国家的阿拉伯语电视频道在Facebook上的新闻选择，发现新闻价值的社会意义、接近性和新闻机构的意识形态决定了他们对新闻重要性的判断和决策，尽管这些不同国家的新闻组织的记者拥有不同的意识形态背景，但对于特定的新闻也出现了相同的编辑趋向。另外一项对澳大利亚记者在 Twitter 上的新闻互动研究结果（Hanusch & Nölleke，2018）显示，新闻记者的性别、组织背景、报道方向和地理接近性等属性特征预测他们在社会网络中的互动（转推和提及）关系；对比这两种互动形式，研究者发现"提及"关系网络的同质性高于转推网络，说明当记者相互对话时他们生活在自己的"气泡"（bubble）之中，而当他们转发推文（媒体机构的新闻）时则为受众提供了更为异质化和多样性的信息。

（四）影响媒体网络形成的因素

在如今的网络化新闻传播时代，在线新闻媒体与其线下的新闻实体机构之间的关系依然非常紧密（Boczkowski，2004），他们可能共享相同的采编队伍、新闻资源和工作流程，从而使线上线下新闻的结构和价值选择表现出相似的趋势（Deuze，2003；Chyi & Sylvie，2000）。因此，社交媒体上新闻机构的互动行为在一定程度上也反映了他们在现实社会中的交往和权力关系。当社交网络中的两个媒体之间存在一定数量的信息交换活动时，比如转发、转引或者提及其他媒体时，他们的线上互动关系就产生了，而且互动的频次越多，说明社会关联性越明显且越可能真实存在。探索媒体的线上互动及其对应的现实关系有助于我们更深入地探究新媒体环境下媒体传播实践的"计算机中介"（computer-mediated，Walther，1996）关系。本研究定义了可能影响媒体在社交平台上互动关系形成的四种社会性变量（区别于结构性变量）：（1）媒体类型；（2）接近性；（3）政治经济因素；（4）媒体的关注关系。

1. 媒体类型

第一组重要的预测变量是媒体的媒介类型及其新闻类型。传统媒体具有不同的新闻传播惯例和规律。例如，以无线电信号和数字化为特征的广播电视媒介，比纸质化媒体在传播时效性上更具有优势，从而为后者设置新闻议程。媒体的媒介类型对传播关系的影响已经在"媒介间议程设置"的研究中多有涉及（Reese & Danielian，1989；Vliegenthart & Walgrave，2008）。这些研究发现影响的关系或者是从报纸指向广播、电视和杂志，或者从通讯社指向地方报纸，抑或是从新闻网站指向报纸，不一而足。然而，理论的或者经验的研究都没有给出不同类型媒体之间明确的影响关系，一个主要的原因是大部分实证的研究都采用小样本，只关注特定类型的媒体或者新闻，而不是一个更大的社会系统内的新闻景观（Vonbun et al.，2016），更缺乏将不同的新闻机构放置于一个相对开放且权力对等的传播环境（如社交媒体）中进行观察的研究。

不同的新闻机构进入社交媒体后，借助互联网的传播载体可以随时随地进行新闻播报，不再受版面、节目时长以及刊发时间等的限制，甚至简化了线下烦琐的编辑、审核等"把关"环节；在线新闻形式和数字化的编辑方式正在加速新闻生产的过程（Lee et al.，2005）。因此，在理论上，社交网络的任何类型的媒体，相比以往都更有可能成为其他类型媒体的消息来源或者议题设置者，也就是说，不同媒介类型的媒体之间产生互动的可能性更加趋向多元化。

媒体的新闻类型也是另外一个可能的预测变量。主打特定类型新闻的媒体机构在新闻市场往往是竞争对手，为占取先机和捍卫媒体机构的利益，新闻记者实施着对同行的"监视活动"（surveillance activities，Lim，2011）。塔奇曼（Tuchman，1978）曾描述了这样的现象：晨报的晚班编辑在拿到竞争对手将于次日刊发的新闻副本后，首先确认的是这些新闻是否有重写和改进的空间。由此可见，报道内容或方向相似的媒体之间可能有更多的互动，尤其是专业类媒体之间，这种互动性表现得尤为明显。与此相关，有研究者发现，相比于其他类型的新闻，体育新闻的记者形成了一个更为紧密且封闭的关系群体（Hanusch & Nölleke，2018），同样的现象也发生在时政新闻圈内，政治新闻记者更喜欢与其他政治新闻记者进行交流（Nuernbergk，2016）。因此，有必要考察不同的媒体类型及其新闻类型对形成媒体之间的微博互动关系的预测强度，故提出以下假设：

假设 H1a、H1b 和 H1c：同一种媒介类型的新闻媒体之间更倾向于（a）转发、(b) 转引或 (c) 采纳对方的微博；

假设 H2a、H2b 和 H2c：同一种新闻类型的新闻媒体之间更倾向于（a）转发、(b) 转引或 (c) 采纳对方的微博。

2. 媒体接近性

接近性（proximity）可以指代物理上的或心理上的概念，用以刻画两个行动者在特定空间内或群体内的聚类情况，是同质性研究中最为常见的预测因子（McPherson et al.，2001）。从空间的维度来看，人们更喜欢与那些与自己在地理位置上接近的人交往，原因在于与远距离的人接触需要耗费更多资源和力量（Zipf，2016）。在传统媒体的新闻选择中，地理（或文化）接近性本身就是新闻价值的一个尤为重要的判断标准（Allern，2002），主要取决于记者与受众在经验上的熟悉程度，以及记者身处的地理位置（O'Neill & Harcup，2009）。此外，科恩（Cohen et al.，1990）曾提出"心理接近性"的概念，用来指称人们使用"相关的区域"（zones of relevance）来判断新闻是否重要。因而，同一个城市或者地区的媒体，尤其是地方性的媒体或小报对本地新闻的选择具有天然相似的倾向（Kepplinger & Ehmig，2006）。

对于新闻记者来说，研究文献显示来自相同地域的记者在社交网络上也形成了"区域性社区"（regional communities，Vergeer，2015）。一项针对澳大利亚记者的研究也发现了类似情况：在Twitter上来自相同州域的记者之间倾向于彼此互动，有意思的是，对于首都辖区而言，这种同质性效应相对较弱，只因为那里聚焦了全国性的政治性媒体（Hanusch & Nölleke，2018）。从国际传播的视野来看，地理接近性对于国际媒体的新闻决策也起到了重要的作用（Adams，1986；Al-Rawi，2017）；另外，接近性还被应用于预测社交媒体上国际居民之间的友谊（Nash，2009）以及不同国家之间的Facebook朋友纽带关系（Barnett & Benefield，2017）。本书研究的新闻媒体来自全国30个多个省份和地区以及少量海外媒体，他们在微博上的互动是否与所属地域相关。这里，首先提出地理接近性的第一个假设：

假设H3a、H3b和H3c：来自同一省份或地区的新闻媒体更倾向于（a）转发、（b）转引或（c）采纳对方的微博。

与地理或者文化接近性的内涵不同，另一个可能影响新闻流（flow）的接近性概念为"社会接近性"，研究者（Östgaard，1965）将其定义为"等级的接近性"（proximity of rank），其中的"等级"或"位置"指的是社会或政治层级（hierarchy），他认为文化接近性起到促进新闻传播的作用，而社会接近性可能恰恰相反，至少在程度上有所差异。传播不同个体中的流动过程被拉扎斯菲尔德等人（Lazarsfeld et al.，1944）在20世纪40年代的研究中发现：大众媒介的新闻经过意见领袖到达普通受众，说明了个体社会位置影响着信息的传播。新闻在同一社会等级之间并不容易流动，而是倾向于从等级位置较高的一端流向位置偏低的等级（Galtung，1964；Östgaard，1965）。

在早期的新闻活动中，布里德（1955）也发现了城市小报由于缺乏权威的新闻判断，通常会参考通讯社或其他更大的报纸的新闻报道，这种低级媒体依赖高级媒体的信息输送现象被形象地被称为"动脉过程"（arterial process）。随后，"意见领袖"的概念也被广泛地应用于描述媒介系统中那些关键媒体对其他媒体的新闻内容和议题的影响（Noelle-Neumann & Mathes，1987；Mathes & Pfetsch，1991；Vonbun et al.，2016）。目前，中国传媒业早已经形成"二级电视、三级报纸、四级广播"的格局（林晖、李良荣，2000；李良荣，2009），其中"二级电视"即中央一级，省（市）二级，新闻报纸为中央、省、市三级，广播包含县（市）级，可见中国媒体的社会等级与行政区域等级相关，本研究定义媒体的社会接近性分为中央、省级、市级以下、商业性和其他媒体等五类，由此提出社会接近性与社交媒体关系的假设：

假设H4a、H4b和H4c：从属于同一社会等级的新闻媒体更倾向于（a）转发、（b）转引或（c）采纳对方的微博。

对于接近性，与此相关的"社会距离"（social distance）概念也可能有助于预测媒体之间的互动性，它勾连了测定社会网络结构的同质性与群体归属（group affiliation，Feld，1981）之间的理论关联（Watts & Dodds，2009）。对这一概念的测量最早是由瓦茨等人（Watts et al.，2002）在研究社会网络的"可搜索性"（searchable）问题时提出的；简而言之，就是两个个体所有属性之间的最小距离。其基础假设为：社会的层级划分有不同的方式，个体拥有不同的社会身份（identity）；在不同的组织或群体中发生社会互动并形成熟人关系（acquaintanceship），个体之间就有不同的类别维度，且每个类别之间是相互独立的；两个个体在一个类别内接近，不代表在另一个类别内同样接近。

因此，网络个体之间存在两部分信息：基于全局的个体属性的"社会距离"，尽管并非真正的距离；以及"网络路径"，虽然是确定的距离，但只有局部的信息（Watts et al.，2002）。从预测网络关系的角度来说，个体之间的社会距离越近，他们接触的概率就越大（Watts & Dodds，2009）。本研究将综合以上媒体的不同类型、地区和社会等级等类别维度计算媒体之间的社会距离，并提出如下假设：

假设H5a、H5b和H5c：两个新闻媒体的社会距离越近，（a）转发、（b）转引或（c）采纳对方微博的可能性越大。

3. 政治经济因素

新闻媒体作为社会信息系统的一部分，与外部环境具有紧密的关联。布迪厄认为，新闻界所形成的"媒介场"隶属于文化场域，并介于经济场与政治场中间，与这两个权力场的距离决定了媒体的"自治"和"他律"的程度（布迪厄、华康德，1998）。

在中国新闻行业生态中，新闻媒体所处区域的整体经济环境深刻影响了媒体市场化发展的水平，以及在互联网环境下传统媒体与新媒体融合发展的程度。例如，东部经济区的媒体发展的整体速度一直高于其他地区的媒体，在新闻场域中占据有利的信息资源和经济环境；而西部地区媒体的发展水平由于地域限制和经济掣肘而落后于中东部地区，在新闻资源争夺中往往处于弱势地位，而成为新闻网络的"边缘"节点。来自相同经济区域的媒体的信息交流可能更为频繁，资源占有率对等的媒体在新闻实践过程中相互参照或定位，在新闻选择上可能出现趋同的现象，因此不同的媒体发展水平塑造了媒体的社会"圈层"。为了验证上述假设的可能性，这里提出"经济接近性"的假设，即：

假设 H6a、H6b 和 H6c：来自相同经济区域的新闻媒体更倾向于（a）转发、（b）转引或（c）采纳对方的微博。

新闻媒体的新闻活动受到政治环境及具体行政措施的规约。尤其是进入互联网时代以来，国家对网络新闻传播的治理越来越重视，对具有互联网新闻信息服务许可的新闻单位明确相关权责和管理办法，甚至明确提出可供新闻网站转引的新闻单位名单（以下简称"白名单"），比如 2015 年更新的"白名单"中包含中央新闻网站 26 家、中央新闻单位 63 家、部委网站 10 家，省级新闻单位中又被细分为网络、报刊、广电三大类，共 281 家。按照相关法规，获得相关资质的网络媒体转载时政类新闻信息，应当从这些新闻单位发布的信息中选择并标明来源。由此可见，社交媒体中的媒体单位在新闻转载过程中，不仅受到新闻要素、社会关系及外部环境的影响，还受到具体行政法规和宣传政策的制约，同时也从侧面反映了"白名单"内的新闻单位在信息资源和传播权上比名单外的媒体更具优势，处于新闻信息流的"上游"和传播中心。由此，提出如下假设：

假设 H7a、H7b 和 H7c：网站转载"白名单"内新闻媒体更可能被其他媒体所（a）转发、（b）转引或（c）采纳。

4. 媒体的关注关系

社会网络中两个行动者之间关系的形成，除了因为他们具有相似的属性之外，也可能与他们之间存在其他的社会关系有关。比如，社交网络中国际友谊关系的建立与国家之间的（移民、通信以及国际交流学生等）双边沟通关系相关（Barnett & Benefield，2017）。本研究关注的是新闻媒体在社交网络中转发、转引微博的互动关系，除此之外，社交网络中的个体关系还可以通过关注、回复以及提及等形式建立起来（Bae & Lee，2012）。其中，微博、Twitter 等社交网站的"关注"功能是一种信息服务：用户可以自由选择关注的对象并接收其发布的信息而不需要对方的批准（Weng et al.，2010）。社交网站的用户通常从他们所关注的用户、新闻媒体以及记者那里获取新闻消息（Hermida et al.，2012）。

因此，可以说是"关注即信息"。无论是对普通用户，还是专业新闻机构而言，"关注"已经转化为一种新闻资源，对社交网络中信息关系的联结至关重要。此外，已有研究表明，社交网站上的关注关系是预测用户"同质性"的一个较强的指标，Twitter上的分享相同的兴趣话题的人更可能相互关注而成为好友关系（Weng et al., 2010）；也有研究者将Twitter上"关注-被关注"网络用于揭示潜在的用户关系结构，这些用户之间共享着相似的兴趣（Liang, 2018）。这里，我们提出基于媒体之间关注关系的研究假设：

假设H8a、H8b和H8c：存在关注关系的新闻媒体更倾向于（a）转发、（b）转引或（c）采纳对方的微博。

第二节 研究方法

（一）指数随机图模型

本研究将采用指数随机图模型（ERGM）方法检验上述理论假设。ERGM模型是研究网络结构、解释社会网络关系模式的统计模型，能够用于检验社会选择的过程（Frank & Strauss, 1986; Robins et al., 2001; Wang et al., 2016）。在ERGM模型中，行动者的局部关系作为内生的（endogenous）结构性变量，个体属性则被视为影响社会关系存在的外生变量或解释变量，而代表社会过程的局部关系模式（如互惠性、趋同性）被称为网络"构局"，模型的主要形式是由网络构局确定的一条连边出现的概率（logist形式）作为线性方程的预测变量。类似于逻辑回归方程，模型参数指示了网络构局对于形成全局网络的重要性。

本研究将使用R语言的statnet包（http://statnet.org/）中的统计程序，构建媒体关系的社会选择模型，并通过马尔科夫链蒙特卡洛（MCMC）方法检验模型的参数。在模型拟合方面，当模型不涉及其他更复杂的结构变量时（即主效应模型和同质性模型），本研究采用对数似然比（log-likelihood ratio）或离差方法、赤池信息准则（AIC）和贝叶斯信息标准（BIC）等方法评价模型的拟合效果。对于包含几何加权变量的依赖同质性模型以及依赖差异同质性模型，除了比较AIC和BIC拟合效果指标外，还通过可视化展现的方式比较观测网络与仿真网络的结构特征，即利用置信区间判断两个网络是否具有一致的分布来评价模型的拟合优度。

在媒体网络的 ERGM 社会选择模型中，主要涉及以下模型变量。

（二）模型的因变量：三种媒体网络

本研究的因变量是媒体在微博上的互动关系，重点考察三种互动形式：微博的转发、转引和采纳关系。上文已经对基于这三类关系构建的媒体交互网络进行社会网络分析，为了更有效地拟合网络统计模型，这里需要对上述网络进行适当"压缩"，以确保统计模型的稳健性。

转发关系是指媒体账号通过微博"转发"功能直接将其他媒体的微博转至自己的主页，转发关系的构建主要根据转发数据提取（详见第一章），由于不同媒体之间转发频次存在较大的差异，转发次数越多说明关系的强度越大，首先我们对转发频次做二值化处理：将媒体之间转发记录少于 4 次的关系边赋值为 0（即没有转发关系），转发频次在 4 次以上的边赋值为 1（有转发关系），赋值转化后总共获得互动关系边 4077 条，与此相连通的媒体节点数量为 637，网络密度为 0.010。

转引关系是指媒体没有通过转发形式而将其他媒体的微博转引至自己的主页，并标注明确的转引来源（通常带有转引标识，如"来源于""by""via"等），与转发微博不同，这类微博往往被视为"原创微博"。不同媒体之间转引的频次也各不相同，最小的转引频数是 0，最大的转引次数则达到 1273，这里将转引频次少于 10 次的关系边记为 0，大于等于 10 的关系频次重新赋值为 1。经过重构后的媒体转引网络中有关系边 6016 条，相连媒体节点数为 477，网络密度为 0.026。

采纳网络刻画的是媒体之间新闻采纳行为关系。为了推断媒体之间新闻的关系，前述第三章已利用级联模型获取了媒体的采纳关系。这里，采用前述累积边权衰减的函数，将阈值设定为 1.5×10^{-3}，最终获得用于统计模型分析的网络节点数量为 391 及其之间的 4018 条边，网络密度为 0.026。

在微观的行为动机上，媒体之间的转发、转引以及采纳关系的解读应有不同。媒体的转发（和转引）是显性的，与被转发（被转引）媒体产生直接（间接）的互动，强调转发新闻或微博的权威来源以及自身的依附性；而媒体的采纳关系是隐性的，与被采纳媒体之际存在间接的、微弱的关联，在新闻选择上显示了采纳媒体对新闻编辑、传播和解释的主动性。

(三) 模型的预测变量

1. 媒体的属性变量

在本研究中，网络节点的属性变量指的是刻画新闻媒体在微博媒体场域中的基本社会属性，在指数随机图模型中是属于社会网络的外生变量（exogenous variable），通常与网络结构的内生变量（endogenous variable）结合，构成测量影响媒体新闻扩散网络形成的解释变量。媒体属性变量主要包括媒体类别、级别、报道内容、所属地域等，数据类型均为分类变量，其中媒体按照一般分类可分为六类（见表1.2），按主要报道内容可分为六类（见表1.3），以及按级别划分可大致分为五类（见表1.4）。

另外，微博发布数量、媒体关注数和粉丝数均为定距变量。媒体账号发布微博数的最小值为1267，最大值为717220，均值为43647（$SD=39468.93$）。媒体关注数是媒体在所有观察媒体范围内的关注对象数量，与其微博关注总数相比是一个局部性指标，理论上取值范围为[0, 719]，实际最小值为0，最大值为452，平均媒体关注数为72.15（$SD=48.30$）。粉丝数指的是媒体账号被其他微博账号关注的程度，可分为微博粉丝数和媒体圈粉丝数，前者是该微博账号的粉丝总量，极小值为24766，极大值为56055534，均值为3019274（$SD=6237848$）；媒体粉丝数是指媒体账号被其他观察媒体关注的程度，其极值范围为[0, 195]，平均值为17.34（$SD=28.46$）。

2. 纯结构效应

在ERGM模型建构中，纯结构效应描述的是网络自我组织形成的模式，这类模式的出现仅与网络系统的内部过程相关，不涉及行动者属性或其他外生属性，因此也被称为"内生"效应。社会影响模型可能包含以下结构性变量：弧、互惠性、路径闭合以及多重连通性。

其中，弧（edge）变量是指网络边的数量，以弧为唯一统计项的简单随机模型称为"零模型"（Goodreau et al., 2008），在零模型中所有节点都以同等的概率与其他节点连接，构建零模型是为了在复杂模型中考虑更多的变量而提供的拟合优度判断基准。因此，弧效应可以理解为关系发生的基准倾向，相当于线性回归模型中的截距项。

互惠性（reciprocity）是指两个行动者相互交流的倾向，即行动者i和j之间的关系（$i \rightarrow j$）和（$j \rightarrow i$）同时存在，其统计项为互惠关系的数量。在社交网络中，相较于单向的关系，双向的互惠关系更多出现在同质性的交流关系中（Kwak et al., 2010；Weng et al., 2010）。如果模型中这一变量的参数为正,则表明在观测网络较随机网络更容易观察到媒体之间形成互惠性的信息交流关系。如果仅仅考察网络的弧以及互惠性关系的数量,依然属于 p_1 图模型的范畴,即假定二元组关系在统计上具有独立性。

路径闭合也就是"几何加权边共享伙伴"(geometrically weighted edgewise shared partners,GWDSP)统计量,用于考察网络中传递性三角形构建的模式,与下文提及的 GWDSP 一起由斯尼德斯等人(Snijders et al.,2006)以及亨特和汉考特(Hunter & Handcock,2006)提出,目的是解释观察网络中复杂结构特征以及依赖性问题。本书前述的聚类系数测度的是网络中三角形在三元组中的比例,以刻画内部联系紧密、外部联系稀疏的子结构,而边共享伙伴(edge shared partners)和二元组共享伙伴(dyad shared partners)也可以识别三元传递结构。边共享伙伴是指两个连通的节点同时与第三成员相连接的情况,每增加一个第三方成员即共享伙伴个数增加 1,表 5.1 中"路径闭合"的图解就是有向图中两个节点拥有 3 个共享伙伴的情形。因此,GWESP 检验的是三角形构建成多个共享伙伴的边的趋势,其术语定义为:

$$v(y;\alpha) = e^{\alpha} \sum_{i=1}^{n-2} \{1 - (1 - e^{-\alpha})^i\} ESP_i(y) \, 。 \quad (5.1)$$

其中,y 代表一个网络,$ESP_i(y)$ 表示具有 i 个共享伙伴的边的数量,α 是一个用于控制权重的参数,α 值越大,网络具有多个共享伙伴的边被赋予更高的权重,从而使 GWDSP 值提升,可见该统计量仅依赖于拥有多个共享边伙伴的节点的比例以及加权参数 α。参数 α 通常是采用预先制定的方式获得,在固定 α 不变的情况下,网络中包含更多的多元共享伙伴(multiple partners)的边的网络的 GWESP 值就越高。

多重连通性又称为"几何加权二元组共享伙伴"(geometrically weighted dyadwise shared partners,GWDSP),该统计项主要考察具有共享伙伴关系的二元组数量,一个二元组无论连通与否,其中每个成员都与第三方成员相连接,表 5.1 中"多重连通性"的图解展现了拥有 3 个共享伙伴的二元组形式;与 GWESP 统计量相似,GWDSP 也有受到两个因素的影响,即多个共享二元组伙伴的数量和权重参数 α,其数学形式表示为:

$$w(y;\alpha) = e^{\alpha} \sum_{i=1}^{n-2} \{1 - (1 - e^{-\alpha})^i\} DSP_i(y) \, 。 \quad (5.2)$$

$DSP_i(y)$ 表示那些与行动者 i 具有共享伙伴(邻居)关系的二元组的数量。通常 GWDSP 值越大的,观察网络中存在越多个二元组且同时包含多个共享伙伴的网络构局,表明路径末端两个行动者节点之间具有较"深"的局部连通性。

表 5.1　媒体 ERGM 社会选择模型的纯结构效应构局

构局	构局图形	数学表达	解释
弧		$\sum_{i,j} y_{ij}$	关系形成的基准倾向
互惠性		$\sum_{i,j} y_{ij} y_{ji}$	参数为正，互惠关系更可能被观察到
路径闭合		$\sum_{i,j} y_{ij} \left(\sum_{k \neq i,j} y_{ik} y_{kj} \right)$	正效应表明网络有更多共享边伙伴
多重连通性		$\sum_{i,j} \left(\sum_{k \neq i,j} y_{ik} y_{kj} \right)$	正效应表明网络有更多共享二元组伙伴

3. 行动者 – 关系效应

在 ERGM 模型中，"行动者属性"又称为"行动者 – 关系效应"，被视为影响社会关系形成的外生变量或解释变量，主要包括两种效应：主效应和交互效应，可以将网络行动者的属性与扩张性、聚敛性、同质性等结构特征一起整合到模型中，有助于扩展模型的灵活性和网络结构解读的深度。其中，主效应为传播者效应和接受者效应，变量类型可以是连续的，也可以是离散的，而交互效应主要是行动者的类别属性（Morris et al.，2008）。

扩张性（positivity）是指网络中行动者将关系指向其他行动者的趋势（即出度分布的中心势倾向），与之相对应的聚敛性（popularity）是行动者的入度分布的中心势倾向，测量的是其他行动者关系指向该行动者的趋势。在媒体交互关系形成的过程中，关系的指向意味着信息流动的方向，具有不同属性的媒体可能使其因占用更多的信息资源而成为传播的中心，或倾向于使该媒体成为外部信息的"聚合器"。因此在 ERGM 模型中，我们可以将基于属性的扩张性和聚敛性解释为"传播者效应"和"接收者效应"。根据上述研究假设可以将相关概念分别操作化为"媒介类型""新闻类型""社会等级""经济区域"等定类变量的传播者效应和接收者效应,如表5.2所示。除了媒体类型属性,这两种效应还可以与其他连续型属性(包括媒体的粉丝总量、媒体圈粉丝数、媒体圈关注数、微博数量等)相结合,作为媒体的社会选择模型的控制变量。

表5.2 媒体 ERGM 社会选择模型的二元关系构局

参数	构局图形	统计量	解释
行动者-关系属性			
传播者效应(S_{tf})			粉丝数量影响传播倾向
传播者效应(S_{mf})			媒体粉丝数影响传播倾向
传播者效应(S_p)	●→○	$\sum_{i,j} x_i y_{ij}$	政治因素影响传播倾向
传播者效应(S_m)			媒介类型影响传播倾向
传播者效应(S_r)			社会等级影响传播倾向
接收者效应(R_{mf})	○→●	$\sum_{i,j} x_j y_{ij}$	媒体关注数影响接收倾向
接收者效应(R_w)			发布微博数影响接收倾向
趋同性(h_m)			媒体同质性影响媒体互动
趋同性(h_n)			新闻同质性影响媒体互动
趋同性(h_g)	○→●	$\sum_{i,j} x_i x_j y_{ij}$	地理接近性影响媒体互动
趋同性(h_r)			社会接近性影响媒体互动
趋同性(h_e)			经济接近性影响媒体互动
二元关系协变量			
夹带(f)	●⇢●	$\sum_{i,j} w_{ij} y_{ij}$	关注关系影响媒体互动
夹带(d)			社会距离影响媒体互动

趋同性也就是"同质性",考察两个具有相同属性媒体之间建立关系的倾向,属于网络统计模型的交互效应。例如在表5.2的构局图形中,实心节点表示一种属性类别,空心节点则表示其他属性类型,两个相同属性的节点连边的构局即为趋同性,趋同性构局的统计量记为 h。该模型纳入以下五个定类型的趋同性,分别为上文提及的媒介类型、新闻类型、经济接近性、地理接近性以及社会接近性。其中,媒介类型(m)包括有报

纸、网站、广播、电视、杂志、其他等类别，其中报纸可细分为党报与其他报纸，网站细分为城市新闻（门户）网站以及其他新闻网站，共同构成包括8个变量水平的"新闻趋同性"的统计项，记为 h_m（$m=1, 2, \cdots, 8$）；新闻类型（n）主要包括综合类=1、时政类=2、经济类=3、专业类=4、国际类=5以及信息娱乐类=6，"媒介趋同性"的构局统计量可记为 h_n（$n=1, 2, \cdots, 6$）；经济因素的影响集中反映在媒体所在经济区域（h_e）的划分，分别为东部=1、中部=2、东北=3和西部=4。

地理接近性考虑的是媒体所在行政地区对其建立互动关系的影响。在本研究中的媒体分别来自33个地区类型（g），故"地理趋同性"的统计量为 h_g（$g=1, 2\cdots, 33$）；最后，用于测量社会接近性的定类变量是媒体的社会等级，包括五个等级类别（r）：中央=1，省级=2，地方级=3，商业性=4，其他=5，这里称社会接近性为"等级趋同性"，记为 h_r（$h=1, 2, \cdots, 5$）。如果两个相同的媒介类型/新闻类型、来自相同地区/相同等级的媒体更倾向于产生互动，那么在网络中更可能观察到这类构局的出现。

4. 夹带效应

"夹带"效应（entrainment effect）也被称为二元关系协变量，这里将关注关系作为协变量考虑进模型中，记为 f，表示两个媒体之间特定方向的关注关系影响对应的互动关系，如果媒体 i 关注媒体 j，那么媒体 i 转发或者转引媒体 j 的微博的可能性更大。在社会选择模型中，关注关系协变量的构建基于二值有向网络，即存在 $n \times n$ 的媒体关注关系矩阵 $\mathbf{F}$，矩阵的一个实现 f_{ij} 表示媒体 i 是否关注媒体 j，存在关注关系记为1，否则记为0。网络是有向且无自环结构的，矩阵 $\mathbf{F}$ 为非对称矩阵。

类似于地理空间效应（Lusher et al., 2013），媒体的社会距离通过二元关系协变量的形式纳入模型中。区别于瓦茨等人（Watts et al., 2002）的计算方法，本书的社会距离首先将媒体属性（媒介类型、新闻类型、地区和等级）类别之间的差异整合为一个距离统计项 d_i，表示媒体在不同属性中类别的距离，在一个属性（如新闻类型）中同属一个类别（如经济类）的两个媒体距离为0，否则为1。假设媒体 i 和 j 分别属于三种不同的属性类别，i 和 j 在不同类别中的距离分别为1、1、0、1，那么两个媒体的社会距离 $d=1+1+0+1=3$，社会距离的取值范围在0和4之间。

第三节 研究结果

(一) 模型比较与选择

通过构建统计网络模型,我们分别对基于三种交互行为的媒体网络:转发网络、转引网络和采纳网络进行四个模型(主效应、同质性、差异同质性以及依赖差异同质性模型)的参数估计,如表5.3、表5.4、表5.5所示。其中,主效应模型包括了两个基本结构变量:弧和互惠性,以及媒体的传播者效应和接收者效应;同质性模型与主效应模型具有嵌套关系,在主效应模型变量上考虑了媒体属性的趋同性对其之间关系形成的影响,差异同质性模型则检验不同变量水平下的同质性模型,这三个模型属于二元独立性模型,因此可以通过离差方法比较模型的拟合效果;而依赖差异同质性在此基础上添加了具有高序依赖性的几何加权变量 GWD、GWESP 或者 GWDSP。

经过 ERGM 模型分析,对转发网络的四个模型采用 MCMC 方法进行最大似然估计,模型均获得收敛。表5.3中显示了转发网络的四个模型的估计参数值和拟合优度统计量,比较不同的模型的参数值发现,随着模型变量的增加,相对应的参数估计值发生细微的变化,甚至从正(负)效应变为负(正)效应,比如传播者效应中媒体类型中的"其他报纸"和"城市网站"出现正负效应的转换。因此,我们将选择拟合效果更佳的模型进行最终的假设检验和模型解释。

表5.3 转发网络的主效应、同质性、差异同质性以及依赖差异同质性模型比较

项目	主效应	同质性	差异同质性	依赖差异同质性
弧	-8.099^{***}	-9.640^{***}	-10.010^{***}	-9.758^{***}
互惠性	3.319^{***}	2.056^{***}	1.951^{***}	2.250^{***}
传播者效应				
粉丝数	$1.11e-08^{***}$	$2.54e-08^{***}$	$2.50e-08^{***}$	$2.47e-08^{***}$

(续上表)

项目	主效应	同质性	差异同质性	依赖差异同质性
媒体粉丝数	0.025***	0.010***	0.011***	0.010***
白名单	0.568***	0.496***	0.493***	0.345***
社会等级				
商业&其他（参照）				
中央	0.708***	0.927***	0.972***	1.040***
省级	0.122***	0.205***	-0.316***	0.379***
地方	-0.368***	-0.330***	-0.280***	-0.067***
媒介类型				
新闻网站&其他(参照)				
党报	0.063***	0.001***	0.003***	0.040***
其他报纸	0.146***	-0.151***	-0.110***	-0.171***
城市网站	-0.278***	-0.197***	-0.078***	-0.042***
电视	0.211***	0.240***	0.228***	0.278***
广播	-0.386***	-0.627***	-0.880***	-0.721***
杂志	-0.832***	-1.072***	-1.072***	-0.905***
接收者效应				
媒体关注数	0.003***	0.001***	0.001***	0.001***
发布微博数	$-6.42e-06$***	$-8.24e-06$***	$-7.97e-06$***	$-8.51e-06$***
趋同性				
行政区域		1.148***	1.056***	1.099***
经济区域		0.008***		
东部			-0.030***	-0.035***
中部			-0.008***	0.065***
东北			0.712***	0.841***

(续上表)

项目	主效应	同质性	差异同质性	依赖差异同质性
西部			0.644***	0.657***
社会等级		0.274***		
中央			0.782***	0.789***
省级			0.060***	0.066***
地方			0.268***	0.320***
媒介类型		0.453***		
党报			0.031***	-0.057***
其他报纸			0.374***	0.389***
新闻网站			0.708***	0.694***
城市网站			-0.109***	-0.083***
电视			0.289***	0.296***
广播			0.848***	0.872***
杂志			1.008***	1.042***
其他			3.079***	2.932***
新闻类型		0.133***		
综合类			-0.204***	-0.201***
时政类			0.251***	0.282***
财经类			0.757***	0.774***
国际类			0.628***	0.620***
专业类			0.940***	0.983***
信娱类			0.564***	0.491***
夹带				
关注关系	3.188***	3.155***		3.023***
社会距离	-0.043***	-0.044***		-0.042***

(续上表)

项目	主效应	同质性	差异同质性	依赖差异同质性
GWD（出度）				−1.485***
GWESP（0.3）				−0.016***
拟合				
L^2	530817	536578	536763	536876
df	16	23	40	42
AIC	30865	25118	24967	24858
BIC	31137	25467	25502	25414

*$p<0.05$，**$p<0.01$，***$p<0.001$。L^2表示对数似然比统计量（离差），df表示对应的自由度。

根据对数似然比检验方法，两个嵌套模型所对应的离差值之间的差异服从卡方分布（chi-square distribution），其自由度为两个模型参数个数的差异。比较主效应模型和同质性模型，其离差差异为 536578 − 530817 = 5761，自由度为 23 − 16 = 7，将该值与卡方分布进行比较，发现 p 小于 0.0001，说明在同质性模型的拟合显著优于主效应模型 [$\chi^2(7) = 5761$；$p<0.0001$]；同理，相比于主效应，差异同质性模型也具有更佳的模型拟合效果 [$\chi^2(24) = 5946$；$p<0.0001$]，故而说明为模型增加同质性统计项能够显著地改进模型的拟合度。

对差异同质性模型与同质性模型两个非嵌套模型的拟合评价，则可以采用 AIC 和 BIC 方法，通过惩罚那些因包含过多参数而解释力有限的模型来进行模型间的比较，AIC 和 BIC 越小，模型拟合度越佳。在主效应模型中，其对应的 AIC 是 30865，同质性模型的 AIC 下降至 25118，而改进的差异同质性模型的 AIC 又降至 24967，根据 AIC 的结果，差异同质性模型在三个模型中拟合度最高。但是，同时考虑了样本规模的 BIC 指数显示，差异同质性模型（25502）的 BIC 却略高于同质性模型（25467）。最后，当加入几何加权统计量 GWD（出度）和 GWESP 时，模型的拟合度得到了进一步的提升（$AIC = 24858$，$BIC = 25414$），由此可见依赖差异同质性模型是目前拟合效果最佳的模型。另外，从网络仿真的图形化拟合优度图来看（见图 5.1），不同观测网络出度的分布曲线（黑色点线）基本上都落在基于依赖差异同质性模型仿真网络的置信区间内，说明该模型较好地还原了真实网络特定的结构特征。

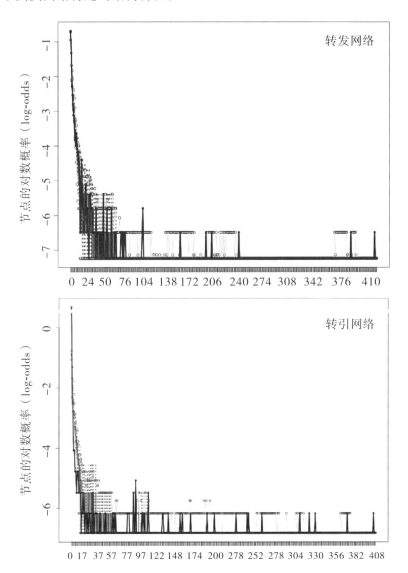

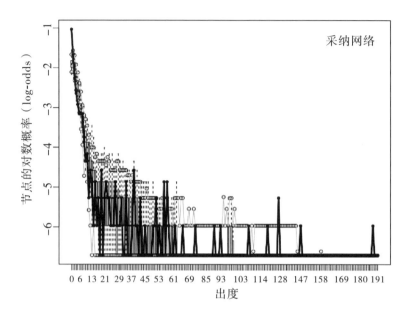

图 5.1　三种媒体网络的出度分布及其仿真网络的出度置信区间

对于转引网络的模型构建，四个不同的模型在参数估计过程中均得到收敛。在对数似然比检验方面，同质性模型 $[\chi^2 (7) = 1143; p < 0.0001]$ 和差异同质性 $[\chi^2 (24) = 1326; p < 0.0001]$ 的拟合优度均显著优于主效应模型；根据 AIC 拟合优度测量指标上，差异同质性模型的 AIC 下降至 30095，比同质性模型（AIC = 30244）具有更好的拟合效果；但在另一方面，差异同质性模型的拟合程度（BIC = 30574）却略逊于同质性模型（BIC = 30601）。改进后的网络依赖性模型——依赖差异同质性模型的 AIC（30031）和 BIC（30548）均下降至最低水平；同时，从可视化的拟合优度图（图 5.1）来看，基于依赖差异同质模型的参数进行的仿真网络的出度分布情况，与实际网络在统计上具有一致性。综合而言，该模型是四个统计模型中拟合效果最佳的，故选择以该模型所估计的参数进行模型解释和假设检验。

表 5.4　转引网络的主效应、同质性、差异同质性以及依赖差异同质性模型比较

项目	主效应	同质性	差异同质性	依赖差异同质性
弧	−10.50 ***	−11.150 ***	−11.270 ***	−11.020 ***
互惠性	0.917 ***	0.813 ***	0.784 ***	0.794 ***

(续上表)

项目	主效应	同质性	差异同质性	依赖差异同质性
传播者效应				
粉丝数	$-5.35e-08$***	$-4.92e-08$***	$-4.75e-08$***	$-5.09e-08$***
媒体粉丝数	0.041***	0.036***	0.036***	0.036***
白名单	0.650***	0.686***	0.706***	0.703***
社会等级				
商业&其他（参照）				
中央	3.924***	4.046***	4.105***	4.133***
省级	3.345***	3.432***	3.431***	3.458***
地方	3.252***	3.411***	3.454***	3.488***
媒介类型				
党报&其他报纸(参照)				
新闻网站	0.129***	0.093***	0.160***	0.162***
城市网站	-1.227***	-1.115***	-1.005***	-0.989***
电视	1.007***	1.045***	1.071***	1.081***
广播	-2.578***	-2.565***	-2.933***	-2.941***
杂志	-2.969***	-3.041***	-3.059***	-3.075***
其他	4.896***	4.962***	4.989***	5.004***
接收者效应				
媒体关注数	0.004***	0.004***	0.004***	0.004***
发布微博数	$4.92e-06$***	$4.63e-06$***	$4.48e-06$***	$4.48e-06$***
趋同性				
行政区域		0.377***	0.414***	0.470***
经济区域		0.120***		
东部			0.096***	0.091***
中部			-0.364***	-0.376***
东北			-1.514***	-1.540***
西部			0.792***	0.792***
社会等级		0.014***		

（续上表）

项目	主效应	同质性	差异同质性	依赖差异同质性
中央			-0.128***	-0.141***
省级			0.062***	0.068***
地方			0.021***	0.020***
媒介类型		0.195***		
党报			0.131***	0.169***
其他报纸			0.308***	0.318***
新闻网站			-0.091***	-0.088***
城市网站			-0.792***	-0.790***
电视			-0.445***	-0.303***
广播			1.294***	1.313***
杂志			1.061***	1.064***
其他			2.756***	2.967***
新闻类型		0.298***		
综合类			0.298***	0.286***
时政类			-0.239***	-0.242***
财经类			0.732***	0.780***
国际类			0.794***	0.849***
专业类			-0.256***	-0.255***
信娱类			0.894***	0.907***
夹带				
关注关系			1.053***	1.033***
社会距离			-0.024***	-0.027***
GWD（入度）				-2.542***
拟合				
L^2	283438	284581	284764	284830
df	16	23	40	41
AIC	31373	30244	30095	30031
BIC	31632	30574	30601	30548

$^{*}p<0.05$，$^{**}p<0.01$，$^{***}p<0.001$。L^2 表示对数似然比统计量（离差），df 表示对应的自由度。

对于采纳网络，除了主效应模型，其他三个模型均能够收敛。同样地，同质性模型的拟合效果在对数似然比检验中显著优于主效应模型 $[\chi^2(7)=8166;p<0.0001]$，差异同质性模型的拟合也显著优于与其具有嵌套关系的主效应模型 $[\chi^2(24)=8315;p<0.0001]$。与前两个网络相似，在 AIC 和 BIC 检验中，差异同质性模型的 AIC 值（20195）低于同质性模型（20310），而对应的 BIC 值（20681）却高于后者（20628），因此二者都并非拟合最优的模型。在增加一个 GWDSP 统计量后，依赖差异同质性模型的 AIC 值（20125）和 BIC 值（20621）都达到最低，而且模型在网络出度分布上获得了最佳的拟合效果，所以最终选择该模型以对估计参数进行解释。

表 5.5 采纳网络的主效应、同质性、差异同质性以及依赖差异同质性模型比较

项目	主效应	同质性	差异同质性	依赖差异同质性
弧	−6.183***	−9.148***	−9.491***	−9.298***
互惠性	3.032***	2.409***	2.364***	2.526***
传播者效应				
粉丝数	−6.11e−09***	1.30e−08***	1.350e−08***	1.57e−08***
媒体粉丝数	0.024***	0.007***	0.008***	0.007***
白名单	0.452***	0.364***	0.385***	0.391***
社会等级				
商业 & 其他（参照）				
中央	0.369***	0.671***	0.852***	0.837***
省级	0.210***	0.549***	0.604***	0.573***
地方	−0.042***	0.473***	0.670***	0.652***
媒介类型				
新闻网站 & 其他(参照)				
党报	−0.612***	−0.524***	−0.723***	−0.681***
其他报纸	0.090***	−0.016***	0.056***	0.148***
城市网站	−0.586***	−0.213***	−0.250***	−0.177***
电视	−0.816***	−0.666***	−0.726***	−0.746***
广播	−0.787***	−0.640***	−0.698***	−0.676***

（续上表）

项目	主效应	同质性	差异同质性	依赖差异同质性
杂志	-0.451^{***}	-0.743^{***}	-0.713^{***}	-0.692^{***}
接收者效应				
媒体关注数	$-1.701e-04^{**}$	-0.003^{***}	-0.002^{***}	-0.002^{***}
发布微博数	$2.73e-06^{***}$	$2.37e-06^{***}$	$2.22e-06^{***}$	$2.47e-06^{***}$
趋同性				
行政区域		0.661^{***}	0.695^{***}	0.645^{***}
经济区域		0.091^{***}		
东部			0.030^{***}	0.046^{***}
中部			0.201^{***}	0.135^{***}
东北			0.319^{***}	0.370^{***}
西部			0.486^{***}	0.457^{***}
社会等级		0.058^{***}		
中央			-0.273^{***}	-0.330^{***}
省级			0.228^{***}	0.230^{***}
地方			-0.273^{***}	-0.128^{***}
媒介类型		0.297^{***}		
党报			1.129^{***}	1.123^{***}
其他报纸			0.131^{***}	0.099^{***}
新闻网站			0.441^{***}	0.427^{***}
城市网站			0.378^{***}	0.272^{***}
电视			0.071^{***}	0.022^{***}
广播			0.210^{***}	0.194^{***}
杂志			0.126^{***}	0.153^{***}
其他			1.409^{***}	1.390^{***}
新闻类型		-0.002^{***}		
综合类			-0.145^{***}	-0.121^{***}
时政类			-0.393^{***}	-0.108^{***}
财经类			1.221^{***}	1.189^{***}

(续上表)

项目	主效应	同质性	差异同质性	依赖差异同质性
国际类			0.434***	0.392***
专业类			0.083***	-0.108***
信娱类			0.723***	0.783***
夹带				
关注关系		4.850***	4.804***	4.797***
社会距离		-0.014***	-0.017***	-0.014***
GWDSP（0.4）				-0.018***
拟合				
L^2	182984	191150	191299	191371
df	16	23	40	41
AIC	28462	20310	20195	20125
BIC	28710	20628	20681	20621

* $p<0.05$，** $p<0.01$，*** $p<0.001$。L^2 表示对数似然比统计量（离差），df 表示对应的自由度。

（二）模型解释

1. 媒介类型对媒体选择过程的影响

通过横向比较三个媒体网络的同质性模型以及依赖差异同质性模型，发现新闻媒体的媒介类型对预测媒体之间交互关系的形成具有显著的正向效应。在转发网络中，媒介类型的整体趋同性（同质性模型）参数估计值为 0.453（$p<0.001$），除了党报（-0.057，$p<0.001$）和城市网站（-0.083，$p<0.001$）具有较弱的负效应之外，在其他报纸（0.389）、新闻网站（0.694）、电视（0.296）、广播（0.872）、杂志（1.042）和其他（2.932）等媒体类型上，两个同属于以上类型的媒体之间比随机网络拥有更高的连接概率，并且均具有统计上的显著性（$p<0.001$）。值得注意的是，党报和城市网站所表现的"异质性"连接本质上是不同的，根据传播者效应的参数结果，党报（0.040，$p<0.001$）是新闻网站（和其他）被转发的概率更大，而城市网站（-0.042，$p<0.001$）的微博被转发概率相对较低，在异质性的关系中，前者倾向于成为新闻的"传播者"，后者则更可能处于"接收者"的地位。

媒介类型的趋同性对媒体之间转引关系的形成也具有显著的正向效应（0.195，$p<0.001$），在依赖差异同质性模型中，党报（0.169）、其他报纸（0.318）、广播（1.313）、杂志（1.064）和其他（2.967）对媒体选择转引来源具有显著的（$p<0.001$）正向关系；有趣的是，新闻网站（−0.088）、城市网站（−0.790）以及电视（−0.303）则呈现显著的（$p<0.001$）负向相关，说明三个类型的媒体的同质性选择的可能性较低。

结合媒介类型的传播者效应，可知以报纸（党报和其他报纸）为参照组，新闻网站（0.162）和电视（1.081）的参数估计值显著为正（$p<0.001$），其优势比（odd ratios）分别为1.176（95%的置信区间为1.172−1.180）和2.948（95% CI = 2.946−2.949），即新闻网站和电视类媒体被某一个媒体转引的概率是报纸的1.18倍和2.95倍；相反，城市网站（−0.989，$p<0.001$）被其他媒体转引（传播）的可能性较低，是报纸被转引概率的0.97倍（OR = 0.971，95% CI = 0.970−0.972）。一个合理的解释是受限于行政法规或相关管理条例（如网信办"白名单"），大多数城市门户新闻网站仅有有限的新闻资质和采编权，且均未进入新闻网站转载的"白名单"内，对新闻信息尤其是时政新闻的（微博）发布更多地依赖于对其他类型媒体的转引。

在采纳网络中，具有相同媒介类型的媒体的趋同性选择在统计上具有显著的正向效应（0.297，$p<0.001$），而且在媒介类型变量的不同水平上均显著为正（$p<0.001$）：党报（1.123）、其他报纸（0.099）、新闻网站（0.427）、城市网站（0.272）、电视（0.022）、广播（0.194）、杂志（0.153）和其他（1.390）。由此可证，总体而论在媒介类型上，媒体之间交互关系的形成具有同质性效应，即同一种媒介类型的新闻媒体之间更倾向于转发、转引或采纳对方的新闻（微博），故假设H1a、H1b和H1c成立。

2. 新闻类型对媒体选择过程的影响

在三个网络的同质性模型中，转发网络、转引网络以及采纳网络的新闻类型趋同性参数估计值分别为0.133、0.298和−0.002，且在统计上具有显著性（$p<0.001$）。从依赖性差异同质性模型来看，不同网络在新闻类型不同水平上的同质性效应也有所差异。在转发网络中，时政类（0.282）、财经类（0.774）、国际类（0.620）、专业类（0.983）和信息娱乐类（0.491）等类型的新闻均具有显著的（$p<0.001$）同质性效应，唯独综合类（−0.201，$p<0.001$）新闻表现出了负效应，即在转发关系中综合类媒体与更多不同类型的媒体进行信息交换，因此媒体选择过程呈

现出异质性而非同质性的趋势。在转引网络中，综合类（0.286）、财经类（0.780）、国际类（0.849）和信息娱乐类（0.907）在媒体转引关系的形成方面都具有显著的（$p<0.001$）正向影响，但时政类（-0.242）和专业类（-0.255）的媒体表现出显著的（$p<0.001$）异质性倾向。

在采纳网络中，不同类型的媒体也出现极为相似的同质化趋势，国际类（0.392）、财经类（1.189）和信息娱乐类（0.783）等解释变量对该相同类型媒体的新闻（微博）采纳关系是正向影响且统计显著的（$p<0.001$），另一方面，综合类（-0.121）、时政类（-0.108）和专业类（-0.108）表现为显著的（$p<0.001$）异质性效应。显然，财经类、国际类和信息娱乐类（主要以交通和音乐广播为主）的媒体在各自的新闻类型内共享相同的报道旨趣和稳定的互动关系，在社交网络中形成了相对"封闭"而紧密的交流圈。反观综合类新闻一般以社会新闻为主，其内容和关注点更为广泛，其他媒体转引的"门槛"较低；时政类媒体由于其严肃性和权威性而容易成为信息传播的中心；专业性（涵盖体育、军事、行业等）媒体这个类型的"纯度"不足，在不同的专业或行业信息上缺乏交流的动力，因此这三种新闻类型内的媒体受到同质性效应影响的程度较低也是可以理解的。综上，我们可以认为，虽然不同新闻类型的预测效果存在差异，但是总体上新闻类型有助于预测媒体之间的互动关系，故假设H2a、H2c成立，假设H2c部分成立。

3. 地理、社会和经济接近性对媒体选择过程的影响

针对地理接近性的假设，我们假定来自相同省份或行政区域的新闻媒体更可能产生互动关系。转发网络、转引网络以及采纳网络的模型的地理接近性参数估计值分别为1.099、0.470和0.645，而且均在0.001的显著性水平上与媒体之间建立关系的可能性相关联，因此，H3假设均成立。

对社会接近性的假设主要体现在媒体单位的等级的趋同性上，在转发网络的依赖差异同质性模型中，中央级（0.789）、省级（0.066）以及地方级（0.320）媒体的互动关系具有显著的（$p<0.001$）同质性效应，假设H4a得证；而且，中央级（1.040，$p<0.001$）和省级媒体（0.379，$p<0.001$）在新闻（微博）转发关系中更可能扮演"传播者"的角色，而地方级媒体相较于其他类别的媒体，其关系发送即被其他媒体转发的可能性更低（-0.067，$p<0.001$）。

对于媒体转引网络，中央级媒体并不支持同质性假设，对同属该类型媒体之间关系的预测具有负向效应（-0.141，$p<0.001$），可能是中央级媒体更多地成为其他媒体新闻转引的来源；其传播者效应存在正向的显著

性特征（4.133，$p<0.001$），中央级媒体被某个媒体转引的概率是商业性（和其他）媒体的 62 倍（$OR=62.365$，$95\% CI=61.731-63.005$）；两个同属于省级（0.068）或地方级（0.020）的媒体之间建立转引关系的概率相比于随机网络都呈现显著的（$p<0.001$）增加态势。整体而言，媒体之间更可能基于相同的社会等级而建立转引关系，因而假设 H4b 也成立。

采纳网络的模型结果显示，虽然在同质性模型中社会等级的趋同性参数正向显著（0.058，$p<0.001$），但在依赖差异同质性模型中，仅有省级媒体的同质性效应正向显著（0.230，$p<0.001$），两个同属于中央（-0.330）或地方级（-0.128）的媒体之间建立采纳关系的概率显著（$p<0.001$）低于随机网络，说明在新闻采纳方面，中央和地方媒体均与其他层级的媒体积极地交换信息，所以假设 H4c 不成立。

在经济接近性方面，转发网络模型结果显示，除了经济相对发达的东部地区的媒体之间在趋同性上出现显著的负向效应（-0.035，$p<0.001$）之外，同属于中部（0.065）、东北三省（0.841）以及西部地区（0.657）的媒体之间更可能建立转发关系，且皆具有显著性特征（$p<0.001$）。有意思的是，在建立转引关系的过程中，同属于中部（-0.376）或东北地区（-1.540）的媒体之间的连接概率显著地（$p<0.001$）降低，而经济接近性在东部（0.091，$p<0.001$）和西部（0.792，$p<0.001$）两个地区上表现出对媒体互动关系形成的正向的预测作用。

在采纳网络中，相比于随机网络的连边概率，来自同一个经济地区的两个媒体之间建立新闻采纳关系的概率均显著地（$p<0.001$）增加，东部、中部、东北以及西部地区的参数估计值分别为：0.046、0.135、0.370、0.457，可见经济接近性变量对西部地区的媒体交互关系的预测效果最好，经济相对落后的西部地区的媒体整体上与其他经济地区的联系较少，而在地区内部形成了相对独立而封闭的信息流通环境。综上，假设 H6a 基本成立，假设 H6b 部分成立，假设 H6c 成立。

4. 政治因素、社会距离以及关注关系的影响

三个媒体网络的模型结果皆显示，行政法规对媒体之间互动关系具有一定影响，中央网信办出台的新闻网站转载媒体"白名单"能够有效预测媒体在社交网络中的互动关系：与不在名单之外的媒体相比，出现在名单中的媒体被其他媒体转发的概率显著高于前者（0.134，$p<0.001$），是前者概率的 1.41 倍（$OR=1.412$，$95\% CI=1.407-1.416$）；同样地，"白名单"媒体的新闻（微博）被转引（0.703）和采纳（0.391）的可能性也显著地提升，其概率分别是名单外的媒体的 2.02 倍（$OR=2.020$，

95% CI = 2.012 – 2.027）以及 1.48 倍（OR = 1.479，95% CI = 1.474 – 1.485），故假设 H7 的三个子假设全部成立。

媒体的"社会距离"反映媒体在多个属性上的相似程度，转发网络（–0.042，p < 0.001）、转引网络（–0.027，p < 0.001）以及采纳网络（–0.014，p < 0.001）的解释模型中社会距离的估计参数均负向显著。具体而言，假定其他条件不变的情况下，社会距离每增加 1（即不共享某一属性），这两个媒体之间存在转发关系的概率就相应地减少至 0.96 倍（OR = 0.958，95% CI = 0.956 – 0.961），建立转引关系的概率减少至 0.97 倍（OR = 0.973，95% CI = 0.971 – 0.976），采纳关系的概率则减少至原来的 0.99 倍（OR = 0.986，95% CI = 0.983 – 0.990）。也就是，两个媒体共享的属性越少，即"距离"越远，他们之间建立互动关系的可能性越低；反之，亦然。因此，假设 H5 成立。

另外，网络统计模型的结果还显示，媒体之间的关注关系对媒体之间交互关系的形成都具有显著（p < 0.001）且正向的影响：转发网络、转引网络和采纳网络所对应的关注关系统计项的系数分别为 3.023、1.033 和 4.797，其优势比分别为 20.552（95% CI = 20.519 – 20.586）、2.809（95% CI = 2.806 – 2.812）和 121.146（95% CI = 118.922 – 123.413）。所以，如果媒体 A 与媒体 B 之间存在关注关系，那么媒体 A 和媒体 B 之间形成转发关系的概率就是没有关注关系的概率的 20 倍以上；同理，二者形成转引关系的概率是无关注关系的概率的 2.8 倍，而建立采纳关系的概率甚至提升了 121 倍。因此，假设 H8 成立。

5. 网络结构变量以及控制变量的影响

从 ERGM 模型的纯结构变量来看：首先，三个媒体交互网络的弧统计量皆为显著且为负值（–9.758、–11.020、–9.298），意味着网络的密度均在 50% 以下。一般而言，弧的系数为负值是大多数真实观测网络的典型特征，况且本研究中的媒体网络的密度较低，均为稀疏网络。而且，转发、转引以及采纳网络这三个媒体关系网络都具有一定的互惠性，其互惠性统计量的系数分别为 2.250、0.794 和 2.526，且具有统计上的显著性（p < 0.001），在其他条件不变的前提下，观测网络的互惠边（即存在双向关系）出现的概率比随机网络中的概率更高。

具有高序依赖性的几何加权统计项被纳入依赖差异同质性模型有助于改进统计模型，同时也增加了模型预测的信息量。尤其是对 GWESP 以及 GWDSP 系数进行解释时，需要考虑到网络增加一条边对整个网络共享伙伴分布的影响，避免过度解释这两个系数（哈瑞斯，2016）。在转发网络的依赖性模型中，网络出度 GWD 的系数为 -1.485 且显著（$p<0.001$），说明转发网络是中心度较低的网络，大多数媒体被转发的次数较少且差距相差不大，即出度分布呈现指数递减的态势（哈瑞斯，2016），与前述转发网络出度分布呈现幂律分布的结论一致。同时，GWESP 的系数也出现负向显著（-0.016，$p<0.001$），权重参数 α 为 0.3，显示网络中存在较少的三角形结构且形成更少的多元边共享伙伴，说明转发网络的紧密性较低且聚类的传递性较差，从前文第三章中转发网络的聚类系数和凝聚子群分析结果亦可见一斑。

转引网络中，入度的 GWD 系数显著且为负值（-2.542，$p<0.001$），反映入度即媒体转引其他媒体的新闻的频数分布很可能呈指数衰减趋势，说明大多数媒体在转引行为上的积极性有限，仅有少量媒体会将更多媒体作为其新闻的来源。换句话说就是，大多数媒体可能倾向于转引某些比较权威或者与之联系较为密切的媒体的新闻，而无论其是否为真正的消息源头。

在采纳网络的依赖性模型结果中，多元二元组共享伙伴的统计项 GWDSP 的参数估计值为 -0.018，且在 0.001 的显著性水平上与网络中关系的形成相关联，意味着观测网络中连接二元组以及非连接二元组共享伙伴的情况比预计网络中更少，从传递性角度来说，两个媒体之间存在新闻（微博）的采纳关系仅需要通过较少或较短的路径即可，以避免通过更多的"中介"传递而导致信息重复或冗余。一般而言，因为媒体一旦采纳某个媒体的新闻（微博）后就不会受到其他的媒体"感染"，所以在采纳网络的局部结构中，媒体并不过多地依赖多重连通的构局进行信息的交换，而只需要与目标媒体建立直接的联络关系。

最后，媒体的微博粉丝数、微博发布数量以及媒体圈中粉丝数和关注数被所有模型所控制。在传播者效应中，转发网络和采纳网络媒体的总粉丝数量系数为正值，而转引网络的媒体粉丝数的参数为负值，但其优势比检验皆显示三个变量系数等于 1，说明微博粉丝数与结果之间不存在显著的关联。此外，转发、转引和采纳网络的三个依赖性模型结果均显示，媒体的媒体粉丝数的系数正向且显著（$p<0.001$），分别为 0.010、0.036 和 0.007。由此可见，在媒体圈内越受同行关注的媒体，无论是新闻的转发、转引还是采纳，其成为其他媒体新闻选择的"标准"的可能性越高，以转引关系为例，媒体的媒体粉丝每增加 1 个，该媒体与其他媒体建立转引关系的概率增加 1.036 倍（95% $CI=1.036-1.037$），从侧面反映了新闻媒体在新闻实践中可能存在的群体规范和"惯习"所在。

从接收者效应来看，如果一个媒体关注的媒体越多，即媒体从其他同行那里获取信息的渠道越多，则越可能与其他媒体建立转发（0.001，$p<0.001$）或转引（0.004，$p<0.001$）的关系；但与此相反，如果媒体关注的媒体越多，其采纳其他媒体新闻的可能性在降低（-0.002，$p<0.001$），从"门槛"理论的角度来解释，假定媒体对特定新闻信息的"门槛"值是固定的（即先行采纳新闻的媒体数占其所关注的媒体数的比例），在先行采纳者数量有限的情况下，关注媒体数量越多，其门槛值越高，从而影响新闻的"显要性"，降低媒体采纳新闻的可能性。

再来看，发布微博数量与媒体互动之间的关系，转引网络和采纳网络中媒体微博数均对预测其转引和采纳新闻的概率正向效应，而转发微博数的参数估计为负值，但是三个模型中该变量的优势比均近似为1，以转发微博数为例，其优势比为0.99999915，说明该统计项与模型结果无显著关联性。

第六章 媒体网络对新闻事件扩散的影响

新闻媒体在社交网络中存在复杂的关系网络，从社会网络的视野出发，这些关系的形成及其影响构成两个基础的社会过程：选择过程与影响过程。前述章节研究了选择过程，考察的是媒体之间的交互关系形成与媒体自身的社会属性的关联，也就是同质性如何影响媒体的新闻决策。相反，媒体同行之间的关系也可能影响着媒体的行为或属性（如观点或态度），即媒体是否选择某一事件进行报道背后的行为动机，与媒体在社群网络中的位置或隶属的社会关系相关。本章将在创新扩散理论的框架下，采用事件史分析（生存分析）的方法探索和解释媒体的网络结构如何影响媒体在新闻事件扩散过程中的行为改变。

创新扩散研究的理论源泉来自不同的学科和领域，无论是农业学的杂交玉米技术扩散，还是营销学中商品的推广，抑或是社会学中医生对新药的采纳，研究的焦点在于解释新的观点或行为如何在社区中传播：为什么有的行动者采纳了某项创新，而其他行动者则没有；更进一步的研究问题是，为什么有的行动者的采纳行为发生得更早，而大部分行动者却需要更长的时间考虑是否参与其中。

先驱性的研究（Ryan & Gross, 1943；Coleman et al., 1966；Valente & Rogers, 1995；Valente, 1995）发现，影响观点或行为扩散的一个重要因素是人际传播中的互动性接触。例如，科尔曼等人（Coleman et al., 1966）通过测量医生"与谁交流或咨询"来解释人际关系对新药四环素在医生之间扩散的作用，这一"概念化的飞跃"（Valente, 1996）为创新扩散研究引入了社会网络的分析视角。伯特（Burt, 1987）重新挖掘了科尔曼等人的数据，分析"凝聚性"和"结构对等性"两种网络结构变量如何消除医生在新药采用过程中的不确定性，为研究者比较不同扩散模型中网络的效果提供了描述性的框架。创新扩散的研究蓬勃发展于20世纪60年代，而直到20世纪末网络研究者才开始采用成熟的网络模型和统计技术，使得对扩散过程进行更精细的操作和分析成为可能。例如，从人口学借鉴而来的生存分析方法和回归模型，有助于描述创新扩散过程整体的动态性,以及解释网络结构对这一过程的动态影响。

在传播学领域中,新闻事件的扩散研究沿袭了"传播流"研究的传统,关注哪种渠道(大众传媒或人际交流)在新闻事件扩散中作用更显著(Deutschmann & Danielson,1960;Greenberg,1964a;Gantz,1983;Basil & Brown,1994),以及其他外在的社会因素,如人口学变量、新闻事件的重要性(Rosengren,1973;Gantz et al.,1976)、社会作息规律(Hill & Bonjean,1964)等。然而,大众传媒领域的职业行动者在新闻扩散中的重要性和研究价值却没有得到足够的重视和挖掘:一方面,媒体从业者之间对新闻的选择和决策也存在扩散的过程,而正是这种"媒际"的互动形式影响了新闻在受众认知中的显要性(salience,Rogers,1993);另一方面,考虑到媒体作为社会信息系统的关键行动者,拥有更为稳定而复杂的社会关系,尤其在互联网时代,"网络化"的新闻传播生态和生产模式塑造了新旧媒体的互动关系。因此,剖析这些内在关系和行为过程所折射的权力结构和信息传播机制对理解"拟态环境"是如何建构的具有重要意义。

本章将回顾扩散研究中网络影响模型和方法,通过三个新闻事件案例描述微博中媒体的新闻扩散过程,并建立社会影响模型检验不同的网络结构是否对新闻事件扩散产生影响。

第一节 社会影响与新闻扩散

(一)社会网络与社会影响

社会网络是信息扩散的渠道。运用社会网络分析和统计模型的方法有助于理解和解释信息扩散的社会影响过程,也就是采用数理统计的方法对行动者之间结构化的社会情境及其态度、行为变化的过程进行操作化和形式化,并对社会网络影响与行动者采纳行为之间的因果关系进行推断和评价。

社会影响是社会网络研究中的一个重要领域,它试图将社会关系的结构与组成网络的行动者的态度和行为勾连起来(Marsden & Friedkin,1993)。最早以网络为中介的动态社会影响理论是由弗里德金等人(Friedkin & Johnsen,1990,1997;Friedkin,2006)发展起来的"社会影响的结构性理论"（a structural theory），他将该理论描述为"发生于群体中，影响人们对问题的态度和看法，并达成人与人之间的一致，包括从初始意见分歧状态达到群体一致性的人际影响过程的数学表达形式"（Friedkin，2003，转引自鲁谢尔等，2016）。

在网络结构被考虑进扩散研究之前，扩散研究主要采用宏观模型从整体的动态性出发，探究创新的外部情境和内部因素对其扩散的累积增长过程的影响，比如著名的巴斯扩散模型（Bass，1969；Hamblin et al.，1973），用于预测创新扩散的速率以及规模。但是，宏观模型（包括创新扩散模型、传染病模型）并没有考虑网络结构是否影响扩散，而且包括门槛模型在内的理论模型对行动者属性以及群体分布的假设是模糊的、不精确的，因为他们被假定是完全混合的，每个个体都与其他个体存在着交互的关系。

诚然，门槛模型（Granovetter，1978；Watts，2002；Dodds & Watts，2004）和社会学习模型（DeGroot，1974；Jackson & Yariv，2007）都考虑社会情境和人际影响对扩散过程的影响，但它们更强调群体动态演化的最终均衡性，而没有对行动者的个体网络（personal network）进行更细致的观察和测量，对社会经济学视野中的群体规范（norms）或"同群效应"（peer effect）等理论假设缺乏概念化和精细化的操作（详见第二章）。

在扩散研究的网络模型中，行动者之间的关系通常被视为与行动者属性或行为（表示为二分变量，行为发生表示为1，否则为0）相互依赖，也就是，网络结构被用来解释和预测行动者的属性或行为的分布，从而实现将个体层面的网络结构效应纳入可估算的数学形式之中。目前，网络分析学者已经发展了一系列描述社会影响的结构概念，如"近似性"（proximity）、"社会位置"（social position）、"结构凝聚性"（structural cohesion）以及"结构对等性"（structural equivalence）等。

社会近似性的一般性的假设是，社会网络中的两个行动者的近似程度与其人际影响的出现相关联。在扩散研究的情境中，伯特（Burt，1987）将结构影响描述为一种使两个行动者近似（proximate）的"结构性环境"，即假定"他者"（alter）对创新的采纳会"触发"（trigger）"自我"（ego）的行为。"影响"实际上是一种因果关系，也就是一个人根据他人的行动以协调自身的反应，它有着多样的形式并包含权力、身份认同、专业性以及竞争在内的多种关系；而且社会影响不需要面对面（face-to-face）的交流，仅依赖于对他人态度和观点的信息，也不须经过深思熟虑或有意识地改变自身的态度或行为（Marsden & Friedkin，1993）。因此，社会影响有时也称为"行为感染"（behavioral contagion, Lippitt et al., 1952）或"社会感染"（social contagion, Burt, 1987），强调个体行动者自发地改变行为或模仿群体中其他成员的行为，而后者并不强制性要求前者做出相应的改变。

（二）社会影响的网络分析

弗里德金等人（Marsden & Friedkin, 1993）提出研究社会影响的网络分析方法的三个要点：（1）阐明实际存在的社会过程，即对行动者态度和行为的结构性的影响；（2）采用适当的方法定义网络的人际近似性（interpersonal proximity）；（3）评价适用于社会影响过程的数学和统计模型的预测效果。他们还比较了测量社会近似性的两个向面：结构凝聚性和结构对等性，其中，前者强调网络的一致性和行动者之间的连通性（connectivity）；后者则考虑网络位置的对等性，即人际关系的相似程度（similarity）。

1. 结构凝聚性

随着社会经济心理学的发展以及大众传媒的普及，研究者对社会互动的兴趣从物理上的接近性转移至社会层面的接近性（如家庭关系、友谊），对社会行动者直接关系的发掘较早地出现在 1940 年总统选举中人际影响的里程碑式研究中（Lazarsfeld et al., 1944）；随后在"二级传播"理论中提出的"意见领袖"概念（Katz & Lazarsfeld, 1955），实际上强调的是信息传播过程中重要个体对普通大众施加的人际影响。科尔曼等人（Coleman et al., 1966）则在"新药的扩散"研究中指出，当一种新药出现时，医生会与他的同事们紧密联系并在对新药的评价和采用行为上达成某种一致性，所以医生之间存在的直接交流关系被他们视为医生将新药纳入处方清单的倾向的证据。在重新分析医药创新数据的基础上，伯特（1987）对这种人际关系提出清晰明确的操作化程式和模型检验方法，然而却没有证据显示结构凝聚性影响医生新药的采用。

结构凝聚性，从网络中连接行动者的路径（path）的数量、长度和强度等方面定义社会近似或社会同质性（social homogeneity, Friedkin, 1984），假定面对面的交流和通过中介者的较短沟通路径实现这种同质性。因此，一般而言，结构凝聚性表示的行动者关系可以是直接的，也可以是间接的。但在狭义上，这个概念通常有着更为严格的定义，即两个行动者在网络中直接相连或简单地邻接（Marsden & Friedkin, 1993）。伯特（1987）认为，凝聚性模型关注"自我"与"他者"的"社会化"（socialization),他们之间沟通的频次和共鸣越多,"他者"的行为(采纳)触动"自我"的行为可能性越大。

从网络结构上来看,行动者之间的直接联系或经过中介的间接渠道将网络分割为子群(subgroup),子群内部的行动者相对外部的联系更为紧密,从而在态度和行动上出现同质性的倾向(Friedkin,1984)。例如,表征凝聚子群的概念"派系"(Luce & Perry,1949)表示"最大的完全子图",就是最早对这种内部一致性较高的子群结构的描述,对行动者之间的直接关系有着更严格的要求;另外,"n-派系"(Mokken,1979)和"k-丛"(k-plexes,Seidman & Foster,1978)则放宽了这种标准,允许非直接联系的存在,前者通过行动者之间路径距离刻画子群的凝聚性,后者对子群内行动者之间连接的数量更为敏感。

2. 结构对等性

第二种刻画结构近似性的具体概念是"结构对等性",主要从行动者的网络关系概况(profile)的相似性出发,如果两个行动者在网络中与其他行动者或相同类型的行动者有着相同的连接方式,则他们被认为在结构上是"对等的"(Lorrain & White,1971;Burt,1976;Sailer,1978)。狭义上的"结构对等性"的定义,指的是两个行动者在网络位置中是结构性等价的——在网络中与所有其他行动者有着完全相同的关系(Lorrain & White,1971)。例如,两个人被认为是结构上"近似的",如果他们在被研究群体中拥有相同的朋友。在创新扩散的情形下,伯特(1987)从"竞争"关系的层面理解行动者的结构对等性的意义,指出当"自我"与"他者"之间存在竞争关系时,他们"与其他人的关系越相似,'他者'越可能替代'自我',而使得后者越发感受到与他者的紧张竞争,'自我'快速地采纳那些可能使得'他者'处于领先地位的创新的可能性也就越大"。

然而,在现实网络中,结构对等性的"强定义"的适用性是较低的,因为由于样本的可变性、观察误差或行动者的差异性,网络位置的结构对性很可能存在细微的差别(Burt,1976)。因此,伯特(1976)提出对等性"弱定义":如果行动者 i 和 j 之间的社会距离 d_{ij} 小于一个(任意的)基于网络位置的结构对等性标准距离 α,即 $d_{ij} < \alpha$,那么就说这两个行动者的网络位置的是对等的;另外,针对关系连接的特定对象,结构对等性严格定义还延伸至与相同类型行动者的关系(Marsden & Friedkin,1993),比如当两个行动者在不同的组织中处于相似的权力位置时,他们被认为在结构上是"近似的"。从这个意义上来说,结构对等性模型可以整合行动

者的属性或外生的解释变量。

从子群结构来看，结构对等性模型在预测行动者的社会近似性或同质性方面，提供了比结构凝聚性更一般化的方法，对等性在结构上涵盖（overlaps）、约束（restricts）和延展（extends）了凝聚性的概念（Burt, 1987）：（1）当两个行动者互相连接彼此且均与相似的行动者相连时，结构凝聚性和对等性可以同时预测"感染"；（2）当两个行动者互相连接，而与其他行动者的连接模式不同时，结构对等性的预测作用可以被移除出强调结构凝聚性的"派系"之外；（3）当两个行动者与相同的其他行动者相连接，但二者之间没有直接联系时，对等性而不是凝聚性预测了"感染"。

（三）新闻事件扩散模型

传统的新闻事件的扩散研究主要关注"爆炸性"新闻经过媒体传递至受众的过程，更关注以受众为中心的媒体效应和人际影响效果，即使在该范式处于巅峰发展时期（20世纪五六十年代），对扩散过程的研究仍停留在对接收新闻的人口累积性增长的描述性层面；目前鲜有解释性模型被引入对新闻扩散过程的研究，然而早在此之前，该传播学领域的扩散范式就已然陷入停滞甚至消逝（参见第二章）。

随着移动互联网和社交网络的出现和发展，网络信息的扩散速度远远超越了传统媒体时代，无论是新闻信息的传播者还是接受者，都可以通过更加多元的渠道获取信息。这为新闻事件的扩散在新媒体环境下提供了新的命题和场景，成熟的网络模型方法和统计技术为解释和预测个体微观动机和宏观行动提供了新的洞察力，但同时也意味着研究网络中个体的社会影响的复杂性更强，从多种具有竞争性的因素中辨别网络影响的难度也更大。

本书将在事件史分析框架下对新闻在社交网络中的扩散问题进行建模，从外生的行动者的特性、相对的空间位置、时间的延迟性等解释维度，展现媒体空间的和时间的"异质性"对新闻采纳行为的重要性。

新闻事件扩散模型主要根据以往网络扩散中对社会影响的测量方法（Burt, 1987; Strang & Tuma, 1993; Myers, 2000; Valente, 1996），考察以下四种媒体行动者的协变量对新闻事件扩散的效应，分别为：（a）内在属性、（b）感染性、（c）敏感性和（d）近似性。因此，新闻扩散的风险模型的一般表达可表示为如下形式（Strang & Tuma, 1993）：

$$h_i(t) = \exp\left[\alpha X_i + \sum_{s \in S(t)} (\beta I_j + \gamma S_i + \delta P_{ij})\right]。 \quad (6.1)$$

$h_i(t)$ 是指媒体 i 在时刻 t 采纳特定的新闻的风险，X 表示媒体 i 的属性的向量，α 是其参数估计，β 表示采纳新闻的媒体 j 对其他媒体的感染性的效应参数，γ 表示媒体 i 受已采纳新闻的媒体影响的敏感性的估计参数，δ 表示媒体 i 与媒体 j 之间的社会近似性的效应参数；$S(t)$ 表示在时刻 t 已经采纳新闻的媒体 s 的集合。

1. 媒体的内在属性

媒体的内在属性变量在新闻事件扩散模型中属于外生的解释变量，也作为控制变量而存在，为考察扩散的网络影响提供基线模型。媒体属性既可以是时间变化的，也可以是相对恒定的，由于新闻事件的传播时间一般较短（如一天内），这里假定媒体的属性是不变的。媒体的属性变量已在前述章节有所展示，主要包括媒体的媒介类型、新闻类型、等级类别、所属行政区和经济区等，均为定类变量；另外还包括媒体在微博上粉丝数量、发布微博数等定距变量。

2. 媒体的感染性

感染性指标，被用来评价扩散过程中系统内已经创新的先行采纳者对其他未采纳者的影响程度（Strang & Tuma，1993；Myers，2002），一般的操作化是将表征行动者重要性的特征乘以行动者对采纳行为的次数。例如，斯特朗和图马（1993）在重新挖掘新药采纳数据的研究中，考虑了行动者的中心性（即医生被咨询和作为讨论对象的次数）与其感染性的关系，因为医生的中心性反映了其采用新药的倾向、广泛的社交圈及其在医疗社群中的影响力；梅耶斯（Myers，2002）在研究美国种族暴动中将暴动事件的严重性 S 与其感染性 $V_i(t)$ 相关联，暴动的严重性越高，它对后续暴动发生的风险率影响越大，并将感染性定义为：

$$V_i(t) = \sum_{a \in A(t)} S(a), \tag{6.2}$$

其中，$A(t)$ 是在时间 t 以前发生的暴动事件，S 是暴动事件 a 的严重性，因此该感染性仅仅存在时间上的变化，而对所有其他行动者的影响而言是等价的、不变的。他们发现，事件的严重性与其感染性相关，但是感染性对未来暴动事件的效应依赖于大众媒体对该事件的报道。在此基础上，有研究者（Greenan，2015）使用行动者在网络中的入度（indegree）衡量其重要性，感染性表示的是先行采纳者入度的总和对与其他邻接行动者的效应。根据瓦伦特等人（Valente et al.，2015）对感染性的定义，其公式可表示为：

$$I_i = \frac{\sum_{j=1}^{n} x_{ji}(t) z_j(t+1)}{\sum_{j=1}^{n} x_{ji}(t) z_j(1 \leq t \leq T)}, \text{ 其中 } i, j = 1, \ldots, n, i \neq j。$$

$$\tag{6.3}$$

当在 t 时刻行动者（媒体）j 和 i 之间存在一条链入（incoming）连边时，即 $(j \rightarrow i)$，$x_{ji}(t)$ 等于 1，否则为 0；当行动者 j 在后一个时刻即 $t+1$ 采纳了（新闻），$z_j(t+1)$ 等于 1，反之为 0；同理，$z_j(t+1 \leq t \leq T)$ 表示时刻 $t+1$ 之后的采纳情况。

在新闻事件扩散的过程中，新闻事件在较短的时间内能够扩散至大部分媒体，一般取决于新闻事件本身的新闻价值。对于媒体行动者而言，对新闻价值的判断主要受媒体从业者的个体偏好或既有知识和经验的影响，同时也可能是群体规范或参照效应的产物（Donsbach，2004），尤其是在新闻事件发展初期，为了减少信息的不确定性，媒体之间往往通过"互相定位"（Vonbun et al.，2016）以确定是否报道或报道尺度。先行报道的媒体的感染性表现为，媒体在社区中具有高的影响力会增加后续媒体采纳该新闻的可能性，这里主要考虑媒体在交互关系网络中的出度中心性指标，显示了该媒体在以往新闻活动中成为其他媒体采纳对象的程度。中心性越高，说明其在新闻报道上具有一定权威性和专业性，在活跃度和反应速度上具有相对优势。因此，这里提出本书的研究假设：

假设 H9：先行报道新闻事件的媒体的感染性越高，其他媒体相继报道该新闻事件的风险（概率）越高。

3. 媒体的敏感性

敏感性测量的是"个体行动者如何回应一个采纳行为的发生"（Myers，2002），也就是行动者在其邻接的行动者经历某一事件（如采纳新闻）后，立刻经历该事件的概率。与感染性不同的是，敏感性强调网络关系链出（outgoing），比如"提名"谁是自己的朋友或经常咨询的医生。因此，与感染性公式类似，敏感性可定义为：

$$S_i = \frac{\sum_{j=1}^{n} x_{ij}(t) z_j(t-1)}{\sum_{j=1}^{n} x_{ij}(t) z_j(1 \leq t \leq t-1)}, \text{其中} i,j = 1,\ldots,n, i \neq j \text{。}$$

(6.4)

由公式可知，敏感性与"门槛"的概念相关。"门槛"即个体行动在采纳的时刻其自我网络中先行采纳者的比例（Valente，1996），从采纳创新的阻力的角度出发理解先行采纳行为"自我"的敏感程度。瓦伦特等人（Valente et al.，2015）研究控烟条约的扩散，认为门槛越低的国家批准条例的意愿更强，而门槛较高的国家则倾向于"观望"直到大多数国家都通过为止。在本研究中，新闻事件扩散速度与媒体采纳特定新闻的门槛紧密相关，那些对新闻事件本身越敏感的媒体，其所需要外部"刺激"（其他媒体）越少，则越更早地对事件进行报道；反之，门槛越高的媒体的敏感源更多地来自先行报道的媒体的压力或传染效应。

敏感性除了反映网络内生结构的特性外，还可以与个体行动者的某些特征联系在一起。例如，梅耶斯（2002）认为一个城市对其他骚乱影响的敏感性与其黑人人口规模存在函数关系，并发现敏感性与城市暴动的风险之间显著负相关：黑人数量较少的城市比黑人数量较多城市更容易发生骚乱。这里，提出关于媒体敏感性的研究假设：

假设 H10：媒体的敏感性越高，其报道新闻事件的风险（概率）越高。

4. 媒体的近似性

社会近似性指标，一般用于测量网络中行动者 i 与 j 之间的距离或接近程度，若将这种"相似性"视为潜在影响，就可以估计行为的采纳者对其他潜在行动者的影响。近似性可以基于两个行动者之间直接联系（结构凝聚性）或在网络中相似的位置关系（结构对等性）（Marsden & Podolny, 1990; Strang & Tuma, 1993），还可以是实际的物理距离（Myers, 1996）。在事件史分析的框架下，社会接近性能够很容易地整合进具有加乘效应的风险模型之中，例如有研究者基于网络关系（凝聚性和对等性）重新建构了经典的新药扩散模型（Marsden & Podolny, 1990）。

这里，近似性指标反映在对随时间变化的"个体网络暴露"的测量中，即每个时刻行动者的社会网络中所接触到先行采纳者的比例或数量是变化的，而近似性则用于衡量"自我"行动者与"他者"的接触形式，也就是权重变量。根据前人研究（Valente, 1995; Burt, 1987）可以将凝聚性采用路径距离 z_{ji} ［存在边 $e\ (j \to i) = 1$，否则 $= 0$］进行计算，其定义为：

$$SC_{ji} = \frac{(z_{ji})^v}{\sum_k (z_{jk})^v}, \qquad (6.5)$$

其中，行动者 $k \neq i \neq j$，v 的值被解释为凝聚水平，其取值越大，离"自我"越近的"他者"对其行为改变的潜在影响越大。因此，幂指数为整数的路径距离的观测值与凝聚性指标呈负相关。另一方面，结构对等性的测量可以基于欧氏距离 d_{ij}（Burt, 1987），其数学式表示如下：

$$SE_{ji} = \frac{(dmax_j - d_{ij})^v}{\sum_k (dmax_j - d_{kj})^v}, \qquad (6.6)$$

$dmax_j$ 表示行动者 j 与其个体网络中的其他任意行动者的最大距离，$dmax_j - d_{ij}$ 是行动者 i 和 j 之间的近似性，也就是 d_{ij} 小于 $dmax_j$ 的程度。上述权重值衡量了行动者 i 与 j 之间结构上对等性，取值范围从 0 到 1，且所有与 i

相关的权值相加等于1。

对于新闻事件的扩散，社会近似性可以由媒体之间是否存在连边、是否拥有共同的连接媒体来表示。假如，媒体 i 与媒体 j 之间存在直接的信息交换关系，当其中一个媒体采纳特定新闻事件时，另外一个媒体在未来采纳该新闻的风险更大；同样地，当两个媒体共享相同的媒体资源时，无论他们之间是否存在直接连边，他们互相"竞争"的可能性越大（Burt，1987），从而使得先行的新闻采纳者对另一媒体对于新闻事件的评价产生潜在影响。因此，本书沿用扩散研究中对社会影响测量使用最为广泛的两种方法（Burt，1987；Strang & Tuma，1993）：结构凝聚性和结构对等性。因此，提出相关假设：

假设H11：在媒体网络暴露中，媒体与其他先行媒体的近似性（凝聚性）越大，其报道新闻事件的风险（概率）越高。

假设H12：在媒体网络暴露中，媒体与其他先行媒体的近似性（对等性）越大，其报道新闻事件的风险（概率）越高。

第二节 研究方法

本书将以三个热点的新闻事件为例，借鉴并运用人口学的生存（survival）和事件史分析方法描述、解释媒体在社会网络中的新闻采纳行为（即是否报道该事件）。生存分析关注事件发生的时间（timing）和时段（duration），对事件在时间间隔（t）内发生的条件概率即风险率进行模型估计；根据对新闻事件发生时间的不同划分方法，通过Cox比例风险模型和离散时间logit模型考察媒体的属性变量以及社会网络结构对其报道新闻事件的预测效果。

（一）重要的新闻事件

传统的新闻事件扩散研究历来暗含着对"爆炸性"新闻的偏好（Deutschmann & Danielson，1960；Greenberg，1964a；Gantz，1983），这类事件能够引起社会公众广泛的关注和讨论，对社会具有一定的现实影响。事件性质越重要或越严重，新闻扩散的范围越广、传播速度越快。本研究选取了三个不同主题类型的热点新闻事件，分别是（1）突发灾难性事件，以2017年四川九寨沟县地震为例；（2）社会问题事件，以2018年疫苗造假事件为例；

（3）政治性重大事件，以 2017 年召开第十九次全国人民代表大会为例。为了了解事件的起因及重要性，这里有必要简单概述这三个新闻事件。

"8·8 九寨沟地震"发生于 2017 年 8 月 8 日 21 时 19 分 46 秒，四川省北部阿坝州九寨沟县发生 7.0 级地震，震中位于北纬 33.2 度、东经 103.82 度，震源深度 20.0 千米，截至 8 月 13 日 20 时，地震造成 25 人死亡，525 人受伤，176492 人（含游客）受灾，73671 间房屋不同程度受损。根据微博、微信和网媒的新闻数据统计（参见知微数据：http：//ef.zhiweidata.com）显示，该新闻事件大致持续 14 天 12 小时，持续期间平均传播速度为每小时 152 条，峰值传播速度达到 2799 条每小时。

2018 年 7 月 15 日，国家药品监督管理局发布通告指出，长春长生生物科技有限公司冻干人用狂犬病疫苗生产存在记录造假等行为；7 月 16 日，长生生物发布公告，表示正对有效期内所有批次的冻干人用狂犬病疫苗全部实施召回；7 月 19 日，长生生物公告称，收到《吉林省食品药品监督管理局行政处罚决定书》。7 月 22 日，国家药监局负责人通报长春长生生物科技有限责任公司违法违规生产冻干人用狂犬病疫苗案件有关情况；同日，李克强总理就疫苗事件作出批示。7 月 23 日，长生生物公司因涉嫌信息披露违法违规被立案调查。统计显示，该新闻事件共持续 26 天 15 小时，平均传播速度 269 条/小时，7 月 23 日至 25 日达到传播高潮期，峰值传播速度为 2986 条/小时。

中国共产党第十九次全国代表大会（简称"十九大"）于 2017 年 10 月 18 日至 10 月 24 日在北京召开。10 月 18 日上午 9 时，中国共产党第十九次全国代表大会在人民大会堂开幕。习近平代表第十八届中央委员会向大会作了题为《决胜全面建成小康社会 夺取新时代中国特色社会主义伟大胜利》的报告。10 月 24 日，中国共产党第十九次全国代表大会在选举产生新一届中央委员会和中央纪律检查委员会，通过关于十八届中央委员会报告的决议、关于十八届中央纪律检查委员会工作报告的决议、关于《中国共产党章程（修正案)》的决议后，在人民大会堂胜利闭幕。根据第三方数据显示，该新闻时间持续 16 天 9 小时，平均传播速度为 214 条/小时，峰值传播速度为 1809 条/小时。

图 6.1 展现了三个热点新闻事件在网络媒体、微信和微博等平台中的扩散过程和热度情况。通过观察"四川九寨沟县地震""长春生物等疫苗造假事件"以及"党的十九大召开"的传播趋势图，可以看到在不同的传播渠道中新闻报道频数的波峰期和波谷期交替出现，呈现出以天为单位甚至是小时段为单位的周期性特征。

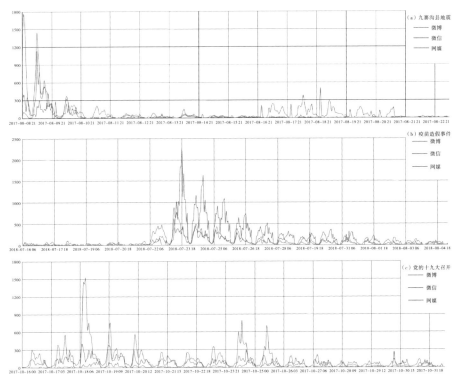

图6.1 热点新闻事件的传播趋势图

注：由上至下三个新闻事件分别为（a）"九寨沟县地震"、（b）"疫苗造假事件"和（c）"党的十九大召开"。

数据来源：https://www.zhiweidata.com/

通过对比发现，媒体对不同新闻事件的集中报道的时间不同，传播的速度也存在较大差异。例如，在地震事件中，媒体反应时间达到分秒级别，传播高潮出现在地震发生后 30 分钟之内。在疫苗造假事件的早期，仅有少数的媒体"创新者"采纳了新闻，大多数媒体直到中期才参与事件的报道。究其原因在于该事件反映的社会问题较敏感且影响恶劣，以一篇题为"疫苗之王"的微信文章引发公众关注，倒逼媒体跟进报道。而属于政治性事件的"十九大召开"的新闻报道的涌现时间点却出现在会议召开之前，扩散的高潮出现在会议当天，新闻扩散趋势的整体波动较为平缓。

（二）数据处理

由前文（第一章）可知，本研究以相关的关键词采集了 719 个媒体对不同新闻事件报道的微博记录。其中，地震事件共采集获得 640 个媒体的

14072 条新闻数据，561 个媒体对疫苗造假事件的 5577 则新闻，以及 573 个媒体对"十九大召开"的 16234 条相关新闻。本研究对媒体采纳（报道）新闻事件的判断，仅以该媒体首次发布的新闻为准，时间变量表示该报道的时刻与所有媒体中最早的时刻之差（以小时或天为单位）。例如，在地震事件中，最早的媒体发布时间为 8 月 8 日 21：24：55，"人民日报"首发新闻的时间点为 8 月 8 日 21：28：37，即其采纳行为发生的时刻，因此时间变量为 0.06 小时。

基于以上，可以生成媒体采纳新闻事件的时间序列，并根据事件发展的具体时间跨度将序列切割成不同的连续时段。例如，在 Cox 比例风险模型中，可以将地震事件划分为 200 个时段（以 10 分钟为间隔），疫苗事件划分为 150 个时间段（以 1 个小时间隔），党的十九大事件划分为 200 个时间段（以 1 个小时为间隔）。

针对 logistic 回归模型中离散时间数据的构建：在地震事件中，大部分媒体（占总数的 94.84%）的采纳时间在 24 小时以内，首先对夜间自然时段可以适当进行人为"压缩"，将凌晨 1 时至 7 时的休息时段的媒体数量归入 8 时，再将 24 小时后（即 9 日 21 时 19 分以后）的数据（占 10.31%）作为删失值处理，最后得到 17 个时段（以小时为单位）。另外，疫苗事件以天为单位，将 7 月 15 日至 29 日自然切割为 15 个时间段；党的十九大事件以每天 12 时和 24 时为分割点，即 12 个小时为间隔，将 10 月 18 日至 25 日划分为 16 个时段。

媒体采纳变量（记为 A_{it}，$i = 1, 2, \cdots, n$；$t = 1, 2, \cdots, T$）为媒体在相应时段内采纳新闻情况的 $n \times T$ 的矩阵，每个时段 t 内经历事件（即报道新闻）的媒体 i 的采纳行为（即矩阵元素 a_{it}）为 1，否则为 0。

（三）变量测量

在 Cox 和 logistic 回归模型中，媒体属性变量作为协变量，用于预测媒体在不同事件中采纳新闻的风险概率，主要涉及三个分类变量：（1）媒体的媒介类型，包括广播、杂志、其他报纸、党报、新闻网站、城市网站、电视、其他等 8 个类别；（2）内容类型分为综合类、财经类、国际类、专业类、时政类和其他等 6 个类别；（3）等级类别包含中央级、省级、地方级、商业性和其他等 5 个类别。

另外，前述章节中已提及的媒体的粉丝数、发布微博数以及媒体圈粉丝数、媒体圈关注数等属性变量，可用于刻画媒体在社交平台中的活跃度和受欢迎程度。但是，由于这四个自变量之间存在较高的相似性，为了避免多重共线性问题,这里仅选择媒体的微博数(的自然对数)作为协变量,表示媒体借助微博进行新闻生产和传播的活跃程度或积极性指标,即假定媒体以往发布的微博数量越大,其在社交网络中的传播的活跃度越高,在热点事件中参与扩散新闻的可能性越大。

媒体的社会网络,主要采用前文中通过新闻采纳级联模型推断的媒体采纳关系数据进行构建。为了保证网络关系的可靠性,仅保留 477 个媒体的 10093 条关系边,网络密度为 0.044,具体网络结构特性可参见第三章;其余的媒体关系皆视为缺失值。一般而言,由于新闻事件扩散的时间较短,媒体的社会关系是恒定的、静态的。

采纳行为是二分变量,媒体对新闻事件的采纳(或报道)以首发该新闻的时间为标志,采纳计为 1,不采纳计为 0。在数据分析中对采纳行为的处理主要有两种形式:一种是整体采纳行为(n 维向量),即在全部观测期内媒体的采纳情况;另一种是累积采纳行为($n \times T$ 的矩阵),在每个时间段观测到的媒体采纳情况,因此媒体的采纳行为是一个非减价的过程,$1 \rightarrow 0$ 的情况不可能出现。

对媒体感染性的测量主要基于媒体采纳网络中媒体行动者的出度,也就是该媒体在历史数据(2017 年)中被其他媒体采纳的情况。根据上述公式,媒体的出度越大,其对其他媒体在采纳新闻行为上的感染性越强。

媒体的敏感性测量与感染性相反,基于媒体关系的入度进行计算,因此媒体在采纳网络中的入度越大,它被其他与之相邻的媒体感染的可能性(即敏感性)越大。值得注意的是,媒体交互关系的出(入)度与上述敏感性和感染性的定义不同,强调的是信息的流动的方向而非行为主动被动性(如提名与被提名)。在时间尺度上,敏感性与感染性的测量仅在媒体 i 采纳新闻的时刻有意义,因此是一个 n 维的向量,标准化取值范围从 0 到 1。

媒体之间的近似性采用伯特(1987)对结构凝聚性和结构对等性的定义,分别基于路径距离和欧氏距离计算两个媒体之间的近似程度,并根据上述相关公式的定义,计算以凝聚性和结构对等性为加权矩阵的个体网络暴露 E_{it},其中 $i = 1, 2, \cdots, n$;$t = 1, 2, \cdots, T$,个体网络暴露是随时间变化的变量,因此形成一个 $n \times T$ 维的矩阵,与累积采纳行为构成"被试 – 时间"数据形式,用于离散时间的事件史分析。

本研究将使用 SPSS 20.0 进行寿命表(life table)分析和 Cox 回归分析,采用 R 软件包 netdiffuseR(https://github.com/USCCANA/netdiffuseR)进行新闻事件扩散数据统计和可视化分析,以及离散时间 logistic 回归模型分析。

第三节 研究结果

（一）新闻事件扩散的趋势

在不同的新闻事件中，媒体扩散的速度和趋势有所差异，而且均未呈现典型的"S"曲线。首先，在九寨沟县地震事件中，地震发生后的以1000分钟为数据"截尾"点，共有570个媒体对该事件进行了报道，占样本总数的79.28%。图6.2（a）显示了报道地震事件的媒体比例（灰色三角形）与累积比例（红色圆圈）情况，在200分钟的媒体反应时间内，报道新闻的媒体数量快速增加至60%左右，由于地震发生在晚上9时19分，新闻扩散的增势在凌晨0时30分之后因人们进入休息时段而趋于平缓；直至约7个小时后（即次日上午8时以后）报道媒体的数量又开始逐渐增加。由此，说明突发性灾难事件的新闻报道在较短的时间内（以分为单位）快速扩散至大部分观测媒体，而且受到人们正常作息规律或"惯例"（routine）的影响，因此在事件史分析中需要考虑一天内的作息规律，以此对时段进行分割。

媒体对疫苗造假事件的报道扩散趋势如图6.2（b）所示，以第一个媒体报道的时间（2018年7月15日15时38分）为起点，以第17天（7月31日17时41分）为删失时刻，观察期间出现"事件"（报道新闻）的媒体账号共有561个（78.03%）。从新闻扩散的曲线来看，在新闻事件发生的第2天有近20%的媒体参与了报道，但随后报道媒体的数量增加趋势减缓，直至事件的第8、第9天（7月22日和23日），报道该事件的媒体累积比例从32.27%骤增至71.21%，随后增长的趋势持续减弱。

与地震事件不同，疫苗造假事件新闻扩散至大部分媒体的周期较长（以天为单位），持续了两周之后才影响到将近80%的媒体；在事件发生初期，报道的媒体相对较少，而直到一周后才集中爆发。其原因可能在于，疫苗事件最早引发媒体和公众的广泛关注始于7月21日在微信传播的一篇题为"疫苗大王"的公众号文章；同时，7月22日，中央领导人和相关监管部门对该事件作出正面回应，从而引发新一轮的媒体扩散。可见，以疫苗造假事件为代表的这类社会热点事件的传播，在扩散初期信息不确定性较大的情况下，只有少量门槛较低的媒体会参与事件的报道，而

"临界大多数"（媒体增长效应的转折点）的出现可能与事件自身发展或外部因素（如公众舆论，这里主要为微信朋友圈）紧密相关。

在"党的十九大"新闻事件扩散中，时间尺度介于地震事件和疫苗事件之间，即以小时为单位。在以 182 小时为截尾的观察时间段内（2017 年 10 月 18 日 6 时 58 分至 10 月 25 日 21 时 04 分），550 个媒体（76.36%）首次对该事件进行了相关报道。从图 6.2（c）的扩散趋势来看，以党的十九大召开当天第一个媒体报道的时间为起点，10 个小时内将近 46% 的媒体纷纷参与新闻报道，17 个小时内（即 18 日当天）新闻扩散至超过一半（52.71%）的媒体，该数值在 34 个小时后达到 62%；随后，相继采纳报道的媒体增速趋缓，在 200 小时左右趋于 80% 的均衡水平。以"党的十九大"为例的预期性重要事件（与突发性事件相对）在事件发生的早期（这里是当天）吸引了大量媒体的报道，随着党的十九大会议议程的持续，其余约 30% 的门槛较高的媒体才逐渐加入新闻报道的行列；从整体趋势看来，采纳报道的媒体增势先升后缓，保持自然增长态势，日常作息时间和其他外部环境对该事件新闻扩散的影响并不明显。

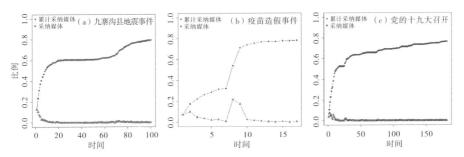

图 6.2　新闻事件扩散的媒体采纳的比例累积比例

注：（a）九寨沟县地震事件；（b）疫苗造假事件；（c）党的十九大召开的媒体采纳新闻报道的比例与累积比例。

（二）媒体采纳新闻的生存分析

这里，采用生存分析中的寿命表方法分析不同类型媒体报道新闻事件的扩散过程。寿命表也称为生命表，广泛应用于人口统计学、流行病学和保险等研究领域。它是一种非参数估计方法，通过计算落入单位时段内的删失观察个数，估计该区间上的事件概率，并且用该区间及之前各区间上的生存概率之积估计在不同时间点发生该事件的概率。本研究中的生存概率指的是，某个单位时段开始时，未报道新闻事件的媒体到该时段结束时仍未参与报道的可能性 p，即 p 等于某个时段内未采纳者数量除以该时段期初观察媒体数。

图 6.3（a）展示了地震事件中不同社会等级的媒体的累积生存函数图，直观来看，中央、省级和商业性媒体的累积生存函数下降得最快，尤其在地震发生后的半个小时内下降趋势几乎呈现直线下跌。不同等级别的媒体"存活"（即未采纳新闻）累积概率均先后经历了骤减，然后保持不变，最后又持续递减的过程，与上述地震事件新闻采纳的累积比例展现的信息一致。中位数生存期统计结果显示，不同等级媒体的中位数生存时间升序排列分别为：商业性（4.25）、中央（4.67）、省级（6.42）、地方（57.00）和其他（79.00），说明前三类媒体的新闻采纳率达到 50% 时的平均时间较短。经过 Wilcoxon（Gehan）检验，发现不同等级类别的媒体的生存率存在显著的差异（$p<0.001$）；两两比较结果显示，地方媒体对地震新闻事件扩散中的"生存率"，即新闻未采纳率显著高于中央媒体（$p<0.001$）、省级媒体（$p<0.001$）和商业性媒体（$p<0.001$）；"其他"媒体不采纳该事件新闻的可能性也显著大于中央（$p<0.05$）、地方（$p<0.05$）和商业媒体（$p<0.05$）。

在疫苗造假事件中［见图 6.3（b）］，不同等级类别媒体在扩散过程中的生存函数趋势相同，尤其在 8－9 和 9－10 的两个时间段内出现骤然下降的趋势，说明在这两个阶段期内，疫苗造假事件开始引发媒体更广泛的关注，与前述新闻采纳者累积比例的结论相一致。Wilcoxon（Gehan）检验结果表明，不同等级类别的媒体的整体生存率存在显著差异（$p<0.001$），主要表现在地方媒体在该事件扩散中的新闻采纳率显著低于中央（$p<0.001$）、省级（$p<0.001$）和商业性（$p<0.01$）媒体，除此之外，不同媒体类型之间并无显著差异；从中央（8.40）、省级（8.51）、地方（9.21）、商业性（5.50）以及其他类（8.75）媒体的中位数生存期亦可见一斑。

从图 6.3（c）中可知，在党的十九大新闻事件扩散过程中，商业性和其他无行政等级属性对该事件的采纳率较低，表现为它们的生存函数曲线下降速度整体较为缓慢；其中，商业媒体和其他类媒体的中位数生存时间分别为 171 和 182，明显大于中央（10.00）、省级（11.17）和地方（15.67）三级媒体的平均生存水平。经过 Wilcoxon（Gehan）分析，不同等级类别的媒体的生存率的整体差异显著（$p<0.001$），成对比较结果显示，商业性媒体的生存率显著高于中央（$p<0.05$）、省级（$p<0.01$）和地方（$p<0.05$）媒体，而其他类媒体的生存率显著高于中央（$p<0.01$）、省级（$p<0.001$）及地方（$p<0.01$）媒体。

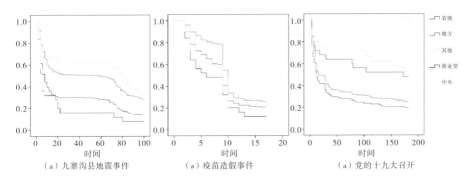

图6.3　九寨沟县地震事件、疫苗造假事件和
党的十九大召开的媒体累积生存函数

(三) 媒体属性对新闻扩散的影响

理论上，具有不同属性和特征的媒体在新闻扩散过程中采纳新闻的可能性是不同的；同时，不同的新闻事件对媒体的风险率也存在差异。为此，我们可以通过建立 Cox 比例风险模型的方法，检验媒体属性对其新闻采纳行为的影响效果，作为接下来检验网络结构效应的基础模型。在 Cox 模型中，假定媒体的属性变量是不随时间变化的，而且新闻事件扩散的时间是连续的。

表6.2 至表6.4 显示的是，媒体的媒介类型、内容类型、级别、微博发布量等属性对地震事件、疫苗造假事件以及党的十九大的新闻扩散的影响。Cox 回归模型的检验和评价主要采用了最大偏似然估计的似然比检验（LR），通过逐步筛选模型协变量的方法，三个新闻事件的最终模型在拟合度达到最佳。其中，地震事件模型的 -2 倍对数似然比（$-2logL_0$）为 7075.862（$\chi^2=181.885$，$p=0.000$），疫苗事件模型的似然比统计量为 6462.118（$\chi^2=200.240$，$p=0.000$）以及党的十九大事件模型的 $-2logL_0$ 统计量为 6643.443（$\chi^2=85.448$，$p=0.000$）。

由表可知，微博发布数量越多的媒体，在不同的新闻事件扩散中承受的风险（即报道新闻的概率）均越大。在九寨沟地震事件中，微博数的偏回归系数为 1.167（$p<0.001$），在 Cox 回归模型中可解释为：当其他变量保持不变时，媒体的微博发布数量每增加 1，媒体的报道该事件的概率将增加 $e^{1.167}=3.212$ 倍，其中，$e^{1.167}$ 表示风险比率（hazard ratio）等于 3.212，其95%的置信区间的上限为 2.483，下限为 4.156。在疫苗造假事件和党的十九大事件中，微博数的参数估计值均显著（$p<0.001$）且为正，分别为 1.299 和 0.583，对应的风险比率分别 3.666（95% $CI=2.778$

−4.839）以及 1.791（95% CI = 1.403 − 2.285）。

　　由此可见，媒体的微博发布数越多，反映其对社交网站渠道的重视度越高且相对更为活跃，在热点事件发生时报道新闻的主动性和积极性也越高；横向对比三个新闻事件，以党的十九大召开为代表的预期性政治要闻事件中，微博数对新闻扩散的预测程度相对较低，说明了与另外两个社会热点事件相比，相当一部分微博活跃度较低的媒体对该事件报道的可能性在提高。

　　在地震事件的新闻扩散中（见表6.2），以广播媒体为参照组，网络新闻媒体对该事件报道的可能性显著高于前者（0.490，$p<0.05$），其对新闻事件报道的概率是广播媒体的1.633倍（95% CI = 1.027 − 2.597）。同样，在疫苗造假事件中（见表6.3），新闻网站类媒体（0.487，$p<0.05$）对事件进行报道的概率也显著地高于其他类型媒体，其风险比率为1.627（98% CI = 1.011 − 2.618），即新闻网站采纳该新闻的概率，比广播媒体的概率提高了0.627；而其他类型媒体与广播媒体之间的风险率则没有显著差异。对于党的十九大的新闻（见表6.4），除了杂志类媒体的回归系数显著为负（−0.927，$p<0.01$）以外，其他类型媒体参与党的十九大报道的可能性的差异均不显著。

表6.2　地震事件中媒体属性与新闻扩散风险的 Cox 回归结果（T = 150）

属性	B	$SE(B)$	Wald's χ^2	df	P	HR
微博数（对数）	1.167	0.131	78.829	1	0.000***	3.212
媒介类型（以广播为参照）	—	—	15.808	7	0.027*	
杂志	0.064	0.286	0.050	1	0.823	1.066
党报	0.464	0.455	1.041	1	0.308	1.591
其他报纸	−0.039	0.171	0.051	1	0.821	0.962
新闻网站	0.490	0.237	4.298	1	0.038*	1.633
城市网站	−0.272	0.191	2.043	1	0.153	0.762
电视	−0.429	0.321	1.788	1	0.181	0.651
其他	0.290	0.466	0.387	1	0.534	1.337
内容类型（以综合类为参照）	—	—	17.518	5	0.004**	
信娱类	−0.098	0.213	.213	1	0.644	0.906

（续上表）

属性	B	SE（B）	Wald's χ^2	df	P	HR
财经类	-0.606	0.238	6.491	1	0.011*	0.545
国际类	-0.587	0.266	4.866	1	0.027*	0.556
专业类	-0.823	0.241	11.625	1	0.001**	0.439
时政类	-0.529	0.419	1.597	1	0.206	0.589
等级（以省级为参照）	—	—	35.854	4	0.000***	—
地方	-0.430	0.098	19.308	1	0.000***	0.651
中央	0.334	0.190	3.100	1	0.078	1.397
商业性	0.288	0.371	0.601	1	0.438	1.333
其他	-0.747	0.339	4.866	1	0.027*	0.474

$-2logL_0 = 7075.862$，$\chi^2 = 181.885$，$df = 17$，$p = 0.000$。*$p < 0.05$、**$p < 0.01$、***$p < 0.001$。B 表示模型的偏回归参数，SE（B）表示标准误，$-2logL_0$ 表示 -2 倍对数似然比，df 表示对应的自由度，HR 表示风险比率即 exp（B）。

表 6.3 疫苗事件中媒体属性与新闻扩散风险的 Cox 回归结果（T=200）

属性	B	SE（B）	Wald's χ^2	df	p	HR
微博数（对数）	1.299	0.142	84.236	1	0.000***	3.666
媒介类型（以广播为参照）	—	—	13.937	7	0.052	—
杂志	-0.160	0.317	0.255	1	0.614	0.852
党报	-0.241	0.402	0.361	1	0.548	0.786
其他报纸	0.192	0.182	1.120	1	0.290	1.212
新闻网站	0.487	0.243	4.018	1	0.045*	1.627
城市网站	0.124	0.200	0.384	1	0.535	1.132
电视	-0.476	0.345	1.905	1	0.167	0.621
其他	0.884	0.454	3.799	1	0.051	2.420
内容类型（以综合类为参照）	—	—	57.955	5	0.000***	—
信娱类	-1.021	0.265	14.870	1	0.000***	0.360

(续上表)

属性	B	$SE(B)$	$Wald's\ \chi^2$	df	p	HR
财经类	0.946	0.227	17.317	1	0.000**	2.575
国际类	-0.733	0.275	7.112	1	0.008**	0.480
专业类	-0.824	0.258	10.205	1	0.001**	0.439
时政类	0.386	0.368	1.104	1	0.293	1.472
等级（以省级为参照）	—	—	14.551	4	0.006**	—
地方	-0.242	0.103	5.526	1	0.019*	0.785
中央	0.385	0.195	3.882	1	0.049*	1.469
商业性	-0.388	0.351	1.219	1	0.270	0.679
其他	-0.129	0.311	0.172	1	0.678	0.879

$-2logL_0 = 6462.118$，$\chi^2 = 200.240$，$df = 17$，$p = 0.000$。*$p<0.05$、**$p<0.01$、***$p<0.001$。B 表示模型的偏回归参数，$SE(B)$ 表示标准误，$-2logL_0$ 表示 -2 倍对数似然比，df 表示对应的自由度，HR 表示风险比率即 $exp(B)$。

表6.4 党的十九大事件中媒体属性与新闻扩散风险的 Cox 回归结果（$T=200$）

属性	B	$SE(B)$	$Wald's\ \chi^2$	df	p	HR
微博数（对数）	0.583	0.124	21.946	1	0.000***	1.791
媒介类型(以广播为参照)	—	—	19.855	7	0.006**	—
杂志	-0.927	0.339	7.486	1	0.006**	0.396
党报	-0.702	0.385	3.328	1	0.068	0.496
其他报纸	-0.024	0.173	0.019	1	0.890	0.976
新闻网站	0.200	0.234	0.729	1	0.393	1.222
城市网站	0.269	0.190	2.008	1	0.156	1.308
电视	-0.293	0.311	0.890	1	0.346	0.746
其他	-0.241	0.578	0.174	1	0.676	0.786
内容类型(以综合类为参照)	—	—	15.986	5	0.007**	—
信娱类	-0.596	0.237	6.337	1	0.012*	0.551

(续上表)

属性	B	SE（B）	Wald's χ^2	df	p	HR
财经类	-0.007	0.229	0.001	1	0.977	0.993
国际类	-0.066	0.298	0.049	1	0.825	0.936
专业类	-0.362	0.247	2.144	1	0.143	0.696
时政类	0.836	0.349	5.744	1	0.017*	2.307
等级（以省级为参照）	—	—	21.252	4	0.000***	—
地方	-0.285	0.101	8.035	1	0.005**	0.752
中央	0.070	0.186	0.139	1	0.709	1.072
商业性	-0.622	0.463	1.806	1	0.179	0.537
其他	-1.104	0.371	8.865	1	0.003**	0.331

$-2logL_0 = 6643.443$，$\chi^2 = 85.448$，$df = 17$，$p = 0.000$。*$p < 0.05$、**$p < 0.01$、***$p < 0.001$。B 表示模型的偏回归参数，SE（B）表示标准误，$-2logL_0$ 表示 -2 倍对数似然比，df 表示对应的自由度，HR 表示风险比率即 $exp（B）$。

在地震事件的回归模型中（见表6.2），从内容类型来看，财经类（-0.606，$p < 0.05$）、国际类（-0.587，$p < 0.05$）和专业类媒体（-0.823，$p < 0.01$）的参数估计值均显著且为负，它们对地震事件的报道概率均明显低于综合类媒体，分别是后者的 0.545 倍（54.5%）、0.556 倍（55.6%）和 0.439 倍（43.9%）；另外，信息娱乐类和时政类媒体与综合类媒体相比，其风险比率并无显著差异。在媒体等级上，相对于省级媒体而言，中央媒体、商业性媒体对地震事件的报道风险没有显著的差异，说明在该事件的报道扩散过程中，以中央、省级和商业性媒体为主要传播者，而地方媒体（-0.430，$p < 0.001$）和其他媒体（-0.747，$p < 0.05$）对该新闻的风险则显著低于省级媒体，该结论与前述媒体的生存分析结果（见图6.2（a））一致。

从表6.3中可知，除了时政类媒体之外，信息娱乐类（-1.021，$p < 0.001$）、国际类（-0.733，$p < 0.01$）和专业类（-0.824，$p < 0.01$）媒体的偏回归系数均为负值，且呈现统计学上的显著性，说明它们在疫苗造假事件的报道上表现较为保守，即报道该新闻的概率显著低于综合类媒体，其风险比率分别为 0.360、0.480 和 0.439；相反地，财经类媒体在这次事件中却体现出较高的积极性，其回归系数显著为正（0.946，$p <$

0.001），表明财经媒体对该事件报道的概率相比于参照组的综合类媒体的概率增加了 1.575 倍（$HR=2.575$，$95\% CI=1.649-4.021$）。

在媒体的社会等级维度上，中央级媒体对疫苗造假事件的反应比其他媒体突出，表现在中央级的媒体属性对新闻事件扩散具有显著的正向的预测效应（0.385，$p<0.05$），相比于省级媒体，其风险比率为 1.469（$95\% CI=1.002-2.154$）；反观地方级媒体，对疫苗事件的报道风险比率（$HR=0.785$，$95\% CI=0.642-0.961$）显著地（$p<0.05$）低于省级媒体，该结论符合上述生存分析［见图 6.2（b）］的预期。

在党的十九大召开的新闻中，时政类媒体的新闻活动表现得尤为活跃，这类媒体报道该事件的可能性显著地（0.836，$p<0.05$）高于综合类媒体，在其他条件不变的情况下，其报道新闻的风险性是后者的 2.307 倍（$95\% CI=1.165-4.570$）；财经类、国际类和专业类媒体与综合类媒体相比，报道党的十九大新闻的概率不存在显著的差异性；而信息娱乐类媒体在报道的概率上却显著（-0.596，$p<0.05$）低于综合类媒体，其参与事件报道的风险相较于后者降低了 44.9%（$HR=0.551$，$95\% CI=0.347-0.876$）。

以媒体等级为协变量的效应，主要表现在地方媒体（-0.285，$p<0.05$）和"其他"媒体（-1.104，$p<0.05$）的系数估计值均为负值，且具有统计意义上的显著性，表明了与省级媒体报道党的十九大新闻的概率相比，地方媒体和"其他"媒体的风险比率分别是前者的 0.752 倍和 0.331 倍，即分别降低了 24.8% 和 66.9%；而中央级与省级媒体之间的风险度并无显著差异，但正向的偏回归系数说明这两类媒体在政治性事件报道中扮演着重要的角色。

（四）网络结构对新闻事件扩散的影响

首先，我们从整体上考察网络结构对媒体报道新闻行为的影响，对新闻扩散的空间自相关性进行检验，从莫兰指数（Moran's I）的统计结果来看（见表 6.5）：三个热点新闻事件在不同的时段上的传播均呈现正向的且显著的（$p<0.01$）空间相关性，也就是说，新闻事件的扩散发生在媒体联系较紧密的社会网络结构之中。莫兰指数值越大，新闻扩散的空间相关性越强，换句话说，就是采纳对应事件新闻的媒体与先行报道媒体的邻近程度越高，或者说相邻接的媒体更可能在采纳相同新闻动作方面互相"传染"。

表6.5 新闻事件扩散的空间自相关检验结果（$M=719$）

时段 (T)	地震事件		疫苗事件		十九大召开	
	报道媒体	Moran's I	报道媒体	Moran's I	报道媒体	Moran's I
1	319	0.18***	53	0.03***	203	0.02***
2	79	0.17***	73	0.06***	175	0.05***
3	25	0.16***	36	0.07***	53	0.05***
4	35	0.16***	28	0.06***	28	0.05***
5	32	0.17***	17	0.07***	10	0.05***
6	35	0.16***	19	0.08***	5	0.05***
7	25	0.15***	6	0.08***	13	0.05***
8	8	0.15***	155	0.15***	10	0.05***
9	8	0.15***	125	0.12***	4	0.06***
10	8	0.14***	19	0.11***	12	0.06***
11	2	0.14***	12	0.11***	7	0.06***
12	10	0.14***	8	0.10***	9	0.07***
13	6	0.14***	3	0.10***	2	0.07***
14	7	0.12***	1	0.10***	7	0.06***
15	4	0.11***	4	0.10***	8	0.06***
16	2	0.11***	—	—	5	0.06***
17	3	0.11***	—	—		
右截尾数	111 (0.15%)		160 (0.22%)		168 (0.23%)	

*$p<0.1$、**$p<0.05$、***$p<0.01$。

但在不同的新闻事件中，由于不同时段内报道相应事件的媒体数量不同，莫兰指数也随着时间变化而有所增减。在地震事件中，随着时间的增长，报道媒体的莫兰指数与报道媒体数量递减的趋势一致，表明当期报道媒体的数量越多，新闻扩散的空间相关性越强；反之，亦然。在疫苗事件中，新闻事件扩散的莫兰指数与报道媒体的数量分别经历了"递增—递减"和"递减—递减"两个变化阶段，在第一个阶段，莫兰指数与媒体数量的关联性较弱，但随后均在时段 8 和时段 9 到达峰值，关联性有所提升，这反映了：疫苗造假事件本身具有一定的敏感性，在事件发生早期，媒体的新闻报道行为呈现相对"散发"的状态；而随着事件关注度的提高，媒体的新闻报道进入"脱敏"阶段，媒体之间"互相定位"的可能性明显增加了。

有意思的是，在党的十九大召开的新闻报道中，虽然媒体报道的莫兰指数正向显著，但数值在时间变化过程中没有明显的波动，其空间相关程度整体上略低于另外两个新闻事件，而且与对应的报道媒体数量之间的关联性较弱，集中表现了这类预期性政治事件在新闻扩散中的特殊性，媒体对这类事件的新闻决策受到其他先行媒体的影响相对较小。

为了检验媒体的社会网络如何影响新闻事件的扩散过程，接下来将采用离散时间的 logistic 回归模型考察媒体的感染性、敏感性、结构凝聚性以及结构对等性等外生的结构变量对媒体报道新闻行为的影响。在事件史分析中，由于离散时间相对于连续时间而言间隔较长，经历事件（报道新闻）的媒体数量较多，为了排除当期媒体的社会网络对新闻扩散的内生性影响，对考虑个体网络暴露（结构凝聚性和结构对等性）的模型采用滞后（lags）1 个时间单位的回归分析方法；同时，考察网络结构效应时还需要控制其他媒体属性变量的影响，因此媒体的微博数量、媒介类型、内容类型以及社会等级等属性特征作为控制变量纳入模型之中。

从表 6.6 中可以看到，所有的模型 1 都是基线模型，仅考虑媒体属性对媒体传播行为的影响（如同上述 Cox 比例风险模型的设置），模型 2 在模型 1 的基础上考虑网络结构的效应。对于地震事件，比较两个模型的 AIC 指标从 3018.8 降至 1344.1，说明模型 2 的拟合优度相比模型 1 有着明显的提升，网络结构能够有效地解释地震新闻事件的扩散。在模型 1 中，媒体微博数的回归系数显著为正（$B = 1.777, p < 0.001$），新闻网站的报道概率（$B = 1.312, p < 0.001$）显著高于广播媒体，城市网站（$-0.533, p < 0.01$）和电视（$-0.716, p < 0.01$）则与之相反。财经类（-1.316）、国际类（-1.221）和专业类（-1.624）媒体的报道该事件的可能性都低于综合类，且均在 0.001 的水平上达到显著；另外，地方媒体（-0.679）和其他媒体（-1.461）的采纳风险显著地（$p < 0.001$）低于省级媒体，而中央级媒体（$0.669, p < 0.01$）的风险率则显著高于省级媒体。这一结论与上述 Cox 模型中的结论基本一致。

表6.6 网络结构与新闻事件扩散风险的 logistic 回归模型结构（$M=719$）

变量	地震事件（$T=17$）		疫苗事件（$T=15$）		十九大召开（$T=16$）	
	模型1	模型2	模型1	模型2	模型1	模型2
截距项	-8.925***	-2.704*	-7.130***	-6.229***	-5.185***	-1.397
	(0.702)	(1.112)	(0.670)	(0.849)	(0.626)	(1.000)
微博数（对数）	1.777***	0.047	1.092***	0.721***	0.808***	0.422
	(0.152)	(0.237)	(0.142)	(0.185)	(0.132)	(0.219)
媒介类型（以广播为参照）						
杂志	0.367	-0.3198	-0.086	-0.757	-1.200**	-0.760
	(0.343)	(0.607)	(0.334)	(0.410)	(0.367)	(0.461)
党报	0.990	-1.154	-0.167	-0.837	-1.146*	-1.123
	(0.523)	(1.134)	(0.433)	(0.496)	(0.446)	(0.747)
其他报纸	-0.045	-0.407	0.180	-0.372	-0.023	-0.056
	(0.201)	(0.297)	(0.193)	(0.226)	(0.191)	(0.257)
新闻网站	1.312***	0.020	0.419	-0.131	0.420	0.141
	(0.317)	(0.501)	(0.259)	(0.298)	(0.260)	(0.388)
城市网站	-0.533*	-0.652*	0.091	-0.136	0.299	-0.138
	(0.220)	(0.329)	(0.212)	(0.243)	(0.210)	(0.297)
电视	-0.716*	0.771	-0.433	-0.289	-0.569	-0.626
	(0.359)	(0.581)	(0.361)	(0.406)	(0.341)	(0.462)
其他	0.252	-0.681	0.873	-0.829	-0.381	-0.937
	(0.585)	(1.052)	(0.500)	(0.653)	(0.626)	(1.050)
内容类型（以综合类为参照）						
信娱类	-0.188	0.266	-0.899***	-1.350***	-0.889***	0.521
	(0.250)	(0.369)	(0.265)	(0.328)	(0.252)	(0.390)
财经类	-1.316***	0.057	0.940***	0.546	-0.045	0.329
	(0.285)	(0.553)	(0.255)	(0.311)	(0.251)	(0.351)
国际类	-1.221***	0.897	-0.613*	-0.393	-0.066	0.875
	(0.352)	(0.634)	(0.294)	(0.336)	(0.323)	(0.490)
专业类	-1.624***	0.662	-0.636*	-0.271	-0.451	0.504
	(0.294)	(0.671)	(0.267)	(0.307)	(0.263)	(0.384)

(续上表)

变量	地震事件 ($T=17$)		疫苗事件 ($T=15$)		十九大召开 ($T=16$)	
	模型1	模型2	模型1	模型2	模型1	模型2
时政类	-1.204*	0.547	0.292	0.482	1.228**	1.083
	(0.478)	(1.076)	(0.396)	(0.462)	(0.408)	(0.688)
等级(以省级为参照)						
地方	-0.679***	-0.182	-0.216***	-0.285*	-0.411***	0.065
	(0.111)	(0.171)	(0.108)	(0.129)	(0.112)	(0.163)
中央	0.669**	-0.837	0.257	0.294	-0.110	-0.532
	(0.239)	(0.560)	(0.210)	(0.235)	(0.205)	(0.302)
商业性	0.693	0.005	-0.446	0.410	-0.896	0.558
	(0.446)	(0.891)	(0.395)	(0.532)	(0.500)	(0.948)
其他	-1.461***	-1.486*	-0.076	-0.164	-1.861***	-1.694**
	(0.403)	(0.672)	(0.333)	(0.399)	(0.411)	(0.613)
网络结构						
感染性		29.797*		-2.989		-8.736**
		(11.759)		(7.471)		(3.387)
敏感性		268.914***		57.917***		16.881
		(52.039)		(7.853)		(13.882)
结构凝聚性		1.145***		1.352***		-0.544***
		(0.274)		(0.172)		(0.221)
结构对等性		2.265***		5.328***		-2.289*
		(0.577)		(0.351)		(0.324)
拟合						
AIC	3018.8	1344.1	3597.4	2428.3	3204.2	1353.1

*$p<0.05$、**$p<0.01$、***$p<0.001$。

当将网络结构的协变量考虑进地震事件的模型2时，大部分媒体属性变量变得不再显著，媒体在网络中的结构关系和位置对新闻扩散的解释力更加凸显。媒体的感染性的回归系数为正值且显著（29.797，$p<0.01$），说明在其他协变量保持不变的情况下，以关系出度为特征的先行媒体感染性越大，该媒体在未来时间对其他未采纳新闻的媒体的影响力越强。另一方面，从媒体的敏感性来看，其参数估计值为268.914，在0.001的水平

上达到显著，意味着媒体在社会网络中的入度越大，其敏感性越强，其受到相邻的且已经"感染"的媒体影响的可能性越高。由此可见，对于地震事件的扩散而言，假设 H9 以及假设 H10 成立。

媒体的社会近似性由两个以距离为权重的结构协变量测量，结构凝聚性和结构对等性在回归模型中对预测媒体的新闻报道行为具有显著的正向效应，其参数估计值分别为 1.145 和 2.265，且均在 0.001 的显著性水平上具有统计学意义。因此，假设 H11 和假设 H12 得证：在媒体的社会网络暴露中，该媒体与其他先行媒体的近似性（凝聚性和对等性）越大，其报道新闻事件的风险（概率）越高。

比较疫苗造假事件的模型 1 和模型 2，AIC 值从 3597.4 下降至 2428.3，说明模型 2 的模型拟合效果较好。在模型 1 中，媒体微博数的效应和预期一样为正向显著（1.092，$p<0.001$）；在内容类型中，与综合类媒体相比，财经类媒体对事件进行报道的概率更高（0.940，$p<0.001$），而信息娱乐类（-0.899）、国际类（-0.613）以及专业类（-0.636）媒体的报道行为概率均显著地（$p<0.001$）低于综合类媒体，与前述 Cox 回归模型的结论完全一致；同时，再次证实地方媒体在疫苗事件的报道过程的积极性不足，其估计参数显著为负值（-0.216，$p<0.001$），对事件的关注程度明显低于中央级、省级和商业性媒体。

然而，与对地震事件的建模情况类似，疫苗事件模型 2 中媒体属性对新闻扩散的解释力有所下降，而网络结构的预测效果尤为显著。其中，除了媒体的感染性没有达到显著性水平以外，媒体的敏感性、结构凝聚性以及结构对等性的回归系数 β 均达到 0.001 的显著性水平且为正值，分别为 57.917、1.352 和 5.328，由此说明在疫苗事件的扩散过程中，在控制其他协变量的不变的条件下，媒体对其他邻近的先行报道媒体的敏感性越强；同时，与之联系的密切的程度以及网络位置的对等性越强，那么该媒体在事件中风险度越大，即参与事件的新闻报道的可能性越高。因此，对于疫苗造假事件，尚缺乏足够的证据支持假设 H9，而假设 H10、H11 以及 H12 均成立。

在党的十九大的新闻事件中，回归模型 1 的结果与对应的 Cox 模型的结果大致相同，表明针对三个不同新闻事件的事件史分析的模型结论具有相当的稳健性。在媒介类型方面，杂志（-1.200，$p<0.01$）和党报（-1.146，$p<0.05$）媒体的报道概率要显著低于广播媒体；内容类型中，时政类媒体（-0.889，$p<0.001$）对党的十九大的报道的概率显著地高于综合类媒体，而信息娱乐类（1.228，$p<0.001$）媒体则与之相反，新

闻扩散风险概率显著低于综合类媒体；地方媒体（-0.411）以及其他类（-1.861）媒体对该事件报道的可能性低于省级媒体，并达到 0.001 的显著性水平。

从党的十九大事件模型 2 的结果来看，与另外两个新闻事件模型不同，其网络结构的回归系数估计值出现明显差异。其中，感染性（-8.736，$p<0.01$）和结构凝聚性（-0.544，$p<0.001$）的参数估计值在统计学意义上是显著的，但是估计值却为负的而非正向效应，与本研究的研究假设相悖，故假设 H9、H10、H11 和 H12 不能成立。

结合空间自相似检验的结果，党的十九大事件在新闻的扩散过程中呈现了与突发性或非预期性事件不同的特征，媒体的社会网络或者称为"媒际关系"并没有对这类事件产生积极或正向的影响；换言之，媒体报道该新闻事件的可能性与其相邻媒体是否已采纳的行为的关联性不明显，甚至出现反向的效应。可以推知其可能的原因在于：针对预期性的盛大事件或者重要的党政新闻，在职业媒体机构的新闻实践中具有较大的新闻策划和宣传空间，对于大部分媒体而言属于"规定动作"。因此，大多数媒体在事件发展过程中参与新闻报道的倾向更多受到新闻要素、自身编辑方针或者报道策划等外生因素的影响，而非媒体之间的"相互定位"的群体规范的效应。

第七章　总结与讨论

互联网和社会化媒体诞生后，人类的线上生活与现实生活是此消彼长的。时至今日，伴随着以手机为代表的移动互联网的蓬勃发展，与互联网相连接的媒介使用占据了现代人类的大量生产和生活时间，其在网络空间中形成的交流场景和信息行为已经超过甚至取代了线下生活。在此背景下，以职业新闻机构为主体的传播者的新闻生产方式产生了新的变化，传统媒体在互联网中"融合与转型"形成了新的传播格局和生态。同时，网络中涌现了海量的研究数据，然而目前纷繁复杂的网络新闻扩散现象尚缺乏足够的经验观察与实证研究。

为此，本研究聚焦于数字媒介环境下的媒体的新闻扩散行为和现象，从社会网络的研究视角切入，以创新扩散理论为基础框架，试图从"结构"与"过程"的维度讨论新闻扩散现象中媒体的社会结构与新闻决策之间的关系，并创新性地提出了以"网络推断""网络分析""网络形成"和"网络影响"为分析层次和具体方法的网络研究模式。本研究在计算传播学和数字新闻学的视角下，基于对人类传播行为的可计算性和复杂性的经验性认识，综合运用文本挖掘、社会网络分析、统计网络模型等方法和工具，对社会化媒体的关系型数据和历史性动态数据进行分析处理，致力于描述、分析和解释数字新闻内容在媒体的社交网络扩散的现象以及背后的社会因素及内在的动力机制。

本章作为全文的尾声，将对本研究的理论框架搭建的基本思路和逻辑、具体的实证研究的方法与结论，以及研究的不足与改进方向进行总结归纳与讨论。

第一节　数字新闻扩散的研究框架

（一）基于社会结构与过程的宏观视野下的数字新闻扩散研究

新闻扩散的"结构"与"过程"这两个构念（constructs）较好地概括了社会学和新闻传播学理论研究中的两个重要课题或研究客体。比如，传播学奠基人之一的拉斯韦尔（2013）对"社会传播的结构与功能"的里程碑式研究，奠定了传播过程模式的经典范式以及构成传播的基本要素；结构功能主义流派代表人物罗伯特·默顿（Merton，1968）对理论社会学与社会结构的思考，从"中层理论"建构的角度讨论了"参考群体"的经验发现与实际操作的可能性；另外，吉登斯（1984）、布迪厄（1998）等社会学家也从不同的理论维度阐释社会结构与个体能动性的关系。而"社会过程"（social process）则在更早的文献（Cooley，1918）中以社会"有机体"的观念，将个体与他人及环境的交流和调试视为"试探性过程"（tentative process），随后的"社会角色"和"社会规范"等社会心理学概念被运用于解释个体的态度、情感或行为如何受到人与人之间相互作用的影响，即社会情境在多大程度上影响或控制个体的行为或倾向性。因此，社会传播的结构与过程这一宏观的理论视角奠定了本研究的理论底色和认识论基础，本研究试图透过"媒际关系""网络化媒体"的概念和经验发现，将宏大的社会理论与微观的、具体的经验性操作结合起来。

在此基础上，构成本研究的理论前提和基本假设：在数字媒介环境中，新闻媒体涉入以"网络"为组织形式的信息沟通系统之中，媒体机构由于特殊的社会身份和职业惯性，塑造了其在社交网络中的传播关系或信息环境；反过来，社交网络的结构化环境又制约、影响着媒体的新闻决策及报道行为。

这种社会结构与个体能动性的对立统一，正体现了吉登斯（Giddons，1984）所论述的社会结构的"二重性"，行动者既具有主观能动性和行为意志，但其行为是社会的、受限于社会结构的。同时，也符合布迪厄（1998）对社会空间（场域）和个体关系的观察——（个体）"是作为场内活跃的、行动着的事物被社会性地建构的"，在媒介场域之中，媒体的新闻选择实际上暗示的是其"惯习"与"位置"的动态关系（Benson，1999）；同样，在新闻的具体实践层面，更是体现了道斯巴赫（Donsbach，2004）所揭示的职业新闻个体在新闻决策过程中受到"个体偏好"与"社会互动"双重影响的社会心理学机制。

（二）以计算传播学方法为"新瓶"探索数字新闻扩散研究的新范式

本研究沿袭了创新扩散的研究传统，沿用了该领域对传播行为的认知方式和测量方法，比如在理论概念上，以媒体社群为信息扩散的"社会系统"，将"新闻（事件）"视作一种信息领域的"创新"，将"新闻决策（或选择）"视为媒体对其他先行者报道特定新闻的"采纳"行为；在操作化层面，对新闻扩散现象的描述和测量围绕着行动者的"时间"和行为顺序，采用决策研究中经典的二分变量测量新闻的采纳行为，等等。诚然，曾经盛极一时的新闻事件扩散的研究范式早已消失殆尽（Defleur，1987），但互联网和社交媒体的兴起，为研究新闻媒体的传播行为提供了丰富的网络数据；同时，网络分析方法的发展以及计算传播学的兴起，也为本书的数字新闻扩散研究注入了新的洞察力和驱动力，有利于数字技术时代背景下新闻扩散研究范式的转移和发展。

在数字媒体环境下，本研究对新闻扩散的研究视角从传统媒体迁移至新媒体场景，观测对象不再限于以"受者"为中心的个体效果层面以及累积个体的总体性增长，而是寻求对传者与受者的群体动力学过程和社会学解释；在研究方法上，不再采用传统的问卷调查方法以及一般线性模型，而是利用互联网挖掘技术对网络数据的进行采集和处理，并通过构建行动者的社会网络统计模型，推断媒体行动者的属性、外部因素以及网络结构与扩散的因果关联。从知识生产和传播理论发展的角度来看，本研究依然属于"新瓶装旧酒"型研究，以计算传播学研究方法为"新瓶"，探索扩散理论尤其是新闻扩散领域理论填充和发展的可能性，结合社会网络、同质性、社会影响等理论和概念，以渐进式的研究取向探寻传播学"新酒"酿造（即理论创新）的发展方向。

（三）以网络分析的认识论和方法论描述、解释和预测数字新闻扩散现象

本研究始终围绕以"关系"为核心的网络概念展开，以社会网络的认识论和方法论为基础，对"网络化媒体"的新闻传播现象进行深入观察和

分析。社会网络分析方法为社会科学研究提供了一种新的解释维度和分析工具，是对以属性数据为中心的传统统计学方法的超越和补充，能够有效地分析和解释本书所探讨的传播的"社会结构与过程"。在网络分析的基础原则上（沃瑟曼、福斯特，2012），本研究假定：新闻媒体之间存在相互依赖的、非独立的关系，其形成的社会网络是信息"流通"（circulation）的渠道，网络的结构制约或控制媒体新闻扩散行为，而网络模型能够将结构概念化为媒体间关系的稳定形式。因此，本研究提出了"网络化媒体"的概念，用于表征媒体在社交网络环境中的新闻生产活动依附于并作用于动态的、相互影响的社会关系，而新闻扩散则是媒体在不均衡、不确定的信息环境中进行新闻决策的社会过程。

为此，本书提出了"网络推断""网络分析""网络形成"和"网络影响"四个不同层次的网络分析框架，形成从"现象"观察到"关系"数据处理，再从"网络"结构分析到"行为"过程解释的研究体系。在观察的空间维度上，前两者属于网络"结构"向面，即通过网络行为数据发现媒体的社会关系结构，以及对网络结构进行分析；后两者聚焦于社会选择与社会影响的"过程"，分别为网络结构如何形成的过程，以及网络结构如何影响行为的过程。

在研究的时间尺度上，新闻扩散的结构与过程研究从静态和动态两个方面着手："网络分析"对应的是静态的结构分析，"网络成因"是静态的过程分析，"网络推断"和"网络影响"分别对应的是动态结构以及动态过程。静态取向的分析方法，主要针对网络的横截面数据——媒体属性以及网络结构在时空上是固定的，旨在把握媒体新闻扩散网络的内在结构特征以及媒体社会网络形成的内在规律性；相反地，动态取向分析则针对在时间上变化的媒体属性和网络结构变量，其中，"网络推断"基于历史的文本数据，通过建立新闻采纳级联模型来推断媒体的社会关系网络，而"网络影响"则利用连续时间或离散时间的生存分析方法，预测动态的网络结构对新闻扩散的影响效应。

第二节 实证研究的结论

在上述研究框架之上，本书中的研究基于大量的真实的微博网络数据，对不同向面的网络研究问题进行了数据分析和假设检验。实证研究的结论总结如下。

（一）社交平台上媒体的社会网络在时间上呈现显著的相关关系

本书的第三章中运用文本挖掘和概率模型的算法，根据媒体微博上的关注关系和时间信息建立了 NACM 模型，对特定时间段内不同的微博数据集进行媒体网络推断，生成了四个不同的目标网络。采用 QPA 方法检验网络的相关性，结果显示网络之间存在显著的相关性，而时间上越接近的网络之间的关联性越强，比如季度一与季度二的网络相关性大于季度一与季度三网络的相关性；除此之外，通过对比网络两两之间的重要节点和边的重合率，进一步证实了上述结论；而且，当将数据平均分割成两个部分时，模型生成的网络之间的相关性明显提高。

由此可以推论，媒体在社交平台上的新闻选择和沟通关系在时间上是动态变化的，但是同时也具有某种结构上的稳定性：一方面，网络的动态性表现在，媒体在新闻选择上的相似性可能随着时间增长而减弱，这一研究结论是有趣的。它至少说明了新闻媒体的网络关系不是恒定的，而网络的边界（或规模）也是模糊而非明确的，其背后的原因在于，媒体所关注的大量新闻事件一般具有某种程度的非预期性和阶段性特征，即当一个热点新闻出现后，首先在社交平台上引发媒体的广泛关注，随着注意力的衰减或转移，不同的媒体对特定事件的关注度就会存在差异性。另一方面，这种媒体的社会关系又是相对稳定的，而且随着文本挖掘的数据量或者观察时间长度的增加，这种结构形态的稳定性越强，究其原因可能是媒体在新闻决策上的某些"惯习"的作用或出于"相互定向"的需要。也就是说，相同类型或属性的媒体在对特定类型的新闻话题选择上具有相似的倾向或偏好，当不同的新闻事件发生时，媒体的持续的、稳定的社会关系就体现在新闻选择的相似性程度上。因此，在该假设前提下，利用新闻采纳级联模型所推断的网络就有了可靠性基础和依据，但模型推断"真实"的媒体社会网络还应考虑时间上的动态性，其结论的可靠性不仅受到模型参数和系统误差的控制和干扰，也受到数据规模和观察时间的影响。

（二）基于不同行为的媒体网络具有"小世界"和"无标度"等特性

本研究的第四章使用社会网络分析方法对微博中媒体的不同交互行为进行考察，其中，媒体的转发网络的构建依据微博的转发关系，新闻的转引网络基于微博文本的新闻来源，而采纳网络则由 NACM 模型生成。通过统计三个网络的密度、平均路径长度、平均聚类系数等基本结构指标，考察了其网络的紧密性、连通性和聚类性，发现媒体的社会网络均为稀疏网络，采纳网络和转引网络拥有较短的平均路径长度和较大的聚类系数，说明这两个网络在信息传播上具有"小世界"效应，新闻信息更容易经由这种结构特征的网络传播到更多的媒体节点；不同的是，转发网络具有长的全局路径以及较小的平均聚类系数，理论上不利于不同媒体之间的信息交换或传递。考虑到媒体在微博平台上对新闻的转引和采纳属于"原创微博"的范畴，更多地体现了媒体的新闻生产的主动性和专业性，不同社会地位和等级的媒体之间存在相对平等的互动联系，新闻信息可以更容易地跨越媒体的圈层达到媒体社交网络的任意端点，因为具有"小世界"特性的网络拥有更多连接局部聚类的"弱链接"，而发挥传播异质化信息的"优势"。

在网络异质性方面，转发网络的出度呈现严重的不均匀分布性，体现了"无标度"的复杂性，且累积分布的曲线的上升速度最快，低于9%的媒体占据了微博转发的绝大多数资源，即仅有少量的媒体的微博被绝大多数媒体转发，而转引网络和采纳网络的出度的 CCDF 曲线则呈现两阶段的幂律分布规律，在网络关系的异质性程度上均弱于转发网络。结合网络的"小世界"特性来看，转发网络的组织形式更依赖于个别具有较高权威性的核心媒体，这类媒体占据着社会网络中的重要位置和信息资源，比如中央级媒体在重大时政新闻上的首发优势使得其成为其他非中央媒体的微博转发的来源，然而异质性较高的网络环境不利于在不同媒体之间建立信息交互关系，而且由于无标度网络的"脆弱性"，当核心媒体在特定新闻事件中选择性"失语"或者滞后发声时，转发网络对新闻扩散的积极效应将严重减弱。另外，三个网络入度分布的异质性相较于出度均有所减弱，可见媒体之间主动的信息行为（转发、转引或采纳）可能受制于与注意力成本（如时间和精力），使大部分媒体仅与适量的媒体同行维持信息流通关系，避免了资源过剩、信息冗余。

（三）个别媒体成为网络的权力中心，媒体群聚受属性、物理及结构空间影响

本研究对不同的媒体网络进行了中心性分析，通过测量媒体在网络中与其他媒体"连接"的多寡、与其他媒体连接"距离"的远近以及处于其他媒体之间的"位置"，考察媒体在社交网络中权力地位以及影响力。中心性分析结果显示，人民日报、央视新闻、人民网、新华网、中国新闻

网、环球时报等中央媒体成了媒体网络的核心，被其他媒体转发、转引或采纳的频率最高，这些媒体就是"意见领袖"的典型代表；而在区域性媒体中，扬子晚报、澎湃新闻、新京报、成都商报、新闻晨报和钱江晚报等媒体也享有重要的位置。

但是，不同的媒体网络之间的中心性结果存在差异性，比如在基于距离的接近中心性上，采纳网络和转引网络媒体的整体接近性水平较高，而转发网络由于长链结构的存在以及中心媒体的类型多样化，其对新闻信息的传播可能存在较大的随机性；在中介中心性方面，采纳网络存在大量"经纪人"角色媒体，从而使基于采纳行为的新闻传播呈现去中心化的趋势。

本书综合采用了模块度、派系以及 k – 核等方法剖析网络的聚类结构，发现不同的媒体网络均呈现媒体群聚的现象，而且媒体的社会群聚受到媒体属性、地理位置以及网络结构的影响。例如，在社区发现与空间关系分析中，媒体社区划分首先受到媒体所属的社会等级的影响，形成以中央级媒体为核心，以省市地方媒体为边缘的凝聚力较强的模块；同时也受到媒体内容类型的影响，如形成以全国性晚报都市报为多元中心，地方晚报都市报以及其他媒体之间相互沟通、布局分散的模块。以互惠关系为基础的派系分析以及 k – 核分析结果均显示，那些中心性较高的媒体形成了交互联系密切的派系或核心团体，形成了媒体网络中新闻资源的"集散中心"，在一定程度上影响和确立其他媒体新闻选择的标准。另外，虽然社交网络的新闻传播不再受限于地理空间，但是媒体所处的地理位置依然影响着其新闻选择，主要表现在来自相同地区的媒体倾向于建立"地方派系"。

结合 k – 核分裂图以及核塌缩序列来看，不同的媒体网络的群聚特征受到网络子图内部的紧密性以及整体分裂性的影响，转发网络在局部区域形成多个密度较高的子群，而转引、采纳网络在总体上具有一致性，大部分媒体之间的联络均较为密切；基于互惠关系的转引网络和采纳网络的 k – 核分析则表明，转引网络围绕着一个相对稠密的媒体核心子群而组织起来，采纳网络在局部存在较多的媒体派系，整体上形成了一个传播权力相对均衡的结构。

（四）媒体存在同质性选择的过程，媒体属性能够预测媒体社会关系的形成

本书的第五章重点研究了新闻媒体在建立信息关系中的社会选择过程，运用了社会网络的指数随机图模型，探究新闻媒体本身所附带的社会属性和结构特征是如何形塑他们在社交网络上的互动关系的,而这种互动形式表现为新闻的选择与采纳。模型的研究结果显示,新闻媒体的类型、社会等级、地理位置、政治和经济因素等外生的属性变量,以及内生的网络结构能够有效地预测媒体社会关系的形成,对不同的社会网络之间的模型预测效果虽存在差别,但总体上趋于一致。

具体而言,从整体的变量参数来看,在控制网络特定的结构变量和其他媒体属性变量不变的前提下:(1)相同的媒介类型或新闻类型的媒体之间倾向于转发、转引和采纳对方的新闻,但在转发关系的形成上,党报和城市网站表现出"异质性",其中党报在异质性的传播关系中倾向于成为新闻的"传播者",而城市网站则更可能处于"接收者"的被动地位;同样,在转引网络中,城市新闻网站由于有限的新闻资质和采编权,对新闻的报道依赖于对其他类型媒体的转引而呈现关系的异质性。(2)财经类、国际类和信息娱乐类的媒体之间建立沟通关系的同质性效应较明显,在各自的新闻类型内共享相似的报道旨趣,在社交网络中形成了相对"封闭"而紧密的交流圈;而综合类新闻因其内容和关注点更为广泛,被其他媒体转引的"门槛"较低,时政类媒体由于其严肃性和权威性而成为其他媒体的新闻来源,专业性媒体因在不同的专业领域上缺乏交流的动力,在关系建立上的同质性效应有所减弱。(3)在地理上、社会上和经济上接近的媒体之间倾向于形成新闻互动的关系:首先,来自相同省份或行政区域的新闻媒体更可能产生互动;其次,省级媒体之间的同质性选择效果最为显著,但中央级媒体或地方媒体在转引关系或采纳关系的建立上表现出异质性的倾向,分别与其他不同层级的媒体积极地交换信息,一个合理的解释是许多特定的新闻倾向于从等级高的媒体流向等级低的媒体;最后,经济接近性变量对西部地区的媒体关系的预测效果最好,反映经济相对落后的西部地区媒体与其他经济区的媒体联系较少,在地区内部形成较为封闭的新闻交流环境。

此外,政治因素、社会距离以及关注关系在媒体的社会选择模型中也起到一定的预测作用。例如,与不在中央网信办规定的新闻网站转载"白名单"之外的媒体相比,名单中的媒体被其他媒体转发的概率更高;媒体在不同属性上的"社会距离"越接近,两个媒体之间建立沟通关系的可能性越高;存在关注关系的新闻媒体更倾向于转发、转引或采纳对方的微博。

(五)媒体的社会网络结构影响新闻事件在社交平台扩散

本研究在创新扩散理论的框架下,采用生存和事件史分析的方法并建立新闻扩散的社会影响模型，以三个不同类型的热点新闻事件为研究案例，探索和解释媒体的网络结构如何影响媒体在新闻事件扩散过程中的行为改变。不同的新闻事件在扩散的时间和趋势上呈现差异性，而且扩散的趋势均未呈现典型的"S"形曲线，尤其是突发性事件和预期性政治性事件中，扩散曲线在早期就出现了快速增长的趋势，随后受到人们日常作息规律以及事件发展情况的影响而变化。由于不同的社会等级的媒体的定位差异以及对特定信息接触的能力不同，其对不同新闻事件的关注度和反应速度存在差异。例如，地震事件的新闻在中央、省级和商业性媒体中的扩散速度较快，其新闻采纳率达到50%时的平均用时较短；地方媒体对地震事件和疫苗问题事件的关注度显著低于其他媒体，但在党的十九大召开的新闻报道上表现尤其积极。

显然，在不同的新闻事件中，不同的媒体属性对扩散的预测效果也是不同的。针对连续时间数据的Cox回归模型结果显示，媒体的微博发布数越多，报道新闻事件的可能性越高，说明其在社交网站渠道的活跃度越高，在热点事件发生时报道新闻的积极性越高。以综合类新闻为参照组，国际类、专业类型媒体的新闻采纳率均显著或不显著地低于前者；财经类媒体对地震事件的整体关注度不足，但在疫苗造假事件中表现突出，采纳该事件报道的风险显著高于其他媒体，由于疫苗造假事件本身的敏感性以及涉及疫苗生产企业问题，财经类媒体对该事件报道阻力较小而动力较大；时政类媒体对地震事件和疫苗事件采纳的"风险"与综合类媒体并无显著差异，但对党的十九大新闻报道的可能性显著地高于各类媒体，反映了时政类媒体具有政治宣传的职能，在这类政治性事件中表现尤为活跃。

最后，本研究试图检验网络结构对新闻事件扩散的作用。在空间自相关分析中，经过莫兰指数检验，发现不同的新闻事件的扩散过程均存在显著的空间自相关性，即在媒体社会网络中邻近的两个媒体倾向于报道同一新闻事件。在Cox模型结论的基础上，本研究提出了针对离散时间的逻辑回归模型，研究发现：在控制媒体属性变量不变的条件下，媒体感染性、敏感性、结构凝聚性和结构对等性等网络结构影响突发性灾难事件的扩散，而在疫苗造假事件中除了敏感性不显著外，其他三个结构协变量均显著且正向影响扩散。

由此可见，在特定的新闻事件扩散过程中，以关系出度为特征的先行媒体感染性越大，该媒体在未来时间对其他未采纳新闻的媒体的影响力越强；媒体对其他邻近的先行报道媒体的敏感性越强，同时，与之联系的密切的程度以及网络位置的对等性越强，那么该媒体参与事件新闻报道的可能性就越高。然而，却没有足够证据支持上述网络结构对预期性政治事件产生同样影响的假设，原因可能在于大部分新闻媒体出于政治宣传的需要，以及对预期性事件具有较大的新闻策划和筹备的空间，相较于媒体同行的影响，媒体对这类事件报道可能更多地受到新闻要素、编辑方针或策划方案等因素的影响。

第三节　研究的不足及改进方向

　　本研究论文试图将社会网络分析和模型方法引入传播学领域的具体问题研究当中，采用了前沿的计算传播研究方法对大量的网络文本和行为数据进行统计分析，并在创新的扩散、社会网络等理论框架下检验了媒体的属性与网络、网络与行为之间的关系假设。虽然，针对不同的研究问题，本书或发现或验证了相关的理论假说，补充和发展了社交网络中新闻扩散研究理论框架，揭示了媒体在新媒体环境下新闻生产和传播行为的新现象及其背后的驱动机制。但是，本书作为一项计算传播学和数字新闻学领域的实证研究而言，仍然是一次探索和尝试，在数据获取、样本采集、研究技术以及理论应用等方面均存在许多的不足和缺陷。

　　首先，在数据获取方面，本研究运用网络爬虫软件，通过搜索和解析网页URL及其网页源码、定义采集规则和分析过滤网页数据，对微博页面的可公开访问页面进行自动化批量采集。虽然研究最终获取大量的目标数据，但是却需要耗费较多的时间和人力以确保数据采集的持续性和完备性。可见，由于笔者作为个体研究者在时间、财力成本和技术条件上存在局限性，难以通过更先进的数据采集方法或购买数据的方式从社交网站运营方获取更全面和详细的网络数据，导致数据获取存在较高的难度。同时，从网页抓取的数据格式是非结构化的、粗粒度的，需要对原始数据经过一系列过滤、重新筛查、去重或补缺的数据"提纯"及清洗过程，原始数据体量越大，对数据进行精细处理和人工复核就越困难。此外，本研究采用滞后采集而非实时更新采集的方式，难免会遗漏那些在采集时间之前已被微博删除或屏蔽的数据。尽管对于大规模的网络数据而言，这些缺失的数据占比极小不足以影响本研究中数据的整体代表性，但对于其他研究或缺失数据本身就是观测对象的研究来说，数据的完整性就显得尤为重要。

其次，在媒体样本选择方面，由于本研究针对的是社交网站中的媒体及其社会关系，传统的基于独立同分布（independent and identical distribution）假设的抽样方法不适用于这类网络数据的抽样。因此，大数据背景下的"样本 = 总体"全数据研究模式（舍恩伯格、库克耶，2013）是未来网络媒体研究的趋势，但对所有媒体的所有数据进行采集的难度是巨大的，而且大部分不活跃媒体账号的存在可能会增加数据的异常值或缺失值。为此，本研究通过制定若干规则过滤和筛选了满足条件的媒体案例，这些选择的标准包含媒体账号的代表性、媒体的类型、地区分布、微博影响力等方面。然而，这些判断标准受到研究者的经验知识和主观认知的局限，难以确保标准的客观性和有效性；同时，在缺乏媒体在微博中分布或分层信息的前提下，本研究无法采用分层抽样的方法对不同类型的媒体进行精确的操作。

再次，在研究方法和技术方面：针对文本挖掘部分，本研究主要使用编程语言 Python 基于已有文本挖掘及自然语言处理的方法，对微博网络数据进行文本相似度计算和新闻话题聚类，从而构建以独立话题为单位的新闻"级联"结构。一般而言，机器学习中的聚类问题属于非监督学习，研究者缺乏判断聚类效果的标准和依据。在本研究中，研究者通过具体阈值或参数设置的方式，控制文本相似度计算的精度以及话题聚类的规模，通过该算法获得的聚类结果实际受到文本计算方法以及具体参数的影响，而且由于新闻话题发现的不可预知性，对新闻的聚类结果的有效性检验缺乏先验知识和统一标准。因此，研究者和读者需要在认识上述文本挖掘方法和技术的局限性的前提下理解本研究的相关结论。

本研究为了解决媒体关系的预测和网络推断问题，在独立级联模型的思想和框架下提出了新闻扩散的级联模型和算法，根据媒体之间的关注关系和新闻话题的时间信息，计算两个媒体之间存在新闻采纳关系的概率，并用最大生成树以及贪心算法等推断单个级联以及目标网络。值得注意的是，该模型算法的局限性在于，对两个媒体之间的连接概率由特定的函数形式和先验的权重系数所决定，因而概率计算的准确性亦受到研究者对模型定义和参数设置等主观性因素的影响。另一个需要考虑的问题是，对模型所生成的目标网络是否符合真实网络结构的检验，到目前为止，网络推断领域的研究仍没有形成统一且有效的检验办法，本研究所提出的类似"重测信度"的方法本质上是一种数据驱动的效果检验，数据的规模或观察时长影响目标网络的可靠性结果，其适用性尚缺乏大量实证数据的支撑。在此前提下，研究者在分析和解释该模型结果时应更加谨慎，避免过度依赖或解读模型所生成的目标网络。

对于网络统计模型的应用，本研究将指数随机图模型方法用于解释媒体的属性对媒体社会关系形成的影响，该网络模型能够考虑社会网络中行动者的依赖性问题，是目前实证社会网络研究中较为有效和科学的分析工具。但是，该方法在模型构建和拟合方面存在一定难度。尤其是当观测网络的规模较大时，无论是过于简单的，或者变量相对更多的模型都难以拟合观测网络的真实结构，而且现有的统计软件在处理较大规模的网络数据的运算时间呈小时级别增长，从而造成拟合欠佳的模型出现近似"退化"问题，或者模型不收敛而导致参数估计无效。正是囿于上述限制，指数随机图模型在社会科学领域难以被广泛应用。

最后，本书选择了微博作为媒体扩散研究的背景和理论应用场景，原因在于微博仍然是目前为止中国影响力最大的"陌生人社交"的网络平台，区别于微信朋友圈的"熟人社交"平台以及其他功能性社会化媒体。新闻媒体在微博上的传播行为是公开化且相互依赖的，将微博视为一个相对独立的、结构完整的网络空间，将新闻（信息）扩散、新闻生产、社会网络等理论应用于微博场景中解释媒体行动者的社会关系的形成及其行为模式，有助于将这些理论或模型整合进一个统一的"社会系统"之中，从而避免观察客体、行为现象与分析数据之间的割裂和不连续性。然而，这种观察的方式的前提是控制了平台之外的影响要素，忽略了微博与现实世界、微博与其他社交网络平台之间的关联性，即"线上"的传播行为与"线下"的个体动机、跨平台跨媒介之间互动。从这个意义上来看，任何试图将社会科学观察的场景独立化、封闭化或整合统一的操作都将面临"以偏概全"或"一应俱全"的危险。

在未来的研究中，随着计算传播学理论和方法的不断发展，针对上述研究的不足，该研究领域的问题和研究技术将会得到进一步的拓展和改进：

第一，随着新闻传播学的学术共同体与数据提供方的科研合作的深入，部分具有研究价值的商业性数据正在逐步地公开或面向科研人员开放。目前，新浪微博、微信、百度以及其他数据研究机构纷纷加入传播学基础数据的学术支持计划中[①]，有效保障了该研究问题所需要数据的完备性和准确性。对微博或其他社交网络平台上新闻扩散的研究，不仅可以获

---

① 例如，2018年9月，中国新闻史学会计算传播学研究委员会2018年大会启动的"传播学基础数据学术支持计划"，使科研人员可以获得由微热点提供的微博全量数据，以及来自微信公众号、网站、论坛、贴吧、知乎、电子报刊、App和中文境外媒体等传播类大数据。

取全量的媒体文本数据以及媒体在微博中具体分层数据，使媒体样本的选择具有更大的操作空间和判断依据，还可以考虑分析非媒体行动者的传播行为数据，将新闻扩散从"传（者）—传（者）"到"传—受"，再从"受—受"到"受—传"的传播全过程整合进本研究的框架之内，有助于更加全面和系统地理解新媒体环境下新闻扩散的现象及背后的动力机制。同时，与社交网站平台或数据机构的合作还有助于研究问题的深化，将研究的方法和结论有效地应用到实际传播问题的解决和新闻生产的具体实践之中。

第二，本研究所涉及网络挖掘模型、指数随机图模型将在该领域问题的研究中展现持续和深入的洞察力。尤其是伴随着时下计算机的存储、运算和分析能力的不断提升，以及网络统计模型技术和工具的创新，研究者将有可能针对大规模的网络数据，并将更多的研究变量纳入指数随机图模型之中，并实现该统计模型的易用性。在模型构建方面，本研究将在未来的研究改进中，考虑整合更多的媒体变量以及结构变量，如在媒体属性层面，包括新闻媒体的规模（如媒体从业者、通信网络、产业结构等）、现实的影响力指标（如经济收入、社会评价等），媒体在社交平台上的传播行为，如报道新闻的倾向性、新闻的主题；在媒体的网络结构方面，包括媒体动态的网络结构（如关注关系）以及更多的网络—属性构型（如伙伴属性三角形、二伙伴协变量、"社交圈"等构型）。

进一步地，本研究中所关注的网络挖掘和推断研究，可以与深度学习（deep learning）结合起来，通过组合媒体网络的低层特征形成更加抽象的高层表征形式，以发现网络数据的分布式特征表示，用非监督式或半监督式的特征学习和分层特征提取的高效算法来替代人工方法，可以提高本研究的推断网络的算法效率和目标网络的优化问题，从而提高模型结果的稳健性，以保障生成的目标网络更符合现实网络的结构特征。

第三，本研究将进一步扩展研究的网络场景和观测的维度，在跨平台的语境下考察跨媒介跨渠道的社会网络。例如，在电脑、手机等终端的多屏互动环境下，观测媒体行动者在微博、微信以及其他新闻客户端中的"立体式"的新闻报道模式及其之间的交流关系，不同的平台与媒体自身系统将构成一个个相对独立、相互嵌套且相互依赖的关系网络。传统媒体在"三微一端"（微信、微博、微视频以及客户端）中的新闻活动及信息行为将被整合进统一的观察视野和研究框架之内，媒体系统本身就是一个组织网络或子网络，不同组织网络之间又形成更大的社会网络。在此基础上，对新闻扩散的研究的时间尺度也将更加丰富，我们要讨论的新闻扩散现象将是一个跨平台多场景的动态的过程，不同结构的媒体网络同时同步地发生交互，研究者将在粒度更细的数据层面和连续的时间上分析新闻扩散的动力学过程。

在研究方法上，实现对多场景动态网络的研究，要求我们在不同的时间点上采集动态的网络数据和媒体属性数据，基于网络演化的随机行动者模型（SAOM，Snijders et al.，2007，2010）或者协同演化网络模型（Barnett et al.，2015）将被运用于研究不同的媒体属性特征、网络结构或外部环境对扩散网络的影响，以及多个不同的媒体网络在时间序列上的互动关系。

附录一：新闻媒体的属性数据

附表1为本研究观察媒体的属性数据，其中表格第一列中的字母分别代表：I=序号，M=媒体，F=微博粉丝数，W=微博发布数，MI=媒体圈粉丝数，MO=媒体关注数，C=媒介类型，N=新闻类型，R=社会等级，E=经济区域，L=网信办转载"白名单"媒体。具体的数据编号含义表示如下，媒介类型（C）：1=广播，2=杂志，3=其他报纸，4=新闻网站，5=城市网站，6=党报，7=电视，8=其他；新闻类型（N）：1=综合类，2=信息娱乐类，3=财经类，4=国际类，5=专业类，6=时政类；社会等级（R）：1=省级，2=地方，3=其他，4=商业性，5=中央；经济区域（E）：1=西部，2=东部，3=东北，4=中部；转载"白名单"（L）：1=在名单中，0=不在名单中。

附表1 新闻媒体的基本信息一览

I	F	W	MI	MO	C	N	R	E	L
1	123369	11488	1	92	1	1	1	1	1
2	1108447	157496	7	78	1	2	2	2	0
3	889547	31220	2	49	2	3	1	2	0
4	16025733	47198	81	68	3	3	1	2	0
5	256966	26677	0	33	1	2	2	2	1
6	454393	54243	3	26	1	2	1	1	1
7	2492468	87859	12	98	1	1	1	2	1
8	299452	19660	5	26	1	2	2	3	1
9	1690930	60547	3	34	4	4	3	2	0
10	417847	15924	10	39	1	2	1	2	1
11	674281	116659	6	28	1	2	2	2	1

（续上表）

I	F	W	MI	MO	C	N	R	E	L
12	680986	30082	4	34	1	2	1	2	1
13	430980	93592	1	100	1	1	2	4	0
14	814254	58953	5	54	1	2	1	4	1
15	870382	49448	3	43	1	1	2	2	1
16	2128799	55648	24	129	1	2	1	2	1
17	113777	1710	3	31	1	1	1	1	1
18	326644	151575	1	58	1	1	2	2	0
19	1610363	77248	28	32	4	4	3	2	0
20	12279885	58058	89	175	2	1	1	2	0
21	5277504	45806	10	126	3	1	2	4	0
22	4048226	78108	49	227	3	1	2	4	0
23	12640098	29846	82	20	2	1	4	2	1
24	830255	33292	8	13	1	2	1	2	1
25	265428	15270	7	37	1	1	1	2	1
26	1249668	30725	8	36	5	1	1	3	0
27	3048489	5962	14	89	3	1	2	2	0
28	3327215	64017	31	132	3	1	2	2	0
29	873889	62115	3	57	1	1	1	2	0
30	4262607	73606	38	171	5	1	1	2	1
31	20684915	91177	103	111	1	1	5	2	1
32	1005576	31121	2	57	1	1	5	2	1
33	1822903	46067	11	127	1	2	5	2	1
34	1604516	34077	6	26	4	5	5	2	1
35	406085	50707	5	103	5	1	1	3	1
36	1060466	35019	3	87	3	5	5	2	1

（续上表）

I	F	W	MI	MO	C	N	R	E	L
37	37438575	102434	108	48	2	1	5	2	1
38	33582668	93613	138	67	4	1	5	2	1
39	30200791	83262	83	100	3	4	5	2	1
40	456451	53282	3	59	5	1	1	1	1
41	1457282	80576	22	101	4	3	5	2	1
42	23871979	102091	51	128	3	3	5	2	0
43	2767096	44035	19	85	4	4	5	2	1
44	718561	25641	25	30	4	5	5	2	1
45	6961810	54196	77	122	3	1	5	2	1
46	9855795	53194	55	193	4	5	5	2	1
47	3222459	20796	54	45	1	1	5	2	1
48	125820	40609	1	55	4	5	5	2	1
49	548848	52971	9	138	3	1	2	1	1
50	440739	72828	28	164	3	1	1	1	0
51	526944	31698	6	28	6	6	1	1	1
52	1140944	77008	10	65	5	1	1	1	1
53	12561068	80606	111	125	3	1	1	2	1
54	56055534	83029	195	93	6	6	5	2	1
55	1630690	44515	19	38	4	4	5	2	1
56	39857159	127313	167	160	4	1	5	2	1
57	409517	14954	6	58	2	6	5	2	1
58	9497365	78474	40	98	3	1	1	2	1
59	1475379	78735	20	99	6	6	2	2	0
60	250394	13063	0	21	4	5	5	2	0
61	8791914	92020	8	45	1	1	3	2	0

（续上表）

I	F	W	MI	MO	C	N	R	E	L
62	2203866	92281	55	89	3	1	1	2	0
63	398571	36088	1	5	5	1	2	2	0
64	1876723	32051	53	50	3	5	5	2	0
65	19010083	44615	31	45	6	6	5	2	1
66	15364577	17157	17	34	4	1	5	2	1
67	379346	40829	6	103	3	1	2	1	1
68	141635	2660	1	43	6	6	1	1	1
69	1630769	47288	11	79	6	6	1	1	1
70	15310407	65027	35	73	6	5	5	2	1
71	13975776	39910	23	60	2	6	3	2	0
72	2837191	23295	86	104	4	1	3	2	0
73	349623	9915	0	3	1	2	1	2	1
74	2225188	27573	13	44	1	2	1	2	1
75	1812925	61729	5	27	1	1	1	2	1
76	3903237	52500	27	88	6	6	1	2	1
77	12427185	76486	65	104	3	1	1	2	1
78	6435587	34978	3	17	3	1	1	2	0
79	6778370	59331	42	161	3	1	1	2	1
80	2955330	34903	13	39	2	5	1	2	0
81	8035687	75103	72	87	3	1	1	2	1
82	357644	62870	4	40	5	1	1	2	1
83	134103	18368	3	101	1	2	2	4	0
84	5304502	52383	12	44	5	1	1	2	1
85	5546051	130981	38	79	3	1	1	3	0
86	208183	6215	1	18	1	1	3	2	0

(续上表)

I	F	W	MI	MO	C	N	R	E	L
87	8174541	89388	31	193	3	1	1	2	0
88	887394	19500	4	74	2	6	5	2	0
89	9357213	87856	68	196	3	1	1	1	0
90	3229693	73782	11	59	5	1	2	1	0
91	143857	15600	2	21	5	1	1	4	1
92	18429036	120343	60	29	4	4	3	2	0
93	12591383	106174	104	201	3	1	1	1	1
94	909107	19395	4	30	2	4	3	2	0
95	1958963	75585	19	115	5	1	1	1	1
96	5940468	48382	16	81	6	6	2	2	1
97	2053742	87937	23	205	3	1	2	2	0
98	272162	30492	1	43	1	2	2	1	0
99	2850086	64225	22	76	3	1	1	1	0
100	5850785	32410	20	74	3	1	1	2	0
101	259663	60358	7	121	3	1	2	1	1
102	6545221	15659	65	40	2	5	1	2	0
103	10318681	3612	122	18	3	1	1	2	0
104	11267554	19153	112	83	6	6	1	2	1
105	13457606	9079	137	112	3	1	1	2	0
106	221212	11334	2	44	1	2	2	4	1
107	1234254	39612	15	97	3	1	2	4	1
108	71195	11790	0	32	4	4	3	2	0
109	3432739	36750	11	3	5	1	1	2	1
110	6250098	25054	82	55	2	1	1	2	0
111	182159	84057	0	43	1	2	2	4	0

（续上表）

I	F	W	MI	MO	C	N	R	E	L
112	2289675	33356	32	90	2	6	2	2	0
113	656885	75597	13	61	6	6	2	2	1
114	2662960	37619	18	66	3	1	2	2	0
115	6952008	35128	52	26	3	4	5	2	1
116	491868	25075	9	93	3	1	2	4	1
117	849184	52495	10	161	6	6	1	3	1
118	767208	35863	6	42	5	1	2	3	1
119	1215976	23649	13	34	2	3	1	2	0
120	1143774	44476	6	57	2	3	4	1	0
121	6803721	49982	29	106	6	6	1	1	1
122	4237758	33707	8	107	4	4	5	2	1
123	486948	61059	7	70	3	1	1	2	0
124	1261297	41177	15	99	5	1	1	2	1
125	4176853	36179	22	207	4	1	3	2	0
126	9818122	87119	82	177	3	1	1	4	0
127	140885	49117	0	22	1	2	2	4	0
128	2489367	58491	15	231	6	6	2	3	1
129	371181	41456	7	68	5	1	1	1	1
130	10233857	84891	32	452	3	1	1	1	0
131	1119680	63173	3	107	1	1	1	2	1
132	1530373	66304	24	86	6	6	1	2	1
133	526360	27069	2	21	5	1	1	2	0
134	457146	38178	5	93	6	6	2	4	1
135	7849581	55901	6	76	4	5	5	2	1
136	2997481	45258	44	65	4	1	5	2	1

（续上表）

I	F	W	MI	MO	C	N	R	E	L
137	2415825	50953	7	3	7	5	5	2	1
138	52924060	93509	191	64	7	1	5	2	1
139	5265653	64419	58	111	4	1	5	2	1
140	22752312	62491	98	92	7	3	5	2	1
141	2375146	31856	10	82	6	6	1	1	1
142	554814	36968	9	72	1	2	2	2	1
143	2900883	141377	21	62	6	6	2	2	1
144	3618250	116751	29	86	3	1	2	2	0
145	344516	24833	0	42	1	2	1	2	1
146	298822	12072	7	38	1	2	2	4	1
147	3484606	53628	12	90	6	6	1	4	1
148	6382126	73350	25	160	3	1	1	2	1
149	5484071	39264	7	22	6	6	1	4	1
150	7194187	70974	30	101	3	1	1	4	1
151	1695291	32644	7	61	3	1	5	2	1
152	844728	22815	1	22	1	2	2	2	1
153	229270	6083	2	42	1	1	1	2	1
154	12399886	100245	102	152	6	6	2	2	1
155	328116	43853	9	35	5	1	2	2	1
156	111916	11038	5	56	1	1	1	1	1
157	2455901	32769	10	56	5	1	1	1	1
158	6559078	88559	14	102	6	6	1	1	1
159	539753	73705	7	28	1	2	1	1	1
160	2271162	56207	9	42	1	1	1	1	1
161	594696	98258	6	27	1	2	1	1	1

（续上表）

I	F	W	MI	MO	C	N	R	E	L
162	304840	42363	2	92	5	1	2	1	1
163	10365473	103178	77	114	3	1	2	1	1
164	6773210	107847	50	233	3	1	2	1	1
165	13984535	122606	117	121	3	1	1	2	1
166	299960	82582	2	60	1	2	2	2	0
167	398080	57597	7	76	6	6	2	2	0
168	2374936	50329	13	133	3	1	2	2	0
169	1284094	54679	18	48	3	1	1	2	1
170	25048520	80992	146	87	3	1	1	2	1
171	6776589	46496	28	88	6	6	1	2	1
172	247620	21736	0	45	2	6	5	2	0
173	11543068	35067	98	189	4	1	5	2	1
174	31712793	68881	142	204	4	1	5	2	1
175	15337375	25722	110	17	2	6	4	2	0
176	2978874	84192	40	127	3	1	1	4	0
177	23389283	74441	83	143	3	1	1	2	0
178	6773584	78943	22	106	3	1	1	3	0
179	26361362	64845	19	65	2	1	1	2	0
180	3076546	69996	45	99	3	1	1	2	1
181	5256040	39439	15	157	3	1	1	1	0
182	285571	52322	8	49	6	6	1	1	1
183	1204337	55960	11	73	2	3	1	2	0
184	30711226	104370	117	107	3	1	1	2	0
185	337118	92390	4	71	1	2	2	2	0
186	352515	23788	1	51	1	1	2	2	0

（续上表）

I	F	W	MI	MO	C	N	R	E	L
187	419217	37375	0	7	4	4	3	2	0
188	2644406	43566	11	94	5	1	1	4	1
189	7241809	109163	42	129	3	1	1	1	0
190	9011075	87551	34	102	3	1	2	2	0
191	5236507	51260	9	162	4	5	5	2	1
192	1873352	50126	11	82	1	2	2	2	1
193	1490604	52098	32	81	6	6	2	2	1
194	1146633	65861	11	80	5	1	2	2	1
195	332269	43207	0	29	1	1	2	4	0
196	242653	25233	1	34	1	1	2	2	0
197	1613683	29126	17	130	3	5	5	2	1
198	5835171	68047	9	115	1	2	2	4	1
199	10083489	102300	83	112	3	1	1	4	0
200	493610	18458	1	14	4	4	3	2	0
201	1167792	53591	12	63	4	5	5	2	1
202	445536	36307	7	58	5	1	1	1	0
203	546640	18430	9	58	1	2	2	4	1
204	6852844	102743	36	69	3	1	2	4	1
205	234824	40012	6	55	3	1	1	2	0
206	462493	52709	5	72	5	1	1	1	1
207	30323941	154742	73	86	3	3	2	2	0
208	3370568	33029	7	96	5	1	1	4	1
209	4711495	42994	2	36	5	1	2	2	0
210	3250865	17988	9	37	2	6	5	2	1
211	5569320	81301	10	59	3	1	2	2	0

（续上表）

I	F	W	MI	MO	C	N	R	E	L
212	8186121	78238	38	101	3	1	1	4	0
213	1237382	18422	5	36	1	1	1	2	1
214	3479331	67075	32	59	6	6	1	4	1
215	395022	17810	0	42	1	1	2	2	0
216	857852	62832	7	92	6	6	2	3	1
217	4769567	159902	44	111	3	1	2	3	1
218	223473	35797	5	107	1	2	1	2	1
219	145160	20593	1	45	1	1	1	2	1
220	165564	30558	4	58	5	1	1	2	1
221	2660257	45502	15	131	6	6	1	2	1
222	207597	24174	1	41	1	2	1	2	1
223	175300	41802	3	72	1	1	1	2	1
224	2267834	48930	1	40	1	2	1	2	1
225	6014211	47949	18	86	1	2	1	4	1
226	3329639	69479	41	136	3	1	1	4	0
227	5900119	122756	14	79	1	1	1	4	1
228	6084662	53850	34	64	6	6	1	4	1
229	2220761	51252	4	67	1	1	1	4	1
230	274460	70197	2	105	1	3	1	4	1
231	2072151	58313	41	97	3	5	5	2	1
232	17274224	92449	93	228	3	1	1	2	0
233	674584	34547	15	145	4	4	5	2	1
234	846930	65283	13	107	3	1	2	2	0
235	1630893	24575	12	101	1	1	1	2	1
236	1982696	72997	33	149	6	6	1	2	1

(续上表)

I	F	W	MI	MO	C	N	R	E	L
237	906001	43602	6	84	1	1	1	2	1
238	7095375	48197	17	67	6	6	1	2	1
239	786140	38588	6	51	6	6	2	2	0
240	7778597	67487	26	63	3	1	1	2	0
241	6202269	78488	8	98	3	1	2	2	0
242	980489	40440	6	104	5	1	2	2	1
243	7485745	72873	35	92	3	1	2	2	0
244	8048726	106438	26	82	3	1	2	2	1
245	5360221	53904	23	92	3	1	2	2	0
246	710321	27436	4	51	1	1	1	4	1
247	3317015	57778	22	51	6	6	1	4	1
248	5512572	42155	2	54	1	2	1	4	1
249	604886	69517	10	108	1	2	1	4	1
250	1278881	43450	12	81	6	6	1	4	1
251	10494789	66862	84	108	3	1	1	4	0
252	479088	39735	5	105	3	1	2	2	0
253	5747979	30191	123	47	4	6	1	2	1
254	92899	36169	1	27	1	1	3	2	0
255	3677546	50095	9	72	3	1	2	2	1
256	6528414	77695	17	88	3	1	1	2	0
257	2643928	21805	20	49	2	4	5	2	1
258	9173140	135491	121	110	3	4	5	2	1
259	10027998	47454	25	45	2	4	5	2	0
260	7093012	51850	67	91	4	4	5	2	1
261	42798520	96999	30	146	1	4	5	2	1

（续上表）

I	F	W	MI	MO	C	N	R	E	L
262	10604645	104518	85	134	3	1	1	2	0
263	371047	30027	1	39	5	1	2	2	0
264	203500	14900	5	42	1	2	1	1	1
265	53113	16728	1	29	6	6	1	1	1
266	3022423	37135	118	28	3	5	5	2	0
267	6199476	72640	22	86	3	1	1	3	1
268	5602330	83981	7	81	3	1	1	2	0
269	8480088	27451	20	52	4	3	1	2	0
270	1991982	61948	10	45	1	1	1	1	1
271	2816427	44269	25	62	4	1	1	2	1
272	9818237	56181	28	78	2	6	5	2	1
273	448261	29023	3	49	5	1	1	2	1
274	1120274	50559	16	76	6	6	1	2	1
275	163171	17257	3	39	1	2	1	4	1
276	459632	50590	6	76	1	2	1	2	1
277	544063	34555	30	58	3	3	4	2	1
278	3779309	10620	29	19	2	3	4	2	0
279	8872305	49398	55	86	3	3	4	2	0
280	1561676	10959	11	53	2	6	5	2	1
281	1423262	38800	9	111	5	1	1	4	1
282	12992879	33049	22	56	1	3	5	2	1
283	2531781	62737	48	37	6	3	5	2	1
284	22363561	83513	61	92	3	3	4	2	0
285	10711653	104617	103	75	3	1	1	2	1
286	169966	23422	0	26	4	4	3	2	0

（续上表）

I	F	W	MI	MO	C	N	R	E	L
287	422946	68980	10	88	5	1	2	2	0
288	6446163	67431	17	80	6	6	2	2	0
289	1618290	15095	0	31	1	4	5	2	0
290	2488370	69396	14	52	5	1	1	4	1
291	184576	50981	3	44	5	1	2	2	0
292	320938	10531	8	84	3	1	2	1	0
293	456723	37756	4	79	6	6	2	1	1
294	6270158	83915	27	129	3	1	2	1	1
295	313607	16328	9	64	3	1	1	1	0
296	506821	39572	6	52	1	2	2	2	1
297	289387	22714	6	139	3	1	1	1	0
298	622910	105763	7	71	5	1	1	1	1
299	2240643	38353	30	102	6	6	1	2	1
300	1156403	46655	16	45	4	3	5	2	0
301	3009527	130970	68	55	4	3	4	2	1
302	54128	7956	0	31	1	3	1	2	0
303	1970553	28853	24	54	2	3	4	2	1
304	23470756	137211	112	72	4	3	4	2	0
305	467351	65948	6	116	1	2	2	1	1
306	400837	15599	4	41	6	6	1	1	1
307	1060707	36137	10	32	3	1	2	1	1
308	2038531	34460	15	59	6	6	1	3	1
309	4964971	154314	54	135	3	1	1	3	0
310	605117	66058	3	91	1	1	2	4	1
311	619776	39734	7	71	1	1	2	4	1

(续上表)

I	F	W	MI	MO	C	N	R	E	L
312	934517	38981	11	137	6	6	2	4	1
313	5064792	102293	34	151	3	1	2	4	1
314	8147755	61509	84	94	3	1	2	2	0
315	1626856	70171	26	107	3	1	2	1	0
316	7684492	119556	42	89	3	1	1	1	0
317	5867498	51327	20	134	6	6	1	1	1
318	6334448	46840	39	150	3	1	1	1	1
319	8370458	82579	56	103	3	1	1	1	1
320	2329807	73291	10	22	4	3	4	2	0
321	6575188	41440	57	119	3	1	2	2	1
322	782376	55816	6	79	1	1	1	4	1
323	5177576	74406	97	114	3	1	1	2	1
324	202413	18649	10	42	3	1	2	1	1
325	1127759	19909	10	56	3	1	2	3	1
326	1354698	84778	23	90	6	6	2	4	1
327	3746295	59424	19	157	3	1	2	4	1
328	257135	29524	8	36	1	2	1	1	1
329	333115	30569	9	69	6	6	1	1	1
330	79130	21349	0	66	5	1	1	1	0
331	2742895	717220	9	104	1	2	2	2	1
332	353488	96726	5	121	1	1	2	2	1
333	1300657	47127	7	24	5	1	2	2	0
334	1277879	53329	12	67	6	6	2	2	1
335	2383898	33228	2	38	3	1	1	1	0
336	669493	120231	3	118	4	3	3	2	0

（续上表）

I	F	W	MI	MO	C	N	R	E	L
337	813830	47915	20	35	4	1	3	2	0
338	2763604	83941	4	57	5	1	1	2	1
339	131599	16930	7	72	5	1	1	4	1
340	303693	21297	5	34	6	6	1	3	1
341	6707730	48200	18	111	3	1	1	3	1
342	8355822	88802	57	169	3	1	1	2	1
343	1115578	40322	12	98	5	1	1	2	1
344	3255092	20962	8	100	8	1	4	2	0
345	133385	11359	2	41	2	6	3	2	0
346	2148473	35220	3	24	5	1	1	4	1
347	306824	18270	4	65	3	1	2	2	0
348	636126	30771	13	61	3	1	2	2	0
349	53376	1537	0	7	6	6	2	4	0
350	5610538	57415	12	98	5	1	2	2	0
351	135410	23063	1	88	6	6	2	2	0
352	504028	46473	6	93	3	1	1	2	0
353	115246	15262	2	27	5	1	1	1	1
354	499725	63880	6	105	3	1	2	4	0
355	1058814	21928	5	62	5	1	2	1	0
356	796587	23095	1	33	5	1	1	2	1
357	6543652	37665	6	11	7	1	1	2	1
358	140734	31793	6	46	7	1	1	4	1
359	172432	12115	4	47	7	1	1	1	0
360	283466	41074	1	40	7	1	1	1	1
361	104406	31004	4	35	7	1	1	1	1

（续上表）

I	F	W	MI	MO	C	N	R	E	L
362	1064609	12596	1	32	7	1	1	2	1
363	103650	13950	5	77	7	1	1	3	1
364	497464	19932	0	33	7	1	1	1	0
365	8716046	74381	51	52	8	1	4	2	0
366	1527435	32642	24	72	8	1	4	2	0
367	2768887	31572	33	31	8	1	4	2	0
368	10580967	28410	20	33	8	1	4	2	0
369	3783974	12604	51	60	8	1	4	2	0
370	5418641	15446	39	47	8	1	4	2	0
371	266720	8276	8	36	8	1	4	2	0
372	813643	4038	9	126	8	1	1	2	0
373	16293652	119608	90	47	8	4	4	2	0
374	14923044	147884	72	97	8	3	4	2	0
375	10316937	28402	25	17	8	1	4	2	0
376	5291779	51001	79	74	4	1	1	2	1
377	52652804	135799	176	121	8	1	4	2	0
378	738574	111964	6	86	1	2	2	4	1
379	553333	47302	5	92	1	2	2	2	0
380	386324	98363	3	65	1	2	2	3	1
381	1207577	26525	8	45	1	2	1	2	1
382	5300646	37588	25	232	2	1	5	2	1
383	662430	49049	6	69	2	3	4	2	0
384	1100174	34096	16	73	5	1	2	4	0
385	223586	17786	2	31	5	1	2	1	0
386	251533	56774	2	33	5	1	2	2	0

（续上表）

I	F	W	MI	MO	C	N	R	E	L
387	498770	20183	2	23	5	1	2	2	0
388	122113	38181	15	80	5	1	2	1	0
389	170773	24806	7	20	5	1	1	2	0
390	211807	31369	2	37	5	1	2	2	0
391	245396	24721	2	18	5	1	2	2	0
392	716267	57246	3	69	5	1	2	2	1
393	37776	26831	7	38	5	1	2	1	0
394	148812	20334	2	36	5	1	2	1	0
395	31428	37396	3	42	5	1	2	4	0
396	176223	17602	0	20	5	1	2	1	0
397	139460	41128	2	24	5	1	2	1	0
398	293475	13701	6	30	5	1	2	4	0
399	169232	15392	1	0	5	1	2	2	0
400	413865	45471	5	92	5	1	2	2	0
401	214834	27451	1	26	5	1	2	2	0
402	200657	47542	2	28	5	1	2	2	0
403	2581185	10499	4	177	3	1	2	1	0
404	178574	7206	0	55	5	1	2	4	0
405	2586507	15849	2	55	4	4	5	2	1
406	3344308	14413	31	52	1	4	5	2	1
407	3570993	9328	1	20	4	5	5	2	0
408	482902	9772	21	74	4	5	5	2	1
409	434246	13729	1	71	4	1	5	2	1
410	346108	43528	10	107	5	1	1	2	1
411	388902	29236	1	35	4	1	5	2	1

（续上表）

I	F	W	MI	MO	C	N	R	E	L
412	856393	37630	7	70	5	1	1	1	1
413	700232	50187	5	24	5	1	2	1	1
414	2441021	31603	4	89	5	1	1	3	1
415	57237	15419	6	39	5	1	1	4	1
416	369924	51701	13	92	5	1	1	4	1
417	2515170	54272	19	39	5	1	1	4	1
418	31758	26552	2	54	5	1	1	2	1
419	567367	40716	0	53	5	1	1	2	0
420	5586668	44705	7	92	5	1	1	1	1
421	68104	14030	0	45	5	1	1	1	1
422	1737692	5951	2	6	5	1	1	2	1
423	1042548	11342	4	44	4	1	1	2	0
424	24766	25306	6	84	5	1	1	4	0
425	165876	28354	1	45	5	1	2	2	0
426	112261	17369	4	8	5	1	2	2	0
427	33357	16712	1	52	6	6	2	2	0
428	766403	40908	7	235	6	6	2	2	0
429	757616	16364	2	15	6	6	2	4	0
430	575847	62797	11	70	6	6	2	2	0
431	515745	26244	3	108	6	6	2	2	0
432	492261	29568	5	45	6	6	2	2	0
433	242330	6874	3	17	6	6	2	2	0
434	221107	30125	3	20	6	6	2	2	0
435	212030	24619	3	15	6	6	2	2	0
436	211749	19815	0	11	6	6	2	2	0

(续上表)

I	F	W	MI	MO	C	N	R	E	L
437	180536	9804	0	37	6	6	2	2	0
438	151259	19472	1	78	6	6	2	2	0
439	135477	11115	2	8	6	6	2	2	0
440	108376	3750	1	51	6	6	2	2	0
441	62111	19308	2	54	6	6	2	2	0
442	495365	21371	1	18	3	5	5	4	0
443	490014	18494	1	28	3	5	5	2	0
444	219363	8917	1	29	3	3	5	2	1
445	1974777	38233	8	65	3	5	5	2	1
446	1693394	32512	15	82	3	5	1	1	0
447	155953	17700	0	10	3	5	5	2	1
448	1069338	8342	4	7	3	5	5	2	1
449	84560	9472	0	3	3	5	5	2	1
450	82945	20366	2	126	3	5	5	2	1
451	82836	10986	5	62	3	3	5	2	1
452	307144	6936	2	2	3	5	1	2	0
453	326107	11790	4	36	3	1	2	2	0
454	70221	14362	2	39	3	1	2	2	0
455	617806	50501	20	139	3	1	2	2	0
456	932078	56061	4	274	3	1	2	2	0
457	822937	22380	1	38	3	1	2	2	0
458	770639	36100	19	46	3	1	2	4	0
459	713624	101277	10	90	3	1	2	2	0
460	665321	17693	16	82	3	1	1	2	0
461	503421	39179	16	90	3	1	2	4	0

（续上表）

I	F	W	MI	MO	C	N	R	E	L
462	490755	33319	20	48	3	1	2	2	0
463	412569	54415	5	29	3	1	2	2	0
464	384235	26660	3	14	3	1	2	2	0
465	358513	19261	3	53	3	1	2	4	0
466	319538	20607	2	41	3	1	2	2	0
467	313319	16763	0	35	3	1	2	4	0
468	314355	14704	6	140	3	1	2	2	0
469	297982	36213	5	69	3	1	1	2	0
470	295039	29235	4	29	3	1	2	4	0
471	299322	10496	3	109	3	1	2	2	0
472	258677	44764	11	57	3	1	2	2	0
473	2541868	73802	14	95	3	1	2	2	0
474	233979	11182	3	91	3	1	1	2	0
475	2397630	25279	5	27	3	1	2	2	0
476	228777	21157	4	20	3	1	2	4	0
477	2242291	20350	10	72	3	1	1	2	0
478	216718	13085	4	82	3	1	2	2	0
479	203356	18471	1	22	3	1	2	4	0
480	202192	11492	2	159	3	1	2	1	0
481	2081367	23871	8	21	3	1	2	2	0
482	193476	30921	10	204	3	1	2	4	0
483	191547	16596	0	34	3	1	2	2	0
484	184019	8319	3	41	3	1	2	2	0
485	177796	15320	2	44	3	1	2	4	0
486	164596	11082	3	37	3	1	2	2	0

(续上表)

I	F	W	MI	MO	C	N	R	E	L
487	169809	5646	4	106	3	1	2	4	0
488	155647	8854	6	10	3	1	2	3	0
489	152127	6743	0	6	3	1	2	2	0
490	148100	18030	4	53	3	1	2	4	0
491	116218	13676	0	34	3	1	2	1	0
492	1050970	14581	4	45	3	1	2	4	0
493	100356	8602	4	55	3	1	2	2	0
494	110946	9172	0	9	6	6	2	4	0
495	74773	9628	1	42	6	6	2	4	0
496	71902	1762	1	13	6	6	2	1	0
497	576873	31378	11	167	6	6	2	2	0
498	319072	27803	0	82	6	6	2	1	0
499	289692	33270	0	39	6	6	2	2	0
500	266874	8775	6	58	6	6	2	4	0
501	237738	9815	0	39	6	6	2	3	0
502	223620	20793	2	49	6	6	2	2	0
503	222680	18540	1	31	6	6	2	3	0
504	221159	17312	0	61	6	6	2	2	0
505	206977	27802	0	23	6	6	2	2	0
506	206631	4356	1	18	6	6	2	4	0
507	1985518	67990	13	92	6	6	2	2	0
508	184905	7757	0	23	6	6	2	2	0
509	183364	4321	0	64	6	6	2	4	0
510	177365	19013	4	18	6	6	2	1	0
511	175716	9604	1	36	6	6	2	3	0

（续上表）

I	F	W	MI	MO	C	N	R	E	L
512	178407	7581	0	51	6	6	2	1	0
513	177905	6776	0	82	6	6	2	4	0
514	169219	9963	1	46	6	6	2	4	0
515	159235	10452	1	16	6	6	2	4	0
516	155188	8400	0	66	6	6	2	4	0
517	145134	14872	0	15	6	6	2	4	0
518	145125	14562	0	75	6	6	2	4	0
519	108201	4089	2	29	6	6	2	2	0
520	108030	10366	1	101	6	6	2	2	0
521	94989	20546	0	41	6	6	2	2	0
522	74644	7598	4	62	6	6	2	4	0
523	59349	5928	1	51	6	6	2	1	0
524	49589	3512	0	49	6	6	2	2	0
525	46091	10219	1	90	6	6	2	2	0
526	339532	25619	4	111	6	6	2	2	1
527	203630	13964	1	15	6	6	2	1	1
528	152871	10327	0	36	6	6	2	2	1
529	31629	3501	2	83	6	6	2	1	1
530	69443	5999	2	54	1	2	1	3	1
531	360620	4486	4	19	1	2	1	2	1
532	485705	24863	8	50	1	2	1	2	1
533	2711345	33154	12	103	1	2	2	2	1
534	150894	10672	2	56	7	1	1	2	1
535	104940	15131	1	39	7	1	1	1	1
536	1114044	34833	1	25	7	1	1	4	1

(续上表)

I	F	W	MI	MO	C	N	R	E	L
537	124006	9091	2	72	1	1	2	1	0
538	706803	44149	11	30	1	2	1	4	1
539	902068	12752	7	91	1	2	1	3	1
540	151434	8587	3	42	1	2	1	1	1
541	134714	23005	0	105	1	3	1	2	1
542	109737	18202	2	57	1	1	1	2	1
543	387314	28663	6	73	1	1	1	2	1
544	95340	10722	2	40	1	1	1	4	1
545	242385	14085	1	66	5	1	2	1	0
546	253588	37645	2	61	5	1	2	4	1
547	208595	85853	2	42	5	1	2	2	0
548	181060	49295	6	146	5	1	1	2	1
549	2707496	18932	4	54	4	1	1	1	0
550	715478	39013	9	71	5	1	2	2	1
551	5640794	25594	4	60	2	3	5	2	0
552	2203205	15600	32	105	4	1	3	2	0
553	2457880	136481	75	104	4	1	5	2	0
554	5596858	13905	24	4	2	5	1	2	0
555	634623	54984	13	79	1	5	5	2	1
556	3648954	62622	41	64	4	3	3	2	0
557	598151	14645	15	57	3	1	1	2	0
558	944368	72453	6	46	3	3	1	2	0
559	773458	39977	13	91	3	1	1	2	0
560	252563	8073	6	53	6	6	2	2	0
561	171436	27449	1	57	3	1	2	2	0

（续上表）

I	F	W	MI	MO	C	N	R	E	L
562	325656	17031	0	45	6	6	2	2	0
563	337712	45165	9	31	3	1	2	2	0
564	1207506	23199	1	19	6	6	2	2	0
565	519225	15995	2	57	6	6	2	2	0
566	1409642	49490	14	142	6	6	2	2	0
567	1026424	50066	14	34	3	1	2	2	0
568	438396	29924	4	58	6	6	2	2	0
569	184767	42612	2	71	1	1	2	2	0
570	167840	38437	3	99	6	6	2	2	0
571	484381	25071	8	101	3	1	2	2	0
572	312725	27935	1	53	3	1	2	2	0
573	394296	49185	21	33	3	1	2	2	0
574	649224	61632	10	134	5	1	2	2	0
575	574018	71007	12	91	5	1	1	2	1
576	2231912	52608	6	72	3	1	2	2	0
577	4399549	67013	30	133	3	1	2	2	0
578	819625	12322	2	101	6	6	2	2	0
579	341503	30232	3	57	6	6	2	2	0
580	323559	15183	2	169	3	1	2	2	0
581	453795	16114	5	38	6	6	2	2	0
582	740945	1267	7	45	3	1	2	2	0
583	2177286	35361	2	154	3	1	2	4	0
584	260823	34355	2	124	6	6	2	4	0
585	189811	20768	1	32	6	6	2	4	0
586	993131	45999	5	116	5	1	1	4	0

（续上表）

I	F	W	MI	MO	C	N	R	E	L
587	849936	24172	2	186	6	6	2	4	0
588	192481	7133	1	16	6	6	2	4	1
589	307348	37192	0	121	3	1	2	4	0
590	178697	6319	2	26	6	6	2	1	0
591	332312	6979	3	44	3	1	2	1	0
592	184302	9204	2	15	3	1	2	1	0
593	740269	23301	6	67	3	1	1	1	0
594	215827	12266	7	28	3	1	2	1	0
595	334599	14209	14	136	3	1	1	1	0
596	313732	26786	4	40	3	1	1	1	0
597	253522	11928	0	20	3	1	1	1	0
598	129263	12104	4	37	3	5	1	1	0
599	159244	21255	0	17	6	6	2	1	0
600	199623	29795	1	19	6	6	2	1	0
601	329166	41117	0	96	5	1	2	1	0
602	181177	10048	9	64	3	5	1	1	0
603	269665	27393	5	69	3	1	1	1	0
604	246135	63074	3	54	6	6	2	1	0
605	265399	47538	5	10	5	1	1	1	0
606	260036	20645	3	47	3	3	1	1	0
607	1005553	68551	14	66	3	1	1	1	0
608	2900889	24447	2	19	2	5	1	1	0
609	405345	29439	1	33	3	1	1	2	1
610	6428914	78584	10	155	1	2	1	2	1
611	99096	18096	1	23	5	1	2	1	0

（续上表）

I	F	W	MI	MO	C	N	R	E	L
612	299575	24158	1	34	6	6	2	1	0
613	169007	15866	0	46	6	6	2	1	0
614	146502	22943	2	53	3	1	2	1	0
615	241275	37653	0	39	3	3	1	1	0
616	180365	43296	1	64	6	6	2	1	0
617	174130	43693	1	23	3	1	2	1	0
618	4335861	58850	9	125	6	6	2	1	1
619	229397	38365	3	47	6	6	2	1	0
620	1277631	5756	17	52	4	1	1	2	1
621	1841875	5147	3	30	3	1	1	2	1
622	75712	15064	2	83	6	6	2	1	0
623	80679	13308	1	43	6	6	2	1	0
624	108231	5970	0	101	6	6	2	1	0
625	864663	40034	27	104	3	1	1	1	0
626	658539	41081	10	58	3	1	1	4	0
627	954473	20062	6	48	5	1	2	4	0
628	450745	46757	9	52	3	1	2	4	1
629	377404	48201	7	59	3	1	1	4	0
630	115830	4809	1	13	3	1	2	1	0
631	180638	9763	3	37	6	6	2	1	0
632	242248	37588	4	87	3	1	2	1	0
633	197391	9427	5	47	6	6	2	1	0
634	143674	5842	7	40	3	1	2	1	0
635	292122	9816	1	19	5	1	2	1	0
636	217226	24611	4	29	3	1	2	1	0

（续上表）

I	F	W	MI	MO	C	N	R	E	L
637	277264	17688	8	204	6	6	2	1	0
638	2193661	22983	7	19	3	1	1	1	0
639	275172	14617	5	34	6	6	2	1	0
640	265076	22523	3	36	5	1	2	1	0
641	258884	38639	8	25	6	6	2	3	0
642	833446	77290	6	95	5	1	2	3	0
643	137759	44605	2	42	3	1	2	3	0
644	316351	41079	19	73	3	1	1	3	0
645	519099	95202	11	87	3	1	2	3	0
646	534005	96254	12	112	3	1	2	3	0
647	406677	121198	21	129	3	1	2	3	0
648	3550644	62055	25	127	3	1	1	3	0
649	160720	18847	1	18	6	6	2	4	1
650	372661	15086	2	34	6	6	2	4	0
651	1035209	17261	4	64	3	1	2	4	0
652	547755	56167	19	79	3	1	1	4	0
653	300768	56730	5	58	3	1	2	4	0
654	2587124	50732	8	104	3	1	2	4	0
655	2263421	54207	15	145	5	1	1	3	0
656	172096	12363	6	53	3	5	1	3	0
657	2080395	13121	3	18	1	1	1	3	1
658	97767	21710	1	64	5	1	2	3	0
659	2146387	93467	8	93	5	1	2	3	0
660	4016080	52600	25	110	3	1	1	3	0
661	288918	8759	3	101	3	1	2	4	0

（续上表）

I	F	W	MI	MO	C	N	R	E	L
662	299359	11126	1	39	6	6	2	4	0
663	147764	26739	7	81	3	1	2	4	0
664	271471	23448	1	82	6	6	2	4	0
665	1000902	101559	9	55	6	6	2	4	0
666	249204	45522	1	133	6	6	2	4	0
667	289203	53371	3	47	3	1	2	4	0
668	210591	11917	1	174	3	1	2	3	0
669	677594	30179	13	53	6	6	2	3	1
670	3402195	31555	18	63	3	1	2	3	0
671	910976	48372	6	80	5	1	2	4	0
672	181849	29088	5	54	6	6	2	4	0
673	428769	43644	10	52	6	6	2	4	0
674	172834	29412	6	79	3	5	1	4	0
675	390421	47816	4	125	3	1	2	4	0
676	486236	88201	12	111	3	1	2	4	0
677	5684303	55858	31	132	3	1	1	4	0
678	2640286	34703	8	123	3	1	2	2	1
679	2406846	46679	7	55	6	6	2	2	1
680	458320	32645	14	72	3	1	2	2	0
681	365042	41253	10	85	3	1	2	2	0
682	386455	39615	6	53	3	1	1	2	0
683	156141	23198	1	17	5	1	2	2	0
684	236705	18253	2	88	3	1	2	2	0
685	4103337	35008	3	56	7	1	1	2	1
686	338180	35847	1	54	1	1	1	2	1

（续上表）

I	F	W	MI	MO	C	N	R	E	L
687	312541	30376	0	59	6	6	2	2	0
688	1632467	59989	22	168	3	1	1	2	0
689	208675	103265	6	91	3	1	1	2	1
690	256908	40666	3	113	6	6	2	2	0
691	330875	33513	2	149	3	1	1	2	1
692	329476	23123	4	57	6	6	2	1	1
693	235699	50157	3	74	5	1	1	1	1
694	94249	13452	1	23	5	1	2	1	0
695	299000	11268	3	49	1	1	2	1	1
696	2488992	49490	8	36	3	1	1	1	0
697	144409	20614	1	70	5	1	2	1	0
698	370994	51375	7	143	3	1	1	1	0
699	710129	52460	20	127	3	1	2	1	0
700	929205	50172	5	69	5	1	2	4	0
701	2054782	49249	32	210	3	1	1	4	0
702	761809	63639	16	98	3	1	2	4	0
703	354013	80184	8	43	3	1	2	4	0
704	426375	84648	13	157	3	1	1	4	0
705	856540	33414	3	122	6	6	2	1	0
706	61158	16908	4	33	5	1	1	1	0
707	5354146	89526	14	121	3	1	1	1	0
708	2321859	48662	35	85	4	1	3	2	0
709	4327464	70803	9	147	3	1	1	1	0
710	343696	10626	1	73	4	4	5	2	1
711	2046843	38550	17	9	4	4	3	2	0

（续上表）

I	F	W	MI	MO	C	N	R	E	L
712	8659403	85243	62	6	7	5	5	2	1
713	2893481	95406	22	100	7	1	1	2	1
714	3936281	68475	22	85	4	6	1	2	0
715	2275478	29256	13	20	4	1	5	2	1
716	11930748	52913	53	52	4	4	5	2	1
717	30760955	93411	166	401	4	1	5	2	1
718	239691	7627	5	45	8	3	4	2	0
719	7346616	101403	29	42	2	3	1	4	0

附录二：话题聚类算法、构造时间与级联模型算法

（一）基于 Single-Pass 算法的新闻话题聚类

在数据挖掘领域，新闻话题发现是 TDT（topic detection and tracking）的重要应用，旨在通过文本聚类的方法将新闻聚合成若干类，在聚类内的新闻相似度较高，聚类间的新闻相似度较低。现有的聚类算法有很多，根据聚类的思想和方法不同，大致可以分为层次聚类、分割聚类、基于约束的聚类、机器学习中的角力算法以及高维数据聚类等五种算法（Xi & Li, 2014）。为什么优先采用 Single-Pass 算法对微博新闻进行聚类？主要基于以下三个原因。

（1）在 TDT 应用领域中，Single-Pass 算法的使用最为广泛，其原理简单且运行速度快，虽然对文本输入顺序较为敏感，但对于具有时间性的新闻文本而言，只要按照时间进行组织和顺序输入，并不会影响话题聚类的结果。

（2）由于微博对字数限制，新闻文本一般比较简短，关键词很少重复出现，故不适合采用 TF-IDF（词频－反文档）方法为文本加权，以 TF-IDF 为核心的 K-mean 聚类或者主题模型（topic model）等方法得到的聚类效果不佳。

（3）K-mean 或主题模型算法一般都需要先验地设定类簇数或模型参数，而动态的新闻话题发现常常无法预先确定聚类数，因此 Single-Pass 算法的非控制性适用于新闻话题聚类。

在对新闻文本进行聚类之前，需要对文本去噪和清洗，我们使用 Python 的中文分词库 jieba（https://pypi.org/project/jieba/）切割文本，然后删除虚词、副词、形容词等停用词和单字词，保留以名词为主的关键词，构成表征新闻文本的词组集合 $W = \{w_1, w_2, \cdots, w_i\}$，而不是以词频（TF-IDF）为特征项的向量。集合形式具有互异性和确定性，非常适用于计算文本重合度，本书采用杰卡德相似系数计算两个词组集合之间的相似程度：$J(A, B)$，也就是两个集合 A 和 B 交集元素的个数在 A、B 并集

中所占的比例，用数学公式表示为：

$$J(A,B) = \frac{|A \cap B|}{|A \cup B|} = \frac{|A \cap B|}{|A|+|B|-|A \cap B|},$$

其中，$0 \leqslant J(A,B) \leqslant 1$；如果$|A|=|B|=\varnothing$，则$J(A,B)=0$。

Single-Pass 聚类算法顺序输入新闻文本的词组集合，默认第一篇新闻自动成为参照话题，每次输入一篇新闻，如果新闻与已有话题的相似度高于预先设定的阈值τ_s，该新闻归入于该话题类，重新计算话题相似度；否则，该新闻文本另行创建新的话题类，具体的算法框架如算法1所示。

算法1 基于Single-Pass算法的新闻文本聚类

输入：相似度阈值τ_s；一则新闻的关键词集合w；所有新闻文本的集合W，且$w \in W$

输出：新闻话题聚类的集合S；第i个话题聚类的集合V_i（$i=1,2,3,\cdots,n$）中的第k则新闻关键词集v_k，其中$v_k \in V_i \in S$

初始化：新闻话题集合S为空集，其话题的数量$|S|$为零，即$n=0$

for each $w \in W$ do
  if $n=0$ then
    $V_1 \leftarrow \{\}$；$V_1 \leftarrow V_1 \cup \{w\}$；$S \leftarrow S \cup \{V_1\}$ ## 以输入的第一则新闻作为第一个话题
  else
    $Jaccard = 0$ ## $Jaccard$ 代表特定话题的 $Jaccard$ 相似度
    $i = 0$ ## i 表示特定话题序号的初始值
    for each $V_{i=1,2,3,\cdots,n} \in S$ do
      $J \leftarrow \{\}$ ## J 为该话题中不同新闻的 $Jaccard$ 相似度的集合
      for each $v_k \in V_i$ do ## 寻找输入文本与不同话题之间最大的 $Jaccard$ 相似度
        $Jaccard(v,w) = |w \cap v_k|/|w \cup v_k|$
        $J \leftarrow J \cup \{Jaccard(v,w)\}$
      if max$(J) > Jaccard$ then
        $Jaccard \leftarrow$ max(J)
    if $Jaccard > \tau_s$ then ##比较该话题的 $Jaccard$ 相似度与相似度阈值
      $i \leftarrow$ arg max$(Jaccard)$；$S \leftarrow S - \{V_i\}$；$V_i \leftarrow V_i \cup \{w\}$；$S \leftarrow S \cup \{V_i\}$
    else   ##新建一个话题
      $n=n+1$；$V_n \leftarrow \{\}$；$V_n \leftarrow V_n \cup \{w\}$；$S \leftarrow S \cup \{V_n\}$
  end if
end for

值得注意的是，话题相似度阈值越大，对话题相似度的要求越高，获得的话题聚类越多;反之,话题聚类的数量越少。在这里,我们将相似度阈值统一设定为 0.6。为了提高运行的速度,原始数据被按话题时间分割为 12 个(月份)数据集,采用多进程并行计算的方法,每个进程独立地执行一个数据集的运算,最后每个数据集获得一个话题聚类的输出文件,在调用 4 个 CPU 核心的情况下,程序的平均总运行时间为 15 天左右(相似度阈值设置越大,耗时越长)。

在本研究中,微博文本输入和话题聚类的输出情况(见附表 2)显示,如果把每一个新闻文本当作一个聚类,即零聚类(null cluster),实际的话题聚类占零聚类总数的互补比例称作聚类率,比如零聚类的聚类率即为 0,全聚类(即所有文本聚成一个类)的聚类率为 1;因此,对于一个数据集来说,聚类的数目越少,聚类率越高。以 1 月份的数据集处理为例,每个数据集的聚类率约为 46.54%,平均聚类数为 1.87,意味着每个聚类内平均包含 1.87 个文本;类内包含至少 3 个文本的平均聚类数为 13891 (9.34%),说明绝大部分聚类内只包含一或两个新闻文本,本书规定至少包含三个文本的聚类才能构成一个新闻转引的级联。

附表 2　微博新闻文本输入与话题聚类结果（$\tau_0 = 0.6$）

月份	新闻文本	话题聚类	平均聚类	聚类率(%)[a]	≥3(%)[b]
1 月	278250	148752	1.87	46.54	13891 (9.34)
2 月	210617	118854	1.77	43.57	10340 (8.70)
3 月	235477	136816	1.72	41.90	11268 (8.24)
4 月	212288	122865	1.73	42.12	10446 (8.50)
5 月	227454	129982	1.75	42.85	11054 (8.50)
6 月	215582	125052	1.72	41.99	10683 (8.54)
7 月	294657	156098	1.89	47.02	14629 (9.37)
8 月	350299	176411	1.99	49.64	17331 (9.82)
9 月	333806	164747	2.03	50.65	16119 (9.78)
10 月	303996	137695	2.21	54.70	14974 (10.87)
11 月	328340	159612	2.06	51.39	15486 (9.70)
12 月	339215	164901	2.06	51.39	16559 (10.04)

(续上表)

月份	新闻文本	话题聚类	平均聚类	聚类率（%）[a]	≥3（%）[b]
Mean	277498.42	145148.75	1.90	46.98	13565（9.28）
SD	54515.04	19165.57	0.17	4.49	2638.86（0.80）

a：聚类率 = 1 - 话题聚类数/新闻文本数；

b：话题聚类内新闻文本数量大于等于 3 的聚类数量，以及占聚类总数的百分比。

（二）构造时间的计算方法

为了捕捉每两个媒体之间有效的"反应时差"，我们需要考虑媒体（工作者）日常作息规律对新闻活动的影响，比如夜间休息时段可以不计入媒体新闻反应所需要的时间。附图 1 展示了观察媒体在 2017 年 12 个月中微博发布的时间密度分布情况，该密度值为在以小时为单位的时段内微博发布的频率除以频率最高的时段，比如一月份 10 时的微博发布频率（24287）最高并以此为参照值，11 时的微博发布密度值为该时段频率（21120）除以参照值等于 0.869。图中色块表示密度值，颜色越深，密度越大，说明微博发布的集中程度越高。

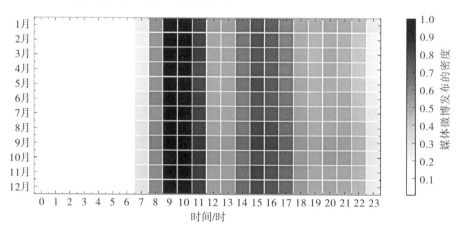

附图 1　媒体发布微博的时间密度

由图可知，微博发布的时间与作息时间规律密切相关，上午 8 时至 11 时以及下午 2 时至 5 时的工作时段是媒体发布微博的高峰期，而在凌晨 1—5 时这段时间段内（即白色和浅灰色部分），新闻报道出现的频率最低。因此，在计算媒体的反应时间时，本书将采用构造时间（constructed time）而非自然时间（natural time），即将每天 24 小时的周期缩短为 19 个小时。反应时差的数值的大小,决定了时间因素在多大程度上影响媒体采纳特定新闻的可能性。由下文可知,时间差的计量单位直接关系到指数变换后的取值大小。这里,反应时差的取值以小时为单位。

为了尽可能排除每天 1 时至 5 时这段时间的干扰,在计算反应时差时采用"构造天"(constructed day,约定每天有 19 个小时)的方法:假设媒体 x 转引的自然时间为 t_x(例如,1 月 1 日 12 时 40 分 30 秒),媒体 y 转引的自然时间为 t_y,且有 $t_y > t_x$,其中日期可以表示为 t_{x_day}(如 1 日)、t_{y_day},日期之差记为 $\Delta t_{xy\_day} = t_{y\_day} - t_{x\_day}$,小时时刻记为 t_{x_hour}(如 12 时)和 t_{y_hour}。

这里,我们将自然时刻 t_y 和 t_x 转化为构造时间 t_y' 和 t_x',进而求出两个构造时间的间隔 $\Delta t_{xy}'$:首先,在日期和分秒保持不变的情况下,将自然时间的 1—5 之间的时刻统一转换为 1 时,时刻大于 5 时的自然时间减去 5 个小时,0 时依然记为 0 时,如下式所示(t_y' 与 t_x' 的转化形式一致):

$$\begin{cases} t'_{x\_hour} = t_{x\_hour}, & \text{当}\ t_{x\_hour} < 1 \\ t'_{x\_hour} = 1, & \text{当}\ 1 \leq t_{x\_hour} \leq 5 \\ t'_{x\_hour} = t_{x\_hour} - 5, & \text{当}\ t_{x\_hour} > 5 \end{cases}$$

然后,以构造时间 t_x' 作为参照时刻,其与构造时间 t_y' 的天数之差与自然时间之差相同,但是每天 24 小时转化为 19 小时,得到

$$\begin{cases} t'_x = t'_{x\_hour} \\ t'_y = t'_x + \Delta t'_{xy} = t'_{y\_hour} + 19\,\Delta t_{xy\_day} \end{cases}$$

因此,构造时间之差就相当于一个十九进制的时刻增量,即为

$$\Delta t'_{xy} = t'_y - t'_x = t'_{y\_hour} - t'_{x\_hour} + 19\,\Delta t_{xy\_day}\text{。}$$

为了便于计算,由上式求得的时间差统一以小时为单位,如 2 小时 35 分记为 2.58 小时。

(三)新闻采纳级联模型

对于是否存在关系的媒体对之间的新闻采纳概率 $P^c_{u,v}$,如果将 Z 作为采纳新闻的媒体,X 和 Y 是 Z 的潜在采纳对象,而且 X 与 Z 之间有互相关注关系,Y 与 Z 之间没有关注关系,那么即使 X 与 Z 报道新闻的时间间隔大于 Y 与 Z,Z 仍然有可能是采纳 X 的信息而非 Y 的。因此,我们可以计算出这个临界的时间差:

$$\beta\,e^{-\Delta t(XZ)} \geq (1-\beta)\,e^{-\Delta t(YZ)},$$

则 $\Delta t(XY) = \Delta t(XZ) - \Delta t(YZ) \leq \log\dfrac{\beta}{1-\beta}$。这说明只要 X 与 Y 之间的时

间差不超过 $\log \dfrac{\beta}{1-\beta}$，那么 Z 采纳 X 的新闻的可能性就更大。

令级联 $c = (V_c, E_c)$，其中 V_c 表示该级联中所有的媒体集合，由于一个新闻话题可能出现多个级联，本研究的目的是寻找最可能出现的级联，即目标级联 $\hat{c}$；同时，级联可以用树的形式进行表示，因此目标级联就可以定义为流经所有媒体节点的最大生成树，则有：

$$\hat{c} = \mathrm{argmax} \prod_{(u,v) \in E_c} p_{u,v}^c ,$$

E_c 是级联 c 的边的集合，且有 $|E_c| = |V_c| - 1$。那么根据任意两个媒体之间存在采纳关系的独立性假设，那么"真实的"网络 G 中的级联的概率可以表示为：

$$P(c \mid G) = \prod_{(u,v) \in E_c} p_{u,v}^c 。$$

假设已知网络图 G 是一个稀疏度为 s 的网络（即网络边的规模为 s），使得网络中所有级联出现的可能性最大，那么最优化的目标网络 $\hat{G}$ 可以表示为：

$$\hat{G} = \mathrm{argmax} P(c_1, c_2, \cdots, c_n \mid G) 。$$

假设不同的级联之间是相互独立的，那么所有级联的概率表示为：

$$P(c_1, c_2, \cdots, c_n \mid G) = \prod_{k=1}^{n} P(c_k \mid G) 。$$

为了最大化 $P(c_1, c_2, \cdots, c_n \mid G)$，可以对两边取 log 得到：

$$\hat{G} = \arg\max_{|G| \leq s} \sum_{k} \log P(c_k \mid G) = \arg\max_{|G| \leq s} \sum_{k} \sum_{(u,v) \in E_c} \log p_{u,v}^{c_k} 。$$

关于目标网络 $\hat{G}$ 稀疏度 s 的选择，我们可以采用贪婪算法。首先，对目标级联中的边的权重进行对数处理，记为

$$q_{u,v}^{c_k} = \log p_{u,v}^{c_k} 。$$

且将所有的新闻话题对应的目标级联，以对数边权累加的形式合并为一个大图 M，也就是，重合的边的权重 $q_{u,v}^M$ 为各个级联对应边的权重之和：

$$q_{u,v}^M = \sum_{k} q_{u,v}^{c_k} 。$$

然后，我们试图从图 M 中选取出这样的 s 条边：第 $s+1$ 条边的权重相对于之前的权重之和小于一个阈值 δ，记 Q_m 为当前选取出的 m 条边的权重之和，则有：

$$s = \arg\min_{m} \left[\dfrac{Q_{m+1} - Q_m}{Q_m} \leq \delta \right] 。$$

基于上述方法和定义，新闻采纳级联模型的算法如算法 2 所示。

算法 2 NACM 模型算法

输入：新闻话题的集合 S，每个新闻话题 c 中包含媒体 v 及其发布时间 t，即 $\{(v, t)\} \in c \in S$；由新闻话题构建的有向有权图 $D(V, E, w)$，且 $v \in V$；δ 为往目标网络 $\hat{G}$ 中增加边的权重边际贡献量的阈值

输出：目标网络 $\hat{G}$

初始化：目标级联 T_c 的集合 C 为空集 $\varnothing$；目标网络 $\hat{G}$ 为空集 $\varnothing$

for each $c \in S$ **do**　　　　## 寻找目标级联即最大生成树 T_c

　$T_c \leftarrow \{\}$

　for each $v \in V$；$t_u < t_v$ in c **do**

　　令 $w(u, v)$ 为边 (u, v) 的权重，且 $(u, v) \in E$；$Par(v)$ 为节点 v 在 T_c 中的父节点

　　$Par(v) = \arg\max_u w(u, v)$

　　$T_c \leftarrow T_c \cup \{(Par(v), v)\}$

　$C \leftarrow C \cup \{T_c\}$

return C

令 M 为级联 C 合并成的网络，$w_M(u, v)$ 为网络 M 中边 (u, v) 的累加权重；令 M' 为空集 $\varnothing$

$Q(m) = 0$；$m = 0$　　　　## $Q(m)$ 为网络 M 中 m 条边权重之和

for each $(u, v) \in M$ **do**

　$(u^*, v^*) \leftarrow \arg\max_{(u, v) \in M \setminus M'} [w_M(u, v)]$

　## 依次寻找网络 M 中权重最大的边

　$Q(m) \leftarrow Q(m) + w_M(u^*, v^*)$

　## 计算当前选取的 $m + 1$ 条边的权重之和

　$M' \leftarrow M' \cup \{(u^*, v^*)\}$

　## 将权重最大的边依次并入网络 M' 中

　$m \leftarrow m + 1$

　if $m > 1$ and $w_M(u^*, v^*) / Q(m) - w_M(u^*, v^*) \geq \delta$ **then**　　## 边际量小于阈值 δ 的边将不予以考虑

　　$s(\delta) \leftarrow m - 1$　　　　## $s(\delta)$ 为目标网络 $\hat{G}$ 的边规模

　　$\hat{G} \leftarrow \hat{G} \cup M'$

return $\hat{G}$

参考文献

[1] 巴内特,江珂. 社会网络分析法在传播学中的应用[M]//洪浚浩. 传播学新趋势. 北京:清华大学出版社,2014.

[2] 布迪厄,华康德. 实践与反思[M]. 李猛,李康,译. 北京:中央编译出版社,1998.

[3] 陈爱萍,俞琰. 基于指数随机图模型的网络新闻媒体分析[J]. 金陵科技学院学报,2012,28(2):30-36.

[4] 陈良飞. 人民日报官方微博诞生始末:年轻编辑建议开设[EB/OL]. [2012-07-03]. http://news.sina.com.cn/m/2012-07-30/061924868894.shtml.

[5] 费钟琳,王京安. 社会网络分析:一种管理研究方法和视角[J]. 科技管理研究,2010,30(24):216-219.

[6] 弗里曼. 社会网络分析发展史[M]. 张文宏,刘军,王卫东,译. 北京:中国人民大学出版社,2008.

[7] 黄旦. 重造新闻学:网络化关系的视角[J]. 国际新闻界,2015,37(1):75-88.

[8] 卡茨,拉扎斯菲尔德. 人际影响[M]. 张宁,译. 北京:中国人民大学出版社,2016.

[9] 卡斯特. 网络社会的崛起[M]. 夏铸九,王志弘,等,译. 北京:社会科学文献出版社,2001.

[10] 库恩. 科学革命的结构[M] 4版. 金吾伦,胡新和,译. 北京:北京大学出版社,2012.

[11] 拉斯韦尔. 社会传播的结构与功能[M]. 何道宽,译. 北京:中国传媒大学出版社,2013.

[12] 李彬,王君超. 媒介二十五讲[M]. 北京:清华大学出版社,2004.

[13] 李金华. 网络研究三部曲:图论,社会网络分析与复杂网络理论[J]. 华南师范大学学报,2009(2):136-138.

［14］李良荣. 中国已建构"二级电视三级报纸四级广播"新格局［EB/OL］.［2009-10-01］. http://www.1a3.cn/cnnews/xjzl/llr/200910/9962.html.

［15］廖圣清, 黄文森, 易红发, 等. 群体性事件中参与主体的策略演化博弈分析: 一种社会网络视角［J］. 新闻大学, 2016（6）: 87-99.

［16］林晖, 李良荣. 关于中国新闻媒介总体格局的探讨: 关于二级电视, 三级报纸, 四级广播的构想［J］. 新闻大学, 2000（1）, 20-25.

［17］刘海龙. 大众传播理论: 范式与流派［M］. 北京: 中国人民大学出版社, 2008.

［18］刘军. 社会网络分析导论［M］. 北京: 社会科学文献出版社, 2004.

［19］刘军. 整体网分析讲义: UCINET 软件实用指南［M］. 上海: 上海人民出版社, 2009.

［20］刘炜. 门槛模型: 一个社会学形式理论的建构与拓展［J］. 社会学评论, 2016, 4（6）, 28-42.

［21］罗杰斯. 传播学史: 一种传记式的方法［M］. 殷晓蓉, 译. 上海: 上海译文出版社, 2012.

［22］罗杰斯. 创新的扩散［M］5版. 唐兴通, 译. 北京: 电子工业出版社, 2016.

［23］吕琳媛. 复杂网络链路预测［J］. 电子科技大学学报, 2010, 39（5）, 651-661.

［24］马哈贾, 彼得森. 创新扩散模型［M］. 陈伟, 译. 上海: 格致出版社, 2016.

［25］迈尔-舍恩伯格, 库克耶. 大数据时代: 生活、工作与思维的大变革［M］. 盛杨燕, 周涛, 译. 杭州: 浙江人民出版社, 2013: 1-23.

［26］梅罗维茨. 消失的地域: 电子媒介对社会行为的影响［M］. 肖志军, 译. 北京: 清华大学出版社, 2002.

［27］奇达夫, 蔡文彬. 社会网络与组织［M］. 王凤彬, 朱超威, 等译. 北京: 中国人民大学出版社, 2007.

［28］邱泽奇, 范志英, 张树沁. 回到连通性: 社会网络研究的历史转向［J］. 社会发展研究, 2015（3）: 1-31.

［29］史安斌, 王沛楠. 议程设置理论与研究50年: 溯源·演进·前景［J］. 新闻与传播研究, 2017（10）: 13-28.

［30］舒德森. 发掘新闻［M］. 陈昌凤, 常江, 译. 北京: 北京大学

出版社,2009.

[31] 斯科特. 社会网络分析法 [M] 刘军,译. 重庆:重庆大学出版社,2009.

[32] 王成军. 计算传播学的起源、概念和应用 [J]. 编辑学刊,2016 (3):59-64.

[33] 王友忠,曾大军,郑晓龙,等. 基于复杂网络理论的互联网新闻媒体分析 [J]. 复杂系统与复杂性科学,2009,6 (3):11-21.

[34] 沃瑟曼,福斯特. 社会网络分析:方法与应用 [M]. 陈禹,孙彩虹,译. 北京:中国人民大学出版社,2012.

[35] 休梅克. 大众传媒把关 [M]. 张咏华,注释. 上海:上海交通大学出版社,2007.

[36] 延森. 媒介融合:网络传播、大众传播和人际传播的三重维度 [M]. 刘君,译. 上海:复旦大学出版社,2012.

[37] 祝建华,彭泰权,梁海,等. 计算社会科学在新闻传播研究中的应用 [J]. 科研信息化技术与应用,2014,5 (2):3-13.

[38] ADAMS W C. Whose lives count? TV coverage of natural disasters [J]. Journal of communication. 1986,36 (2):113-122.

[39] ADAR E,ZHANG L,ADAMIC L A,et al. Implicit structure and the dynamics of blogspace [C]. Workshop on the weblogging ecosystem,2004,13 (1):16989-16995.

[40] AIELLO L M,BARRAT A,SCHIFANELLA R,et al. Friendship prediction and homophily in social media [J]. ACM Transactions on the Web (TWEB),2012,6 (2):9.

[41] ALEXANDER C,PIAZZA M,MEKOS D,et al. Peers,schools,and adolescent cigarette smoking [J]. Journal of adolescent health,2001,29 (1):22-30.

[42] ALLEN L J S,JONES M A,MARTIN C F. A discrete-time model with vaccination for a measles epidemic [J]. Mathematical biosciences,1991,105 (1):111-131.

[43] ALLERN S. Journalistic and commercial news values [J]. Nordicom review,2002,23 (1-2):137-152.

[44] AL-RAWI A. News values on social media:news organizations' Facebook use [J]. Journalism. 2017,18 (7):871-89.

[45] ANDREASEN V. Disease regulation of age-structured host popula-

tions [J]. Theoretical population biology, 1989, 36 (2): 214-239.

[46] ATWATER T, FICO F, PIZANTE G. Reporting on the state legislature: a case study of inter-media agenda-setting [J]. Newspaper research journal, 1987, 8 (2): 53-61.

[47] BALCAN D, GONCALVES B, HU H, et al. Modeling the spatial spread of infectious diseases: the global epidemic and mobility computational model [J]. Journal of computational science, 2010, 1 (3): 132-145.

[48] BARABÁSI A L, ALBERT R. Emergence of scaling in random networks [J]. Science, 1999, 286 (5439): 509-512.

[49] BARNETT G A, BENEFIELD G A. Predicting international Facebook ties through cultural homophily and other factors [J]. New media & society, 2017, 19 (2): 217-239.

[50] BARNETT G A, JIANG K, HAMMOND J R. Using coherencies to examine network evolution and co-evolution [J]. Social network analysis and mining, 2015, 5 (1): 53.

[51] BASIL M D, BROWN W J. Interpersonal communication in news diffusion: a study of "Magic" Johnson's announcement [J]. Journalism quarterly, 1994, 71 (2): 305-320.

[52] BASS F M. A new product growth for model consumer durables [J]. Management science, 1969, 15 (5): 215-227.

[53] BEDI P, SHARMA C. Community detection in social networks [J]. Wiley interdisciplinary reviews: data mining and knowledge discovery, 2016, 6 (3): 115-135.

[54] BENNETT W L. Gatekeeping and press-government relations: a multigated model of news construction [J]. Handbook of political communication research, 2004: 283-314.

[55] BENSON R. Field theory in comparative context: a new paradigm for media studies [J]. Theory & society, 1999, 28 (3): 463-498.

[56] BIKHCHANDANI S, HIRSHLEIFER D, WELCH I. A theory of fads, fashion, custom, and cultural change as informational cascades [J]. Journal of political economy, 1992, 100 (5): 992-1026.

[57] BLONDEL V D, GUILLAUME J L, LAMBIOTTE R, et al. Fast unfolding of communities in large networks [J]. Journal of statistical mechanics: theory and experiment, 2008 (10): P10008.

[58] BOCZKOWSKI P J. The processes of adopting multimedia and interactivity in three online newsrooms [J]. Journal of communication. 2004, 54 (2): 197-213.

[59] BREED W. Newspaper "opinion leaders" and processes of standardization [J]. Journalism quarterly, 1955, 32 (3): 277-328.

[60] BROIDO A D, CLAUSET A. Scale-free networks are rare [J]. arXiv preprint arXiv: 1801.03400, 2018.

[61] BROWN J J, REINGEN P H. Social ties and word-of-mouth referral behavior [J]. Journal of consumer research, 1987, 14 (3): 350-362.

[62] BROWN L A. Innovation diffusion: a new perspective [M]. New York: Methuen, 1981.

[63] BRYANT J, MIRON D. Theory and research in mass communication [J]. Journal of communication, 2004, 54 (4): 662-704.

[64] BURT R S. Positions in networks [J]. Social forces, 1976, 55 (1): 93-122.

[65] BURT R S. Social contagion and innovation: cohesion versus structural equivalence [J]. American journal of sociology, 1987, 92 (6): 1287-1335.

[66] BURT R S. Structural Holes: the social structure of competition [M]. Cambridge, Mass.: Harvard University Press, 1992.

[67] BUSENBERG S, COOKE K, IANNELLI M. Endemic thresholds and stability in a class of age-structured epidemics [J]. SIAM journal on applied mathematics, 1988, 48 (6): 1379-1395.

[68] CASETTI E, SEMPLE R K. Concerning the testing of spatial diffusion hypotheses [J]. Geographical analysis, 1969, 1 (3): 254-259.

[69] CENTOLA D, MACY M. Complex contagions and the weakness of long ties [J]. American journal of Sociology, 2007, 113 (3): 702-734.

[70] CHENG X X. Journalist-Source Relations [J]. Journalism studies, 2015, 16 (6): 850-867.

[71] CHEW J. Newspapers find gold in "We" media [EB/OL]. [2007-09-29]. http://www.imediaconnection.com/content/16406.imc.

[72] CHYI H I, SYLVIE G. Online newspapers in the US: perceptions of markets, products, revenue, and competition [J]. International journal on media management, 2000, 2 (2): 69-77.

[73] CLIFF A D, ORD J K, HAGGETT P, et al. Spatial diffusion: an

historical geography of epidemics in an island community [M]. New York: Cambridge University Press, 1981.

[74] CLYDE R W, BUCKALEW J K. Inter-media standardization: a Q-analysis of news editors [J]. Journalism quarterly, 1969, 46 (2): 349 – 352.

[75] COHEN A A, ADONI H, BANTZ C R, et al. Social conflict and television news [M]. SAGE Publications, 1990.

[76] COLEMAN J S, KATZ E, MENZEL H. Medical innovation: a diffusion study [M]. Indianapolis: Bobbs-Merrill, 1966.

[77] COLEMAN J S, KATZ E, MENZEL H. The diffusion of an innovation among physicians [J]. Sociometry, 1957, 20 (4): 253 – 270.

[78] COLES M. Newspapers on Twitter: how the Guardian, FT and Times are winning [EB/OL]. [2009 – 07 – 06]. http://www.malcolmcoles.co.uk/blog/newspapers-on-twitter/.

[79] COLLEONI E, ROZZA A, ARVIDSSON A. Echo chamber or public sphere? predicting political orientation and measuring political homophily in Twitter using big data [J]. Journal of communication, 2014, 64 (2): 317 – 332.

[80] COOKE K L. Functional-differential equations: some models and perturbation problems [C] //Differential Equations and Dynamical Systems, New York: Academic Press, 1967: 167 – 183.

[81] COOLEY C H. Social process [M]. New York: Charles Scribner's Sons, 1918.

[82] COX D R. Regression models and life-tables [J]. Journal of the royal statistical society: series B (methodological), 1972, 34 (2): 187 – 202.

[83] CRONBACH L J. Essentials of psychological testing [M]. New York: Happer & Row, Publishers, 1990.

[84] DALEY D J, GANI J. Epidemic modeling: an introduction [M]. New York: Cambridge University Press, 2005.

[85] DE CHOUDHURY M. Tie formation on twitter: homophily and structure of egocentric networks [C] //Privacy, security, risk and trust (PASSAT) and 2011 IEEE third inernational conference on social computing (SocialCom), IEEE, 2011: 465 – 470.

[86] DE FLEUR M L. The growth and decline of research on the diffusion of the News, 1945 – 1985 [J]. Communication research, 1987, 14 (1): 109 – 130.

[87] DEGROOT M H. Reaching a consensus [J]. Journal of the Amer-

ican statistical association, 1974, 69 (345): 118 - 121.

[88] DEUTSCHMANN P J, DANIELSON W A. Diffusion of knowledge of the major news story [J]. Journalism & mass communication quarterly, 1960, 37 (3): 345 - 355.

[89] DEUZE M. The web and its journalisms: considering the consequences of different types of newsmedia online [J]. New media & society, 2003, 5 (2): 203 - 230.

[90] DODSON J A, MULLER E. Models of new product diffusion through advertising and word-of-mouth [J]. Management science, 1978, 24 (15): 1568 - 1578.

[91] DONSBACH W. Psychology of news decisions: factors behind journalists' professional behavior [J]. Journalism, 2004, 5 (2): 131 - 157.

[92] DOREIAN P, TEUTER K, WANG C H. Network autocorrelation models: some Monte Carlo results [J]. Sociological methods & research, 1984, 13 (2): 155 - 200.

[93] DOW M M. Model selection procedures for network autocorrelated disturbances models [J]. Sociological methods & research, 1986, 14 (4): 403 - 422.

[94] EDMONDS J. Optimum branchings [J]. Journal of research of the National Bureau of Standards, B, 1967, 71: 233 - 240.

[95] ERDÖS P, RÉNYI A. On random graphs I. [J]. Publ. Math. Debrecen. 1959, 6, 290 - 297.

[96] FELD S L. The focused organization of social ties. American journal of sociology [J]. 1981, 86 (5): 1015 - 1035.

[97] FIENBERG S E, WASSERMAN S S. Categorical data analysis of single sociometric relations [J]. Sociological methodology. 1981, 12: 156 - 192.

[98] FLAXMAN S, GOEL S, RAO J M. Filter bubbles, echo chambers, and online news consumption [J]. Public opinion quarterly, 2016, 80 (S1): 298 - 320.

[99] FORTUNATO S, HRIC D. Community detection in networks: a user guide [J]. Physics Reports, 2016, 659: 1 - 44.

[100] FRANK O, STRAUSS D. Markov graphs [J]. Journal of the American Statistical association, 1986, 81 (395): 832 - 842.

[101] FREEMAN L C. Centrality in social networks conceptual clarifica-

tion [J]. Social networks, 1979, 1 (3): 215 - 239.

[102] FRIEDKIN N E, JOHNSEN E C. Social influence and opinions [J]. Journal of mathematical sociology, 1990, 15 (3 - 4): 193 - 206.

[103] FRIEDKIN N E, JOHNSEN E C. Social positions in influence networks [J]. Social networks, 1997, 19 (3): 209 - 222.

[104] FRIEDKIN N E. A structural theory of social influence [M]. New York: Cambridge University Press, 2006.

[105] FRIEDKIN N E. Social influence network theory: toward a science of strategic modification of interpersonal influence systems [M] // National research council. Dynamic social network modeling and analysis: workshop summary and papers. Washington, DC: The National Academies Press, 2003: 89 - 100.

[106] FRIEDKIN N E. Structural cohesion and equivalence explanations of social homogeneity [J]. Sociological methods & research, 1984, 12 (3): 235 - 261.

[107] GALTUNG J. Foreign policy opinion as a function of social position [J]. Journal of peace research, 1964, 1 (3 - 4): 206 - 230.

[108] GANS H J. Deciding what's news: a study of CBS evening news, NBC nightly news, Newsweek, and Time [M]. Northwestern University Press, 2004.

[109] GANTZ W, TRENHOLM S, PITTMAN M. The impact of salience and altruism on diffusion of news [J]. Journalism quarterly, 1976, 53 (4): 727 - 732.

[110] GANTZ W. The diffusion of news about the attempted Reagan assassination [J]. Journal of communication, 1983, 33 (1): 56 - 66.

[111] GAO J B, HU J. Financial crisis, Omori's law, and negative entropy flow [J]. International review of financial analysis, 2014, 33: 79 - 86.

[112] GARRETT R K. Echo chambers online?: politically motivated selective exposure among internet news users [J]. Journal of computer-mediated communication, 2009, 14 (2): 265 - 285.

[113] GENTZKOW M, SHAPIRO J M. Ideological segregation online and offline [J]. The quarterly journal of economics, 2011, 126 (4): 1799 - 1839.

[114] GEYER C J, THOMPSON E A. Constrained Monte Carlo maximum likelihood for dependent data [J]. Journal of the royal statistical society.

series B (methodological), 1992: 657 – 699.

[115] GIDDONS A. The constitution of society: outline of the theory of structuration [J]. Policy, 1984.

[116] GIRVAN M, NEWMAN M E J. Community structure in social and biological networks [J]. Proceedings of the national academy of sciences, 2002, 99 (12): 7821 – 7826.

[117] GOEL S, MASON W, WATTS D J. Real and perceived attitude agreement in social networks [J]. Journal of personality and social psychology, 2010, 99 (4): 611.

[118] GOLD D, SIMMONS J L. News selection patterns among Iowa Dailies [J]. Public opinion quarterly, 1965, 29 (3): 425.

[119] GOLDENBERG J, LIBAI B, MULLER E. Talk of the network: a complex systems look at the underlying process of word-of-mouth [J]. Marketing letters, 2001, 12 (3): 211 – 223.

[120] GOLDENBERG J, LIBAI B, MULLER E. Using complex systems analysis to advance marketing theory development: modeling heterogeneity effects on new product growth through stochastic cellular automata [J]. Academy of marketing science review, 2001, 9 (3): 1 – 18.

[121] GOODREAU S M, HANDCOCK M S, HUNTER D R, et al. A statnet Tutorial [J]. Journal of statistical software, 2008, 24 (9): 1 – 27.

[122] GOODREAU S M, KITTS J A, MORRIS M. Birds of a feather, or friend of a friend? using exponential random graph models to investigate adolescent social networks [J]. Demography, 2009, 46 (1): 103 – 125.

[123] GOSSART C. Can digital technologies threaten democracy by creating information cocoons? [M] // BISHOP J. Transforming politics and policy in the digital age. Hershey: IGI global, 2014: 145 – 154.

[124] GRANOVETTER M S, SOONG R. Threshold models of diffusion and collective behavior [J]. Journal of mathematical sociology, 1983, 9 (3): 165 – 179.

[125] GRANOVETTER M S. The strength of weak ties [J]. American journal of sociology, 1973, 78 (6): 1360 – 1380.

[126] GRANOVETTER M S. Threshold models of collective behavior [J]. American journal of sociology, 1978, 83 (6): 1420 – 1443.

[127] GREENAN C C. Diffusion of innovations in dynamic networks [J].

Journal of the royal statistical society: series a (statistics in Society), 2015, 178 (1): 147 - 166.

[128] GREENBERG B S. Diffusion of news of the Kennedy assassination [J]. Public opinion quarterly, 1964a, 28 (2): 225 - 232.

[129] GREENBERG B S. Person-to-person communication in the diffusion of news events [J]. Journalism quarterly, 1964b, 41 (4): 489 - 494.

[130] GRILICHES Z. Hybrid corn: an exploration in the economics of technological change [J]. Econometrica: journal of the econometric society, 1957: 501 - 522.

[131] GRUHL D, GUHA R, LIBEN-NOWELL D, et al. Information diffusion through blogspace [C] //Proceedings of the 13th international conference on World Wide Web. ACM, 2004: 491 - 501.

[132] HALBERSTAM Y, KNIGHT B. Homophily, group size, and the diffusion of political information in social networks: evidence from Twitter [J]. Journal of public economics, 2016, 143: 73 - 88.

[133] HAMBLIN R L, JACOBSEN R B, MILLER J L L. A mathematical theory of social change [M]. New York: Wiley, 1973.

[134] HANDCOCK M S, HUNTER D R, BUTTS C T, et al. Statnet: software tools for the statistical modeling of network data [EB/OL]. 2003. http://statnetproject.org.

[135] HANUSCH F, NÖLLEKE D. Journalistic homophily on social media: exploring journalists' interactions with each other on Twitter [J]. Digital journalism, 2018: 1 - 23.

[136] HARDER R A, SEVENANS J, VAN AELST P. Intermedia agenda setting in the social media age: how traditional players dominate the news agenda in election times [J]. The international journal of press/politics, 2017, 22 (3): 275 - 293.

[137] HARRIS J K. An introduction to exponential random graph modeling [M]. SAGE publications, 2013.

[138] HARTUP W W, STEVENS N. Friendships and adaptation in the life course [J]. Psychological bulletin, 1997, 121 (3): 355.

[139] HAYDON D T, CHASE-TOPPING M, SHAW D J, et al. The construction and analysis of epidemic trees with reference to the 2001 UK foot-and-mouth outbreak [J]. Proceedings of the Royal Society of London B: bio-

logical sciences, 2003, 270 (1511): 121 -127.

[140] HERMIDA A, FLETCHER F, KORELL D, et al. Share, like, recommend: decoding the social media news consumer [J]. Journalism Studies, 2012, 13 (5 -6): 815 -824.

[141] HETHCOTE H W. Qualitative analyses of communicable disease models [J]. Mathematical biosciences, 1976, 28 (3 -4): 335 -356.

[142] HETHCOTE H W. The mathematics of infectious diseases [J]. SIAM review, 2000, 42 (4): 599 -653.

[143] HILL R J, BONJEAN C M. News diffusion: a test of the regularity hypothesis [J]. Journalism quarterly, 1964, 41 (3): 336 -342.

[144] HIMELBOIM I, SWEETSER K D, TINKHAM S F, et al. Valence-based homophily on Twitter: network analysis of emotions and political talk in the 2012 presidential election [J]. New media & society, 2016, 18 (7): 1382 -1400.

[145] HOLLAND P W, LEINHARDT S. An exponential family of probability distributions for directed graphs [J]. Journal of the american statistical association, 1981, 76 (373): 33 -50.

[146] HOPPENSTEADT F, WALTMAN P. A problem in the theory of epidemics [J]. Mathematical biosciences, 1970, 9: 71 -91.

[147] HORSKY D, SIMON L S. Advertising and the diffusion of new products [J]. Marketing science, 1983, 2 (1): 1 -17.

[148] HU C J, XU W W, SHI P. Information diffusion in online social networks: models, methods and applications [C]. International conference on web-age information management. Springer, Cham, 2015: 65 -76.

[149] HUANG W M, ZHANG L J, XU X J, et al. Contagion on complex networks with persuasion [J]. Scientific reports, 2016, 6: 23766.

[150] HUANG W S, WANG W J, GAO J B, et al. Dynamical evolution of an internet social network: a case study on an event of protecting plane trees in Nanjing, China [C] //Behavioral, economic and socio-cultural computing (BESC), 2015 International conference on. IEEE, 2015: 13 -17.

[151] HUNTER D R, HANDCOCK M S. Inference in curved exponential family models for networks [J]. Journal of computational and graphical statistics. 2006, 15 (3): 565 -583.

[152] IBARRA H. Homophily and differential returns: sex differences in

network structure and access in an advertising firm [J]. Administrative science quarterly, 1992: 422-447.

[153] IBARRA H. Race, opportunity, and diversity of social circles in managerial networks [J]. Academy of management journal, 1995, 38 (3): 673-703.

[154] INABA H. Age-structured population dynamics in demography and epidemiology [M]. New York: Springer, 2017.

[155] IYENGAR R, VAN DEN BULTE C, VALENTE T W. Opinion leadership and social contagion in new product diffusion [J]. Marketing science, 2011, 30 (2): 195-212.

[156] JACKSON M O, YARIV L. Diffusion of behavior and equilibrium properties in network games [J]. American economic review, 2007, 97 (2): 92-98.

[157] JIANG C, CHEN Y, LIU K J R. Graphical evolutionary game for information diffusion over social networks [J]. IEEE journal of selected topics in signal processing, 2014, 8 (4): 524-536.

[158] KALMIJN M. Intermarriage and homogamy: causes, patterns, trends [J]. Annual review of sociology, 1998, 24 (1): 395-421.

[159] KANDEL D B. Homophily, selection, and socialization in adolescent friendships [J]. American journal of sociology, 1978, 84 (2): 427-436.

[160] KATZ E, LAZARSFELD P F. Personal influence: the part played by people in the flow of mass communications [M]. Glencoe, Illinois: The Free Press, 1955.

[161] KATZ E. The end of journalism? notes on watching the war [J]. Journal of communication, 1992, 42 (3): 5-13.

[162] KATZ E. The two-step flow of communication: an up-to-date report on an hypothesis [J]. Public opinion quarterly, 1957, 21 (1): 61-78.

[163] KEELING M J, EAMES K T D. Networks and epidemic models [J]. Journal of the royal society interface, 2005, 2 (4): 295-307.

[164] KEELING M J, ROHANI P. Estimating spatial coupling in epidemiological systems: a mechanistic approach [J]. Ecology letters, 2002, 5 (1): 20-29.

[165] KELLEY S, GOLDBERG M, MAGDON-ISMAIL M, et al. Defining and discovering communities in social networks [M]//Thai M T, Pardal-

os P M. Handbook of optimization in complex networks. Springer, 2012: 139 – 168.

[166] KEMPE D, KLEINBERG J, TARDOS É. Maximizing the spread of influence through a social network [C] //Proceedings of the ninth ACM SIGKDD international conference on knowledge discovery and data mining. Washington, DC, August 24 – 27, 2003.

[167] KEPPLINGER H M, EHMIG S C. Predicting news decisions: an empirical test of the two-component theory of news selection [J]. Communications, 2006, 31 (1): 25 – 43.

[168] KERMACK W O, MCKENDRICK A G. A contribution to the mathematical theory of epidemics [J]. Proceedings of the Royal Society of London A, 1927, 115 (772): 700 – 721.

[169] KIERNAN V. Medical reporters say "no" to "pack" journalism [J]. Newspaper research journal, 2013, 34 (2): 50 – 63.

[170] KLECZKOWSKI A, GRENFELL B T. Mean-field-type equations for spread of epidemics: the "small world" model [J]. Physica A: statistical mechanics and its applications, 1999, 274 (1 – 2): 355 – 360.

[171] KNECHT A, SNIJDERS T A B, BAERVELDT C, et al. Friendship and delinquency: selection and influence processes in early adolescence [J]. Social development, 2010, 19 (3): 494 – 514.

[172] KOEHLY L M, GOODREAU S M, MORRIS M. Exponential family models for sampled and census network data [J]. Sociological methodology, 2004, 34 (1): 241 – 270.

[173] KOVACH B, ROSENSTIEL T. The elements of journalism: what news people should know and the public should expect [M]. Three Rivers Press (CA), 2014.

[174] KUPERMAN M, ABRAMSON G. Small world effect in an epidemiological model [J]. Physical review letters, 2001, 86 (13): 2909.

[175] KWAK H, LEE C, PARK H, et al. What is Twitter, a social network or a news media? [C] //Proceedings of the 19th international conference on world wide web. ACM, 2010: 591 – 600.

[176] LASSWELL H D. The structure and function of communication in society [M] //Bryson L. The communication of ideas, the communication of ideas. New York: the institute for religious and social studies, Harper, 1948.

[177] LAZARSFELD P F, BERELSON B, GAUDET H. The people's choice: how the voter makes up his mind in a presidential election [J]. New York: Duell, Sloan and Pearce, 1944.

[178] LAZARSFELD P F, MERTON R K. Friendship as a social process: a substantive and methodological analysis [J]. Freedom and control in modern society, 1954, 18 (1): 18-66.

[179] LEE A M, LEWIS S C, POWERS M. Audience clicks and news placement: a study of time-lagged influence in online journalism [J]. Communication research, 2014, 41 (4): 505-530.

[180] LEENDERS R T A. Longitudinal behavior of network structure and actor attributes: modeling interdependence of contagion and selection [M]. Evolution of social networks. Abingdon: Routledge, 2013: 173-192.

[181] LESKOVEC J, MCGLOHON M, FALOUTSOS C, et al. Patterns of cascading behavior in large blog graphs [C] //Proceedings of the 2007 SIAM international conference on data mining, society for industrial and applied mathematics, 2007: 551-556.

[182] LEWIS K, GONZALEZ M, KAUFMAN J. Social selection and peer influence in an online social network [J]. Proceedings of the national academy of sciences, 2012, 109 (1): 68-72.

[183] LEWIS K, GONZALEZ M, KAUFMAN J. Social selection and peer influence in an online social network [J]. Proceedings of the national academy of sciences, 2012, 109 (1): 68-72.

[184] LIANG H. Broadcast versus viral spreading: the structure of diffusion cascades and selective sharing on social media [J]. Journal of communication, 2018, 68 (3): 525-546.

[185] LIM J. Intermedia agenda setting and news discourse: a strategic responses model for a competitor's breaking stories [J]. Journalism practice, 2011, 5 (2): 227-244.

[186] LIPPITT R, POLANSKY N, ROSEN S. The dynamics of power: a field study of social influence in groups of children [J]. Human relations, 1952, 5 (1): 37-64.

[187] LIPPMANN W. Public opinion [M]. Abingdon: Routledge, 2017.

[188] LIU N R, AN H Z, GAO X Y, et al. Breaking news dissemination in the media via propagation behavior based on complex network theory

[J]. Physica A: statistical mechanics and its applications, 2016, 453: 44 – 54.

[189] LOPEZ-PINTADO D, WATTS D J. Social influence, binary decisions and collective dynamics [J]. Rationality and society, 2008, 20 (4): 399 – 443.

[190] LORRAIN F, WHITE H C. Structural equivalence of individuals in social networks [J]. The journal of mathematical sociology, 1971, 1 (1): 49 – 80.

[191] LOUNI A, SUBBALAKSHMI K P. Diffusion of information in social networks [M]. Social networking. Springer, Cham, 2014: 1 – 22.

[192] LUCE R D, PERRY A D. A method of matrix analysis of group structure [J]. Psychometrika, 1949, 14 (2): 95 – 116.

[193] LUO Z G, DING F, JIANG X Z, et al. New progress on community detection in complex networks [J]. Journal of National University of Defense Technology, 2011, 33 (1): 47 – 52.

[194] LUSHER D, KOSKINEN J, ROBINS G. Exponential random graph models for social networks: theory, methods, and applications [M]. New York: Cambridge University Press, 2013.

[195] MAHAJAN V, Peterson R A. Innovation diffusion in a dynamic potential adopter population [J]. Management science, 1978, 24 (15): 1589 – 1597.

[196] MANSFIELD E. Technical change and the rate of imitation [J]. Econometrica: journal of the econometric society, 1961: 741 – 766.

[197] MARCHIONNI D. Conversational journalism in practice: a case Study of the Seattle Times' 2010 Pulitzer Prize for breaking news reporting [J]. Digital journalism, 2013, 1 (2): 252 – 269.

[198] MARSDEN P V, FRIEDKIN N E. Network studies of social influence [J]. Sociological methods & research, 1993, 22 (1): 127 – 151.

[199] Marsden P V, Podolny J. Dynamic analysis of network diffusion processes [M] // FLAP H, WEESIE J. Social networks through time. Utrecht: ISOR, 1990: 197 – 214.

[200] MASSING M. The network newscasts: still hot off the presses [J]. Channels, 1984, 3 (5): 47 – 52.

[201] MATHES R, PFETSCH B. The role of the alternative press in the

agenda-building process: spill-over effects and media opinion leadership [J]. European journal of communication, 1991, 6 (1): 33 – 62.

[202] MATHYS C, BURK W J, CILLESSEN A H N. Popularity as a moderator of peer selection and socialization of adolescent alcohol, marijuana, and tobacco use [J]. Journal of research on adolescence, 2013, 23 (3): 513 – 523.

[203] MCADAM D, PAULSEN R. Specifying the relationship between social ties and activism [J]. American journal of sociology, 1993, 99 (3): 640 – 667.

[204] MCCOMBS M E, BELL T. The agenda-setting role of mass communication [M] //SALWEN M, STACKS D. An integrated approach to communication theory and research, Mahwah, NJ: lawrence erlbaum associates, Inc, 1996: 93 – 110.

[205] MCCOMBS M E, SHAW D L. Structuring the "unseen environment" [J]. Journal of communication, 1976, 26 (2): 18 – 22.

[206] MCLEOD J M, KOSICKI G M, PAN Z. On understanding and misunderstanding media effects [J]. Mass media and society, 1991: 235 – 266.

[207] MCPHERSON M, SMITH-LOVIN L, COOK J M. Birds of a feather: homophily in social networks [J]. Annual review of sociology, 2001, 27 (1): 415 – 444.

[208] MERAZ S. Is there an elite hold? traditional media to social media agenda setting influence in blog networks [J]. Journal of computer-mediated communication, 2009, 14 (3): 682 – 707.

[209] MERTON R K. Social theory and social structure [M]. New York: Simon and Schuster, 1968.

[210] MILLER D C. A research note on mass communication [J]. American sociological review, 1945, 10 (5): 691 – 694.

[211] MOKKEN R J. Cliques, clubs and clans [J]. Quality and quantity, 1979, 13 (2): 161 – 173.

[212] MONTGOMERY M R, CHUNG W. Social networks and the diffusion of fertility control in the Republic of Korea [J]. Dynamics of values in fertility change, 1999: 179 – 209.

[213] MOORE C, NEWMAN M E J. Epidemics and percolation in small-world networks [J]. Physical review E, 2000, 61 (5): 5678.

［214］MORAN P A P. Notes on continuous stochastic phenomena［J］. Biometrika, 1950, 37（1/2）: 17-23.

［215］MORENO J L, JENNINGS H H. Statistics of social configurations［J］. Sociometry, 1938: 342-374.

［216］MORENO Y, PASTOR-SATORRAS R, VESPIGNANI A. Epidemic outbreaks in complex heterogeneous networks［J］. The European physical journal b-condensed matter and complex systems, 2002, 26（4）: 521-529.

［217］MORRIS M, HANDCOCK M S, HUNTER D R. Specification of exponential-family random graph models: terms and computational aspects［J］. Journal of statistical software, 2008, 24（4）: 1548.

［218］MORRIS M. Epidemiology and social networks: modeling structured diffusion［J］. Sociological methods & research, 1993, 22（1）: 99-126.

［219］MYERS D J. The diffusion of collective violence: infectiousness, susceptibility, and mass media networks［J］. American journal of sociology, 2000, 106（1）: 173-208.

［220］NASH N. International facebook "friends": toward McLuhan's global village［J］. The McMaster journal of communication, 2009, 5（1）: 1-12.

［221］NEWMAN M E J, STROGATZ S H, WATTS D J. Random graphs with arbitrary degree distributions and their applications［J］. Physical review E, 2001, 64（2）: 026118.

［222］NEWMAN M E J. Fast algorithm for detecting community structure in networks［J］. Physical review E, 2004, 69（6）: 066133.

［223］NIEMINEN J. On the centrality in a graph［J］. Scandinavian journal of psychology, 1974, 15（1）: 332-336.

［224］NOË N, WHITAKER R M, CHORLEY M J, et al. Birds of a feather locate together? Foursquare checkins and personality homophily［J］. Computers in human behavior, 2016, 58: 343-353.

［225］NOELLE-NEUMANN E, MATHES R. The "Event as Event" and the "Event as News": the significance of "consonance" for media effects research［J］. European journal of communication, 1987, 2（4）: 391-414.

［226］NUERNBERGK C. Political journalists' interaction networks: the German federal press conference on Twitter［J］. Journalism practice, 2016, 10（7）: 868-879.

[227] O'NEILL D, HARCUP T. News values and selectivity [M]. New York: Routledge, 2009: 181-194.

[228] OLIVER F R. Methods of estimating the logistic growth function [J]. Applied statistics, 1964: 57-66.

[229] OLSON J A. Generalized least squares and maximum likelihood estimation of the logistic function for technology diffusion [J]. Technological forecasting and social change, 1982, 21 (3): 241-249.

[230] ÖSTGAARD E. Factors influencing the flow of news [J]. Journal of peace research. 1965, 2 (1): 39-63.

[231] PASTOR-SATORRAS R, VESPIGNANI A. Epidemic dynamics and endemic states in complex networks [J]. Physical review E, 2001, 63 (6): 066117.

[232] PATTERSON T E, DONSBAGH W. News decisions: Journalists as partisan actors [J]. Political communication, 1996, 13 (4): 455-468.

[233] PATTISON P, ROBINS G. Neighborhood-based models for social networks [J]. Sociological methodology, 2002, 32 (1): 301-337.

[234] PERC M, GRIGOLINI P. Collective behavior and evolutionary games-an introduction [J]. arXiv preprint arXiv: 1306.2296, 2013.

[235] POTTERAT J J, PHILLIPS-PLUMMER L, MUTH S Q, et al. Risk network structure in the early epidemic phase of HIV transmission in Colorado Springs [J]. Sexually transmitted infections, 2002, 78 (suppl 1): i159-i163.

[236] REESE S D, DANIELIAN L H. A closer look at intermedia influences on agenda setting: the cocaine issue of 1986 [M] //SHOEMAKER PJ. Communication campaigns about drugs: government, media, and the public, New York: Routledge, 1989: 47.

[237] RICHARDSON M, DOMINGOS P. Mining knowledge-sharing sites for viral marketing [C] // Proceedings of the eighth ACM SIGKDD international conference on knowledge discovery and data mining. ACM, 2002: 61-70.

[238] RILEY S. Large-scale spatial-transmission models of infectious disease [J]. Science, 2007, 316 (5829): 1298-1301.

[239] ROBINS G, ELLIOTT P, PATTISON P. Network models for social selection processes [J]. Social networks, 2001a, 23 (1): 1-30.

[240] ROBINS G, PATTISON P, ELLIOTT P. Network models for so-

cial influence processes [J]. Psychometrika, 2001b, 66 (2): 161 – 189.

[241] RODRIGUEZ M G, LESKOVEC J, KRAUSE A. Inferring networks of diffusion and influence [C] //Proceedings of the 16th ACM SIGKDD international conference on knowledge discovery and data mining. ACM, 2010: 1019 – 1028.

[242] RODRIGUEZ M G, LESKOVEC J, BALDUZZI D, et al. Uncovering the structure and temporal dynamics of information propagation [J]. Network science, 2014, 2 (1): 26 – 65.

[243] ROGERS E M, BHOWMIK D K. Homophily-heterophily: relational concepts for communication research [J]. Public opinion quarterly, 1970, 34 (4): 523 – 538.

[244] ROGERS E M, DEARING J W, BREGMAN D. The anatomy of agenda-setting research [J]. Journal of communication, 1993, 43 (2): 68 – 84.

[245] ROGERS E M, SHOEMAKER F F. Communication of innovations: a cross-cultural approach [J]. New York: Free Press, 1971.

[246] ROGERS E M. Diffusion of innovations [M]. 1st ed. New York: Free Press of Glencoe, 1962.

[247] ROGERS E M. Network analysis and the diffusion of innovation [M] //HOLLAND P W, LEINHARDT S. Perspectives on Social Network Research. New York: Academic Press, 1979, 137 – 164.

[248] ROGERS E M. Reflections on news event diffusion research [J]. Journalism & mass communication quarterly, 2000, 77 (3): 561 – 576.

[249] ROSENGREN K E. News diffusion: an overview [J]. Journalism & mass communication quarterly, 1973, 50: 83 – 91.

[250] ROSS R. The prevention of malaria [M]. London: John Murray, 1911.

[251] RUAN Z, INIGUEZ G, KARSAI M, et al. Kinetics of social contagion [J]. Physical review letters, 2015, 115 (21): 218702.

[252] RVACHEV L A, LONGINI JR I M. A mathematical model for the global spread of influenza [J]. Mathematical biosciences, 1985, 75 (1): 3 – 22.

[253] RYAN B, GROSS N C. The diffusion of hybrid seed corn in two Iowa communities [J]. Rural sociology. 1943, 8 (1): 15 – 24.

[254] SAHAL D. Patterns of technological innovation [M]. MA: Addison-Wesley, 1981.

[255] SAILER L D. Structural equivalence: Meaning and definition, computation and application [J]. Social networks, 1978, 1 (1): 73-90.

[256] SALATHÉ M, JONES J H. Dynamics and control of diseases in networks with community structure [J]. PLoS computational biology, 2010, 6 (4): e1000736.

[257] SCHELLING T C. Dynamic models of segregation [J]. Journal of mathematical sociology, 1971, 1 (2): 143-186.

[258] SCHELLING T C. Neighborhood tipping [M]. Harvard institute of economic research, Harvard University, 1969.

[259] SCHRAMM W. How communication works [J]. The process and effects of mass communication, 1954: 3-26.

[260] SEIDMAN S B, FOSTER B L. A graph-theoretic generalization of the clique concept [J]. Journal of mathematical sociology, 1978, 6 (1): 139-154.

[261] SEIDMAN S B. Network structure and minimum degree [J]. Social networks, 1983, 5 (3): 269-287.

[262] SEWARD Z M. NYT sees success in Facebook push [EB/OL]. [2008-11-25]. Nieman Journalism Lab, http://www.niemanlab.org/2008/11/nyt-claims-success-in-facebook-push/.

[263] SHAKARIAN P, BHATNAGAR A, ALEALI A, et al. The independent cascade and linear threshold models [M] //SHAKARIAN P, et al. Diffusion in social networks. Springer, Cham, 2015: 35-48.

[264] SHANNON, CLAUDE E. The mathematical theory of communication [J]. The Bell system technical journal. 1949: 3-55.

[265] SHAW D R, SPARROW B H. From the inner ring out: news congruence, cue-taking, and campaign coverage [J]. Political research quarterly, 1999, 52 (2): 323-351.

[266] SINGER J B, DOMINGO D, HEINONEN A, et al. Participatory journalism: guarding open gates at online newspapers [M]. John Wiley & Sons, 2011.

[267] SNIDER P B. "Mr. Gates" revisited: a 1966 version of the 1949 case study [J]. Journalism quarterly, 1967, 44 (3): 419-427.

[268] SNIJDERS T A B, PATTISON P E, ROBINS G L, et al. New specifications for exponential random graph models [J]. Sociological methodol-

ogy, 2006, 36 (1): 99-153.

[269] SNIJDERS T A B, STEGLICH C, SCHWEINBERGER M. Modeling the coevolution of networks and behavior [M]//Montfort K, et al. Longitudinal models in the behavioral and related sciences. Abingdon: Routledge, 2017: 41-71.

[270] SNIJDERS T A B, VAN DE BUNT G G, STEGLICH C E G. Introduction to stochastic actor-based models for network dynamics [J]. Social networks, 2010, 32 (1): 44-60.

[271] SNIJDERS T A B. Markov chain Monte Carlo estimation of exponential random graph models [J]. Journal of social structure, 2002, 3 (2): 1-40.

[272] STEGLICH C, SNIJDERS T A B, PEARSON M. Dynamic networks and behavior: separating selection from influence [J]. Sociological methodology, 2010, 40 (1): 329-393.

[273] STONE M. The opinion pool [J]. The annals of mathematical statistics, 1961: 1339-1342.

[274] STRANG D, TUMA N B. Spatial and temporal heterogeneity in diffusion [J]. American journal of sociology, 1993, 99 (3): 614-639.

[275] STRANG D. Adding social structure to diffusion models: an event history framework [J]. Sociological methods & research, 1991, 19 (3): 324-353.

[276] SWEETSER K D, GOLAN G J, WANTA W. Intermedia agenda setting in television, advertising, and blogs during the 2004 election [J]. Mass communication & society, 2008, 11 (2): 197-216.

[277] TAN C, LEE L, TANG J, et al. User-level sentiment analysis incorporating social networks [C]//Proceedings of the 17th ACM SIGKDD international conference on knowledge discovery and data mining. ACM, 2011: 1397-1405.

[278] TRAUB R E. Classical test theory in historical perspective [J]. Educational measurement: issues and practice, 1997, 16 (4): 8-14.

[279] TRAVERS J, MILGRAM S. An experimental study of the small world problem [M]//LEINHARDT S. Social networks. Academic Press, 1977: 179-197.

[280] TUCHMAN G. Making news [M]. New York: Free Press, 1978.

[281] TUMA N B, HANNAN M T. Social dynamics: models and methods [M]. Orlando: Academic Press, 1984.

[282] UTSU T, OGATA Y. The centenary of the Omori formula for a decay law of aftershock activity [J]. Journal of physics of the earth, 1995, 43 (1): 1-33.

[283] VALENTE T W, DYAL S R, CHU K H, et al. Diffusion of innovations theory applied to global tobacco control treaty ratification [J]. Social science & medicine, 2015, 145: 89-97.

[284] VALENTE T W, ROGERS E M. The origins and development of the diffusion of innovations paradigm as an example of scientific growth [J]. Science communication. 1995, 16 (3): 242-273.

[285] VALENTE T W, VEGA YON G G. netdiffuseR at Sunbelt 2018 [EB/OL]. 2018. https://github.com/USCCANA/netdiffuser-sunbelt 2018.

[286] VALENTE T W. Network models of the diffusion of innovations [J]. Computational & mathematical organization theory, 1996, 2 (2): 163-164.

[287] VALENTE T W. Network models of the diffusion of innovations [M]. Cresskill, NJ: Hanptom Press, 1995.

[288] VALENTE T W. Social network thresholds in the diffusion of innovations [J]. Social networks, 1996, 18 (1): 69-89.

[289] VAN CUILENBURG J. Media diversity, competition and concentration: concepts and theories [J]. Media between culture and commerce, 2007 (4): 25-54.

[290] VERBRUGGE L M. A research note on adult friendship contact: a dyadic perspective [J]. Social forces, 1983, 62: 78.

[291] VERBRUGGE L M. The structure of adult friendship choices [J]. Social forces, 1977, 56 (2): 576-597.

[292] VERGEER M. Peers and sources as social capital in the production of news: online social networks as communities of journalists [J]. Social science computer review, 2015, 33 (3): 277-297.

[293] VLIEGENTHART R, WALGRAVE S. The contingency of intermedia agenda setting: a longitudinal study in Belgium [J]. Journalism & mass communication quarterly, 2008, 85 (4): 860-877.

[294] VOLZ E. SIR dynamics in random networks with heterogeneous connectivity [J]. Journal of mathematical biology, 2008, 56 (3): 293-310.

[295] VONBUN R, KÖNIGSLÖW K K, SCHOENBACH K. Intermedia agenda-setting in a multimedia news environment [J]. Journalism, 2016, 17 (8): 1054 – 1073.

[296] WALTHER J B. Computer-mediated communication: impersonal, interpersonal, and hyperpersonal interaction [J]. Communication research, 1996, 23 (1): 3 – 43.

[297] WANG C, CHEN W, WANG Y J. Scalable influence maximization for independent cascade model in large-scale social networks [J]. Data mining and knowledge discovery, 2012, 25 (3): 545 – 576.

[298] WANG P, ROBINS G, PATTISON P, et al. Social selection models for multilevel networks [J]. Social networks, 2016, 44: 346 – 362.

[399] WASSERMAN S, FAUST K. Social network analysis: methods and applications [M]. New York: Cambridge University Press, 1994.

[300] WASSERMAN S, PATTISON P. Logit models and logistic regressions for social networks: an introduction to Markov graphs and p [J]. Psychometrika, 1996, 61 (3): 401 – 425.

[301] WATTS D J, DODDS P S, NEWMAN M E. Identity and search in social networks [J]. Science, 2002, 296 (5571): 1302 – 1305.

[302] WATTS D J, DODDS P. Threshold models of social influence [M] // Hedström P, et al. The Oxford handbook of analytical sociology. Oxford University Press, 2009: 475 – 497.

[303] WATTS D J, STROGATZ S H. Collective dynamics of "small-world" networks [J]. Nature, 1998, 393 (6684): 440.

[304] WATTS D J. A simple model of global cascades on random networks [J]. Proceedings of the National Academy of Sciences of the United States of America, 2002, 99 (9): 5766 – 5771.

[305] WELLMAN B, BERKOWITZ S D. Social structures: a network approach [M]. CUP Archive, 1988.

[306] WELLMAN B. The school child's choice of companions [J]. The journal of educational research, 1926, 14 (2): 126 – 132.

[307] WENG J S, LIM E P, JIANG J, et al. Twitterrank: finding topic-sensitive influential twitterers [C] //Proceedings of the third ACM international conference on web search and data mining. ACM, 2010: 261 – 270.

[308] WHITE D M. "The gate keeper": a case study in the selection of

news [J]. Journalism quarterly, 1950, Fall.

[309] WILLIAMS B A, DELLI CARPINI M X. Monica and Bill all the time and everywhere: the collapse of gatekeeping and agenda setting in the new media environment [J]. American behavioral scientist, 2004, 47 (9): 1208-1230.

[310] WILSON E B, BURKE M H. The epidemic curve [J]. Proceedings of the National Academy of Sciences, 1942, 28 (9): 361-367.

[311] XI T, LI J F. A comparative study between Single-Pass algorithm and K-means algorithm in web topic detection [C] //International conference on advanced information and communication technology for education, ICA-ICTE, 2014.

[312] YOUNG H P. Innovation diffusion in heterogeneous populations: contagion, social influence, and social learning [J]. American economic review, 2009, 99 (5): 1899-1924.

[313] YUAN G C, MURUKANNAIAH P K, ZHANG Z, et al. Exploiting sentiment homophily for link prediction [C] //Proceedings of the 8th ACM conference on recommender systems. ACM, 2014: 17-24.

[314] ZHOU Y D, ZHANG B B, SUN X X, et al. Analyzing and modeling dynamics of information diffusion in microblogging social network [J]. Journal of network and computer applications, 2017, 86: 92-102.

[315] ZIPF G K. The psycho-Biology of Language [M]. Boston: Houghton Mifflin, 1935.

[316] ZIPF G K. Human behavior and the principle of least effort: an introduction to human ecology [M]. Ravenio Books, 2016.